交通人工智能技术

姚钟华　陈　凯　主　编
戎　成　刘大学　副主编
　　　孙校伟　主　审

人民交通出版社股份有限公司
北　京

内 容 提 要

本书主要介绍了人工智能技术在交通领域的应用，内容包括人工智能概述、自然语言处理、语音识别、图像识别、文字识别、人脸识别、视频识别、虚拟现实与增强现实、信息检索与推荐、机器学习与深度学习、知识图谱、智能移动机器人。在每章融入了人工智能各项技术在智能交通领域的应用案例，并配备了开放性的习题。

本书可作为高职高专院校交通运输类专业开展人工智能教学的教科书，也可以作为智能交通行业从业人员了解人工智能的自学用书。

图书在版编目(CIP)数据

交通人工智能技术/姚钟华，陈凯主编. —北京：
人民交通出版社股份有限公司，2023.5
ISBN 978-7-114-18714-8

Ⅰ.①交… Ⅱ.①姚… ②陈… Ⅲ.①人工智能—应用—交通运输管理 Ⅳ.①U495

中国国家版本馆 CIP 数据核字(2023)第 055556 号

书　　名：	交通人工智能技术
著 作 者：	姚钟华　陈　凯
责任编辑：	翁志新　时　旭
责任校对：	孙国靖　刘　璇
责任印制：	张　凯
出版发行：	人民交通出版社股份有限公司
地　　址：	(100011)北京市朝阳区安定门外外馆斜街 3 号
网　　址：	http://www.ccpcl.com.cn
销售电话：	(010)59757973
总 经 销：	人民交通出版社股份有限公司发行部
经　　销：	各地新华书店
印　　刷：	北京市密东印刷有限公司
开　　本：	787×1092　1/16
印　　张：	15
字　　数：	329 千
版　　次：	2023 年 5 月　第 1 版
印　　次：	2023 年 5 月　第 1 次印刷
书　　号：	ISBN 978-7-114-18714-8
定　　价：	45.00 元

(有印刷、装订质量问题的图书，由本公司负责调换)

前言

近年来,随着核心算法的突破、计算能力的提高以及海量数据不断提供支撑,人工智能成为全球瞩目的科技焦点,也成为国家间竞争的关键领域。

目前,人工智能产业正在从少数大国关注走向全球布局,世界主要发达国家以人工智能专利技术与人才培养为切入点展开竞争与博弈,以便抢占以人工智能为代表的新一轮科技革命和产业变革的制高点。美国发布了《国家人工智能研究和发展战略规划》《2020年国家人工智能倡议法》,将人工智能上升到国家战略层面,还制定了《国家人工智能研究与发展战略规划》《美国国家机器智能战略》等政策,对具体领域进行制度安排。欧盟将人工智能确定为优先发展项目并提出《人工智能法》立法提案,发布《欧洲人工智能战略》《人工智能协调计划》《人工智能协调计划2021年修订版》等政策,推动人工智能战略实施。俄罗斯积极举办《人工智能国际论坛》,制定俄罗斯联邦人工智能计划,将人工智能列为2017—2030年信息社会发展战略中的重要内容。日本制定了《机器人新战略》《日本下一代人工智能促进战略》,提出"社会5.0"战略、设立人工智能战略会议,将人工智能上升为国家战略。

据预测,2025年全球人工智能市场经济规模将超过6万亿美元,并持续保持高速增长态势。从各国发布专利技术数量和发展趋势看,呈现出持续性发布和递进式增长的特点;从各国政策内容看,体现出促进人工智能发展超出单纯技术竞争范畴,其发展需求已上升到国家战略层面;从具体领域部署看,各国各有偏重、各具特色,都体现出对人工智能发展的高度重视和对国际市场争夺的决心。特别是将人工智能技术用于保持军事优势上,主要体现在研发用于部队指挥系统、武器开发系统、敌我识别系统等,包括机器智能技术、仿人智能技术、群体智能技术、人机混合智能技术等领域。

我国已将人工智能发展纳入社会发展和科技发展体系中,并已进行了顶层设计与长远规划。人工智能将同保障和改善民生相结合,实现在交通、教育、医疗等领域深度应用。2016年,国务院发布《"十三五"国家科技创新规划》,明确了人工智能作为发展新一代信息技术的主要方向。2017年,国务院颁布《新一代人工智能发展规划》,提出到2030年中国人工智能理论、技术与应用总体达到世界领先水平,成为世界主要人工智能创新中心。

2019年9月,中共中央、国务院发布的《交通强国建设纲要》提出要推动大数据、互联网、人工智能、超级计算等新技术与交通行业深度融合;推进数据资源赋能交通发展,加速交通基础设施网、运输服务网、能源网与信息网络融合发展。构建泛在先进的交通信息基础设施,构建综合交通大数据中心体系,深化交通公共服务和电子政务发展,推进北斗卫星导航系统应用。到2035年,基本建成交通强国。2022年3月,交通运输部、科学技术部联合发布的《"十四五"交通领域科技创新规划》提出要推动智慧交通与智慧城市协同发展,大力发展智慧交通，推动云计算、大数据、物联网、移动互联网、区块链、人工智能等新一代信息技术与交通运输融合，加快北斗导航技术应用，开展智能交通先导应用试点。

人工智能在智慧交通领域已经得到了较为广泛的应用，如基于交通实时信息的交通诱导、基于语音识别技术的人与交通工具的人机交互、基于图像识别技术的不停车缴费系统、基于人脸识别技术的轨道交通安检及检票系统、基于智能视频技术的交通安全管控系统、基于虚拟现实技术的交通规划和施工管理系统、基于深度学习的无人驾驶系统等，并由此产生了很多人工智能应用和维护的工作岗位。基于这些岗位需求，为了帮助交通职业院校学生掌握相应的人工智能技术，浙江交通职业技术学院组织编写了本书。

本书参考了许多国内外文献，力图保证新颖性和实用性，强调基本概念和基本观点，注重理论和实际相结合，并配备了辅助教学资源。本书作为高职高专院校交通运输类专业交通人工智能的教科书，内容较为丰富，可以根据课时量规划选择部分内容进行授课，也可以作为智能交通行业从业人员了解人工智能的自学用书。

本书由浙江交通职业技术学院与浙江省交通运输科学研究院新一代人工智能技术应用交通运输行业研发中心，结合国家"双高计划"道路与桥梁技术专业群拓展课程建设需要合作编写完成，姚钟华负责内容策划、结构组成、文字审核。编写分工为：第一章由姚钟华、陈凯、赵伟负责编写；第二章由陈涵深、孙山泉负责编写；第三章由邵昀泓负责编写；第四章由王博、黄国潮负责编写；第五章由郭昊、时晓亭负责编写；第六章由苏依顺、谢康负责编写；第七章由洪敏负责编写；第八章由扈慧强、康泰云、曲承佳负责编写；第九章由李娜、马振南负责编写；第十章由刘大学、何东蔚负责编写；第十一章由周波、方诚负责编写；第十二章由付杰、张涛、瞿心昱负责编写。姚钟华负责全书统稿和整体修改；陈凯、戎成、陈超颖、刘大学组织课程资源建设。浙江省交通运输科学研究院曹更永、韩海航、葛拥军参与编写工作，提供了大量交通人工智能应用案例。姚钟华、陈凯担任主编，戎成、刘大学担任副主编。浙江交通职业技术学院孙校伟担任主审。

由于编者水平所限，书中难免有不足之处，恳请读者批评指正，以便本书改进和完善。

编　者
2023 年 2 月

目录

第一章 人工智能概述 /1
- 第一节 AI 起源与发展阶段 ······································· 1
- 第二节 AI 研究与主要学派 ······································· 3
- 第三节 AI 与专家系统、知识工程 ······························· 6
- 第四节 AI 标准 ·· 8
- 第五节 AI 应用系统 ··· 9
- 第六节 AI 技术特征 ·· 11
- 第七节 AI 在我国的发展状况 ··································· 13
- 本章习题 ·· 15

第二章 自然语言处理 /16
- 第一节 NLP 技术发展 ·· 16
- 第二节 NLP 基本原理 ·· 18
- 第三节 NLP 研究方向 ·· 23
- 第四节 NLP 在交通领域中的应用 ······························ 25
- 第五节 NLP 的伦理与安全 ····································· 27
- 本章习题 ·· 30

第三章 语音识别 /31
- 第一节 ASR 技术发展 ·· 31
- 第二节 ASR 基本原理 ·· 34
- 第三节 ASR 研究方向 ·· 46
- 第四节 ASR 在交通领域的应用 ································· 47
- 第五节 ASR 的伦理与安全 ····································· 51
- 本章习题 ·· 53

第四章 图像识别 /54
- 第一节 IRT 技术发展 ··· 54
- 第二节 IRT 基本原理 ··· 59

第三节	IRT 研究方向	63
第四节	IRT 在交通领域的应用	68
第五节	IRT 的伦理与安全	73

本章习题 …… 74

第五章　文字识别/75

第一节	OCR 技术发展	75
第二节	OCR 基本原理	77
第三节	OCR 的研究方向	80
第四节	OCR 技术在交通领域中的应用	85
第五节	OCR 技术的伦理与安全	87

本章习题 …… 88

第六章　人脸识别/89

第一节	FR 技术发展	89
第二节	FR 技术基本原理	93
第三节	FR 研究方向	100
第四节	FR 在交通领域的应用	103
第五节	FR 的伦理与安全	108

本章习题 …… 110

第七章　视频识别/112

第一节	IVR 技术发展	112
第二节	IVR 基本原理	114
第三节	IVR 研究方向	122
第四节	IVR 在交通领域的应用	124
第五节	IVR 的伦理与安全	126

本章习题 …… 128

第八章　虚拟现实与增强现实/129

第一节	VR 与 AR 技术发展	129
第二节	VR 与 AR 技术原理	134
第三节	VR 与 AR 的研究方向	142
第四节	VR 与 AR 在交通领域的应用	143
第五节	VR 与 AR 的伦理与安全	148

本章习题 …… 150

第九章　信息检索与推荐 /151

- 第一节　IR 与 RS 的技术发展 …………………………………………………… 151
- 第二节　IR 与 RS 的技术原理 …………………………………………………… 154
- 第三节　IR 与 RS 的研究方向 …………………………………………………… 157
- 第四节　IR 与 RS 在交通领域中的应用 ………………………………………… 164
- 第五节　IR 与 RS 的伦理与安全 ………………………………………………… 166
- 本章习题 ……………………………………………………………………………… 168

第十章　机器学习与深度学习 /169

- 第一节　ML 与 DL 的发展历程 …………………………………………………… 169
- 第二节　ML 与 DL 的技术原理 …………………………………………………… 172
- 第三节　ML 与 DL 的研究方向 …………………………………………………… 178
- 第四节　ML 与 DL 在交通领域中的应用 ………………………………………… 182
- 第五节　ML 与 DL 的伦理与安全 ………………………………………………… 185
- 本章习题 ……………………………………………………………………………… 187

第十一章　知识图谱 /189

- 第一节　KG 的技术发展 …………………………………………………………… 190
- 第二节　KG 的基本原理 …………………………………………………………… 194
- 第三节　KG 的研究方向 …………………………………………………………… 201
- 第四节　KG 在交通领域中的应用 ………………………………………………… 204
- 第五节　KG 的伦理与安全 ………………………………………………………… 207
- 本章习题 ……………………………………………………………………………… 208

第十二章　智能移动机器人 /209

- 第一节　IMR 的发展 ………………………………………………………………… 209
- 第二节　IMR 的技术原理 …………………………………………………………… 211
- 第三节　IMR 的研究方向 …………………………………………………………… 219
- 第四节　IMR 在交通领域中的应用 ………………………………………………… 223
- 第五节　IMR 的伦理与安全 ………………………………………………………… 227
- 本章习题 ……………………………………………………………………………… 229

参考文献　/230

第一章 人工智能概述

人工智能(Artificial Intelligence, AI)也称机器智能,它是研究、开发用于模拟、延伸和扩展人类智能的理论、方法、技术及应用系统的一门新兴技术科学。它是从计算机应用系统的角度出发,研究如何制造出智能机器或智能系统来模拟人类智能活动的能力,以延伸人类智能的科学。

人类的自然智能伴随着人类活动无时不在、无处不在,人类的许多活动如书写、解题、下棋、猜谜、驾车、编程、谋划等都需要智能。随着计算机技术的快速发展和广泛应用,人们提出了人类智力活动是否能由计算机来实现的问题。如果计算机能够完成这些任务或其中的一部分,那么就可以认为计算机已经具有某种程度的人工智能。人工智能是学习系统,是将现实问题进行抽象,为了减少误差,用数据去训练假设模型,也就是进行所谓的学习,当误差降到最小时,就把这个假设模型用于其他的现实问题。人工智能系统常见处理流程如图1-1所示。

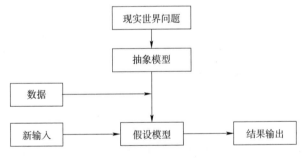

图1-1 人工智能系统常见处理流程

几十年来,人们一直把计算机当作是只能极快地、准确地进行数值运算的机器。但是在当今世界,要解决的问题并不完全是数值计算,像语言的理解和翻译、图形和声音的识别、决策管理等都不属于数值计算的范畴,特别是像医疗诊断之类的系统,要具有专门的、特有的经验和知识的医师才能作出正确的判断。这就要求计算机能从数据处理拓展到知识处理的范畴,计算机能力的转化是推动人工智能快速发展的重要因素。

第一节 AI起源与发展阶段

AI的起源可以追溯到阿龙左·丘奇(Alonzo Church)、阿兰·图灵(Alan Turing)和其他一些学者关于计算本质的思想萌芽。早在 20 世纪 30 年代,他们就开始探索形式推理概念与即将发明的计算机之间的联系,建立起关于计算和符号处理的理论。而且,在计算机产生之前,丘奇和图灵就已发现数值计算并不是计算的主要方面,它们仅仅是解释机器内部状态的一种方法。被称为"人工智能之父"的图灵,不仅创造了一个简单的非数字计算模型,而且直接证明了计算机可能以某种被认为是智能的方式进行工作,这就是人工智能的思想萌芽。

1956 年夏,在美国达特茅斯(Dartmouth)学会,由当时的美国年轻数学家约翰·麦卡锡(John McCarthy)、马文·明斯基(Marvin Minsky)、艾伦·纽维尔(Allen Newell)、赫伯特·西蒙(Herbert Simon)、克劳德·香农(Claude Shannon)、塞缪尔·莫尔斯(Saumel Mores)等数学、心理学、神经学、信息论、计算机科学学者进行了长达 2 个月的研讨。麦卡锡提出了 Artificial Intelligence 一词,而后纽维尔和西蒙提出了物理符号系统假设,从而创建了 AI 学科。人工智能的发展历程如图 1-2 所示。

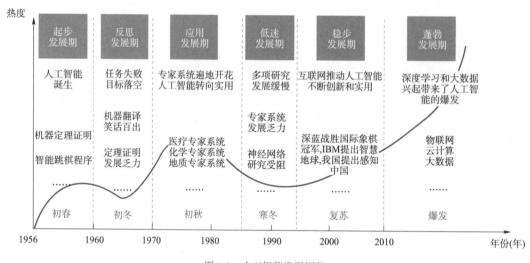

图 1-2 人工智能发展历程

1. 起步发展期

20 世纪 50 年代,为解决人工神经网络结构复杂问题,人工智能概念首次被提出,之后出现了一批显著的成果,如机器定理证明、智能跳棋程序、LISP 表处理语言等,其中 LISP 是用于对符号表达式进行加工和处理的。

2. 反思发展期

1969 年,国际人工智能联合会议(IJCAI)成立;1970 年,国际性的人工智能杂志(Artificial Intelligence)创刊。人工智能由于解法推理能力有限以及机器翻译失败等,使其走入低谷。这一阶段重视问题求解的方法,忽视知识重要性。

3. 应用发展期

1972 年,法国提出并实现了逻辑程序设计语言 PROLOG,专家系统的出现使人工智能研究出现新高潮。DENDRAL 化学质谱分析系统、MYCIN 疾病诊断和治疗系统、PROSPECTIOR

探矿系统、Hearsay-Ⅱ语音理解系统等专家系统的研究和开发,将人工智能引向实用化。

4. 低迷发展期

20世纪80年代到20世纪90年代中期,受到基础科技发展水平以及可获取的数据量等因素的限制,在机器翻译、问题求解、机器学习等领域出现了一些问题,导致在语音识别、图像识别等简单的机器智能技术方面取得的进展都非常有限。人工智能多项研究迟缓,专家系统发展乏力,神经网络研究受阻。

5. 稳步发展期

从20世纪90年代末开始,知识工程概念的提出引发了以知识工程和认知科学为核心的研究,日本开始了知识信息处理计算机系统(KIPS)的研究,其目的是使逻辑推理达到数值运算那样快;美国召开了神经网络国际会议,各国在神经网络方面的投资逐渐增加,神经网络迅速发展起来。1997年,计算机"深蓝"完胜国际象棋大师卡斯帕罗夫,重新点燃了人们对人工智能的希望。2004年,日本率先研制出了人形机器人Asimo。2006年,深度学习取得了重大突破。

6. 蓬勃发展期

从21世纪10年代开始,图形处理器(GPU)、张量处理器(TPU)、现场可编程门阵列(FPGA)异构计算芯片以及云计算等计算机硬件设施不断取得突破性进展,为人工智能提供了足够的计算力,得以支持复杂算法的运行。2016年,Alpha Go完胜世界围棋大师李世石;2017年,Alpha Go Zero通过深度学习实现了自我更新升级,不断自我超越,完胜Alpha Go。IBM研发的人工智能Watson,通过机器学习分析和解读海量医疗数据和文献并提出治疗方案,其分析结果与医生的治疗建议具有高度一致性;微软公司机器人小冰自学了自1920年以来519位诗人的现代诗,在网络上发表作品且并未被发现是机器所作。世界主要经济大国加快布局人工智能,加大对人工智能产业的投入,将人工智能发展的高潮推到了一个新的高度。

第二节 AI研究与主要学派

AI研究如何将人的智能转化为机器智能,或者是用机器来模拟或实现人的智能,科学家们对人工智能的定义各有不同。领导MIT计算机科学与人工智能实验室(CSAIL)的帕特里克·温斯顿(Patrick Winston)提出:"人工智能是研究使计算机更灵活有用、了解使智能的实现成为可能的原理。因此,人工智能研究结果不仅是使计算机模拟智能,而且是了解如何帮助人们变得更有智能。"阿夫龙·巴尔(Avron Barr)和爱德华·费根鲍姆(Edward A. Feigenbaum)提出:"人工智能是计算机科学的一个分支,它关心的是设计智能计算机系统,该系统具有与人的行为相联系的智能特征,如了解语言、学习、推理、问题求解等。"伊莱恩·里奇(Elaine Rich)提出:"人工智能是研究怎样让计算机模拟人脑从事推理、规划、设计、思考、学习等思维活动,解决至今认为需要由专家才能处理的复杂问题。"迈克尔·吉内塞雷斯(Michael R. Genesereth)和尼尔斯·尼尔森(Nils J. Nilsson)提出:"人工智能是研究智能行为的科学。它的最终目的是建立关于自然智能实体行为的理论和指导创造具有智能行为的人工制品,这样一来,人工智能有两个分支,一个为科学人工智能,另一个为工程人工智能。"

当前,在人工智能研究中存在着五大基本问题。这五个问题是:

(1)知识与概念化是人工智能的核心吗?

(2)认知能力能够与感知分开研究(即认知活动是否与载体无关)吗?

(3)认知的轨迹是否可用类自然语言描述?

(4)认知与学习可否分开研究?

(5)所有认知是否有一种统一的结局?

围绕这些问题的争论,构成了人工智能的三大代表性学派。

1. 符号主义学派

符号主义(symbolicism)又称逻辑主义(logicism)、心理学派(psychlogism)或计算机学派(computerism)。符号主义认为人工智能源于数理逻辑,数理逻辑在19世纪获得迅速发展,到20世纪30年代开始用于描述智能行为。计算机产生以后,又在计算机上实现了逻辑演绎系统,其代表成果为启发式程序LT(逻辑理论家),人们使用它证明了38个数学定理,从而表明了人类可利用计算机模拟人类的智能活动。其特点是:立足于逻辑运算和符号操作,适合模拟人的逻辑思维过程,解决需要逻辑推理的复杂问题;知识可用显示的符号表示,在已知基本规则的情况下,无须输入大量的细节知识;便于模块化,当个别事实发生变化时,易于修改;能与传统的符号数据库进行连接;可对推理结论进行解释,便于对各种可能性进行选择。

符号主义的主要理论基础是物理符号系统假设。符号主义将符号系统定义为以下3部分:一组符号,对应于客观世界的某些物理模型;一组结构,它是由以某种方式相关联的符号的实例所构成;一组过程,它作用于符号结构上而产生另一些符号结构,这些作用包括创建、修改和消除等。在这个定义下,一个物理符号系统就是能够逐步生成一组符号的产生器。在物理符号的假设下,符号主义认为:人的认知是符号,人的认知过程是符号操作过程。符号主义还认为,人就是一个物理符号系统,计算机也是一个物理符号系统,因此,能够用计算机来模拟人的智能行为,即可用计算机的符号操作来模拟人的认知过程。这实质就是认为,人的思维是可操作的。符号主义的基本信念是:知识是信息的一种形式,是构成智能的基础,AI的核心问题是知识表示、知识推理和知识运用。知识可用符号表示,也可用符号进行推理。符号主义就是在这种假设之下,建立起基于知识的人类智能和机器智能的核心理论体系。

符号主义曾长期一枝独秀,经历了从启发式算法到专家系统,再到知识工程理论与技术的发展道路,为AI的发展作出了重要的贡献。

2. 连接主义学派

连接主义(connectionism)又称仿生学派(bionicsism)或生理学派(physiogism),是基于生物进化论的AI学派,其主要理论基础为神经网络及神经网络间的连接机制与学习算法。连接主义认为 AI 源于仿生学,特别是对人脑模型的研究,认为人的思维基元是神经元,主要观点认为大脑是一切智能活动的基础,因而从大脑神经元及其连接机制出发进行研究,渴望揭示人类智能的奥秘,从而真正实现人类智能在机器上的模拟,其特点是:通过神经元之间的并行协作实现信息处理,处理过程具有并行性、动态性、全局性;可以实现联想的功能,便于对有噪声的信息进行处理;可以通过对于神经元之间连接强度的调整实现学习和分类等;适合模拟人类的形象思维过程;求解问题时可以较快地得到一个近似解。

如果说符号主义是从宏观上模拟人的思维过程,那么连接主义则试图从微观上解决人类的认知功能,以探索认知过程的微观结构。连接主义从人脑模式出发,建议在网络层次上模拟人的认知过程。所以,连接主义本质上是用人脑的并行分布处理模式来表现认知过程。

连接主义的兴起标志着神经生理学和非线性科学向 AI 的渗透,这主要表现为人工神经网络(Artificial Neural Network ,ANN)研究的兴起。ANN 可以被看作是一种具有学习和自组织能力的智能机器或系统,作为模拟人的智能和形象思维能力的一条重要途径,它对 AI 研究工作者有着极大的吸引力。近年来,一些新型 ANN 模型和一些强有力的学习算法的出现,大大推动了有关 ANN 理论和应用的研究。

3. 行为主义学派

行为主义(actionism)又称为进化主义(evolutionism)或控制论学派(cyberneticsism),其原理为控制论及"感知-动作"型控制系统。行为主义提出了智能行为的"感知-动作"模式,认为:智能取决于感知和行动;人工智能可以像人类智能一样逐步进化;智能行为只能在现实世界中与周围环境交互作用而表现出来。行为主义基于智能控制系统的理论、方法和技术,研究拟人的智能控制行为。其特点是:知识和形式表达和模型化方法是人工智能的重要障碍之一;智能取决于感知和行动,应直接利用机器对机器环境作用后,以环境对作用的响应为原型;智能行为只能体现在世界中,通过与周围环境交互而表现出来;人工智能可以像人类智能一样逐步进化,分阶段发展和增强。

行为主义是控制论向 AI 领域的渗透,它的理论基础是控制论,它把神经系统的工作原理与信息论联系起来,着重研究模拟人在控制过程中的智能行为和作用,如自寻优、自适应、自校正、自镇定、自学习和自组织等控制论系统,并进行控制论动物的研究。这一学派的代表首推美国 AI 专家罗德尼·布鲁克斯(Rodney Brooks)。1991 年 8 月在悉尼召开的 12 届国际人工智能联合会议上,作为大会"计算机与思维"奖的得主,通过讨论 AI 计算机、控制论、机器人等问题的发展情况,并以他在 MIT 多年进行人造动物机器的研究与实践和他所提出的"假设计算机体系结构"研究为基础,发表了《没有推理的智能》一文,对传统的 AI 提出了批评和挑战。

布鲁克斯的行为主义学派否定智能行为来源于逻辑推理及其启发式的思想,认为对 AI 的研究不应把精力放在知识表示和编制推理规则上,而应着重研究在复杂环境下对行为的控制。这种思想对 AI 主流派传统的符号主义思想是一次冲击和挑战。行为主义学派的代表作首推布鲁克斯等研制的六足行走机器人,它是一个基于"感知-动作"模式的模拟昆虫行为的控制系统。

第三节 AI 与专家系统、知识工程

20 世纪 60 年代,人工智能的研究者试图通过找到通用问题求解方法来模拟复杂的思维过程,最典型的例子是当时开发的通用问题解决程序(General Problem Solver,GPS)。然而,这种策略虽取得了一些进展,但没有多大突破。于是,人工智能工作者们一直试图探索一种使计算机程序具有"智能"的方法。在 20 世纪 70 年代,人们致力于问题表示技术——如何将问题求解形式化,使之易于求解;搜索技术——如何有效地控制解的搜索过程,使之不要浪费太多的时间和空间。使用这两种技术虽也取得了一定的进展,但人们发现,如果想要使单个程序能处理的问题更广泛,它处理具体问题的能力就更差。直到 20 世纪 70 年代后期,人工智能工作者们才认识到:一个程序求解问题的能力来自它所具有的知识,而不仅仅是它所采用的形式化方法和推理策略。这个概念上的突破可以简单地叙述为:要使一个程序具有智能,就要给它提供许多关于某一问题域特定的知识。

1. 专家系统

专家系统(Expert System,ES)的定义是由唐纳德·米奇(Donald Michie)提出的,他认为:一个专家系统以某种形式将专家的基于知识和技能的部件嵌入计算机中,使得该系统能产生智能行为和建议,并且当用户提出要求时就能证明其推理过程。一般认为,专家系统是一个智能程序,它能对那些需要专家知识才能解决的应用问题提供具有专业水平的解答。早期的专家系统通过常用高级程序设计语言编写,尤其是 LISP 和 PROLOG 语言,常被选作实现语言。然而,在用高级编程语言作为专家系统的建造工具时,人们常常要把大量的精力和时间花费在与被模型化的问题领域毫无关系的系统实现上。而且,领域专家知识和运用这些知识的算法紧密交织在一起,不易分开,致使系统一旦建成,便不易改变。而事实上,专家知识和经验却总在改变。出于对以上特性的分析,研究者们清醒地认识到,在开发专家系统时,应该把求解问题的算法和知识分开,从而使现今专家系统的基本模式为"专家系统 = 知识 + 推理",因此,一个专家系统主要由以下两个部分组成:知识库,存放关于特定领域的知识;推理机,包括操纵知识库中的所表示的知识的算法。现在,专家系统很少直接用高级编程语言编写,取而代之的是专家系统构造工具。在专家系统构造工具中,预先规定知识的表示形式并提供了相应的推理机。开发一个实际专家系统仅需要提供特定领域的知识,并以工具所要求的知识表示形式表示出来。知识库的开发独立于推理机的一个好处是知识库可以逐步开发与求精,在不对程序进行大量修改的情况下纠正错误和不足;另一个好处就是一个知识库可以被另一个知识库所取替,从而形成完全不同领域的专家系统。

专家系统是一种程序,能够依据一组从专门知识中推演出的逻辑规则在某一特定领域回答或解决问题。专家系统最早由费根鲍姆和他的学生们开发,1965 年设计的 Dendral 能够根据分光计读数分辨混合物。1972 年设计的 MYCIN 能够诊断血液传染病。它们展示了这一方法的威力。专家系统仅限于一个很小的知识领域,从而避免了常识问题;其简单的设计又使它能够较为容易地编程实现或修改。总之,实践证明了这类程序的实用性。直到现

在 AI 才开始变得实用起来。1980 年,专家配置器(XCON,eXpert CONfigurer)由卡内基梅隆大学的约翰·麦克德莫特(John McDermott)开发出来,该系统被看作是第一个推荐引擎,最初有大约 2500 条规则,可对计算机部件的选择进行最优化。1985 年 IBM 开始开发"深蓝"计算机,它每秒可以处理 2 亿个位置,使用了一个专门针对国际象棋的专家系统。1996 年,在 6 场比赛中的一场中击败了国际象棋大师加里·卡斯帕罗夫(Garry Kasparov)。

专家系统具有以下优势。

(1)适应性强。专家知识在任何计算机硬件上都是可利用的,实际上专家系统是专家知识的集成体。

(2)成本低。提供给用户的专家知识成本非常低。

(3)危险性低。专家系统可用于那些可能对人有害的环境,以降低对人类的危害。

(4)持久性。专家知识是持久的,不像专家那样会退休,或者死亡,专家系统的知识会无限地持续。

(5)复合专家知识。复合专家知识可以做到在白天或晚上的任何时间同时和持续地解决某一问题。由几个专家复合起来的知识,其水平可能会超过一个单独的专家。

(6)可靠性强。专家系统可增强正确决策的信心,这是通过向专家提供一个辅助观点而得到的;此外,专家系统还可协调多个专家的不同意见,但如果专家系统是由某一个专家编程设计的,那这个方法就不能奏效。如果专家没有犯错误,专家系统应该始终与专家意见一致。但是,如果专家很累或有压力,专家就可能会犯错误。

(7)解释、说明。专家系统能明确、详细地解释导出结论的推理过程。而一个人可能会厌烦、不愿意或是没有能力去这样做,但明确、详细的解释有利于得出正确的决策。

(8)响应快。迅速或实时地响应对某些应用来讲是必要的。依靠所使用的软件或硬件,专家系统可以比专家反应得更迅速或更有效。某些突发的情况需要响应得比专家更迅速,因此,实时的专家系统是一个好的选择。

(9)始终稳定、理智和完整的响应。在实时和突发情况下,专家可能由于压力或疲劳而不能高效地解决问题,而专家系统可以一直稳定地工作。

(10)智能家教。专家系统可以作为一个智能家教,让学生运作实例程序,解释系统的推理。

(11)智能数据库。专家系统能以智能的方式来存取一个数据库。

2. 知识工程

知识工程(knowledge engineering)是在计算机上建立专家系统的技术。知识工程这个术语最早是由费根鲍姆提出的。由于在建立专家系统时所要处理的主要是专家的或书本上的知识,正像在数据处理中数据是处理对象一样,所以,知识工程又称为知识处理学。其研究内容主要包括知识的获取、知识的表示以及知识的运用和处理三大方面。

费根鲍姆及其研究小组在 20 世纪 70 年代中期研究了人类专家解决其专门领域问题时的方式和方法。

知识工程中,专家解题有 4 个特点:

（1）为了解决特定领域的一个具体问题，除了需要一些公共的知识，其实更需要应用大量与所解问题领域密切相关的知识，即所谓领域知识，例如哲学思想、思维方法和一般的数学知识等。

（2）采用启发式的解题方法，或称为试探性的解题方法。为了解一个问题，特别是一些问题本身就很难用严格的数学方法描述，往往不可能借助一种预先设计好的固定程式或算法来解决它们，而必须采用一种不确定的试探性解题方法。

（3）解题中除了运用演绎方法外，必须求助于归纳的方法和抽象的方法。因为只有运用归纳和抽象，才能创立新概念，推出新知识，并使知识逐步深化。

（4）必须处理问题的模糊性、不确定性和不完全性。因为现实世界就是充满模糊性、不确定性和不完全性的，所以决定解决这些问题的方式和方法也必须是模糊的和不确定的，并应能处理不完全的知识。总之，人们在解题的过程中，首先运用已有的知识开始进行启发式的解题，并在解题中不断修正旧知识，获取新知识，从而丰富和深化已有的知识，然后再在一个更高的层次上运用这些知识求解问题，如此循环往复，螺旋式上升，直到把问题解决为止。

由以上分析可见，在这种解题的过程中，人们所运用和操作的对象主要是各种知识（当然也包括各种有关的数据），因此，这个过程也就是一个知识处理的过程。

知识工程主要为实用知识系统的开发提供一些良好的工具和手段，以提高知识系统的研制效率与质量，加速商品化进程。其研究内容包括：知识工程的基本支撑软件和硬件、知识工程语言（知识描述语言和系统结构设计语言）、知识获取工具（自动或半自动）、骨架工具系统、知识库管理工具（一致性、完备性检查工具，性能测试工具，知识库操作语言）、接口设计工具、解释工具以及上述工具的集成化工具（即综合工具）等。

第四节 AI 标 准

AI 成功的标准是什么呢？怎样来测试呢？早在 50 年前 AI 思想萌芽的时候，就有人考虑过这些问题。

1950 年，图灵提出了一个测试方法来确定一个机器能否思考。该方法需要两个人对机器进行测试，其中一人扮演提问者，另外一人作为被测人员。这两人与机器分别处在 3 个不同的房间，提问者通过打印问题和接受打印问题来与被测人员和被测机器进行通信。提问者可以向被测机器和被测人提问，但他只知道接受提问的是 A 或 B，并不知道被测试者是人还是机器，并试图确定谁是机器、谁是人。这个测试后来被人们命名为"图灵测试"（Turing Testing），如图 1-3 所示。

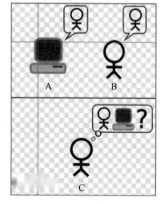

图 1-3 图灵测试

在图灵测试中，如果提问者一方不能区分对方是人还是机器，那么就可以认为那台机器达到了人类智能的水平。图灵为此特地设计了被称为"图灵梦想"的对话。在这段对话中"提问者"代表人，"智者"代表机器，并且假定他们都读过狄更斯(C. Dickens)的著名小说《匹克威克外传》，对话内容如下。

提问者：在14行诗的首行是"你如同夏日"，你不觉得"春日"更好吗？

智者：它不合韵。

提问者："冬日"如何？它可是完全合韵的。

智者：它确实合韵，但没有人愿意被比作"冬日"。

提问者：你不是说过匹克威克先生让你想起圣诞节吗？

智者：是的。

提问者：圣诞节是冬天的一个日子，我想匹克威克先生对这个比喻不会介意吧。

智者：我认为您不够严谨，"冬日"指的是一般冬天的日子，而不是某个特别的日子，如圣诞节。

从上面的对话内容可以看出，能达到这样的对话水平，要求计算机不仅能模拟而且可以延伸、扩展人的智能，达到甚至超过人类智能的水平，在目前是难以达到的。如果机器智能，那么它的目标就是要使得提问者误认为它是人。因此，有时机器要故意伪装一下。例如，当提问者问"12324乘73981等于多少"时，机器人应等几分钟再回答一个有点错误的答案，这样才更像人在计算。当然，一台机器要想通过图灵测试，主要取决于它具有的知识总量和具有大量的人的基本常识。

一台计算机要通过图灵测试还需要加倍努力，以至于有人怀疑其可能性。不过，图灵测试如果限制在某个领域是否会成功呢？这个答案是肯定的。例如，计算机下棋就具有比多数人类棋手还要高明的判断能力。对于其他问题领域，不太精确地衡量某一程序的图灵测试的成功也是可能的。例如，有人对医学专家系统做过类似于图灵测试的评测：由一组医生和专家系统一起对同样病例开处方，再由另一组医学专家进行评价，医学专家也不知道哪张处方是医生开出的，哪张是专家系统开出的，结果是医学专家系统的处方得分更高一些。

如果写一个AI程序的目标是模仿人如何执行一项任务，那么衡量成功的标准就是程序行为相应于人的行为的程度。香龙认为，图灵测试准则只是行为主义的性质，只能说明机器在行为上和人等价，即行为等价。行为等价也具有很重要的意义，试设想一下，如果一个机器狗能够听懂主人的命令，为主人端茶倒水、看门，那么，是否承认它具有真正人的智能并不重要。

第五节 AI应用系统

AI系统是研究与设计出的一种计算机程序，这种程序具有一定"智能"，在过去的60多年中，已经建立了如下AI系统。

1. 机器学习(Machine Learning, ML)

ML是机器具有智能的重要标志，同时也是机器获取知识的根本途径。机器学习主要研究如何使计算机能够模拟或实现人类的学习功能，它是一个难度很大的领域，与认知科学、神经心理学、逻辑学等学科都有着密切的联系，并对人工智能的其他分支也会起到重要的推动作用。机器学习主要在研究人类学习的机理、人脑思维的过程,机器学习的方法,建立针对具体任务的学习系统三个方面进行。

2. 自然语言处理(Natural Language Processing,NLP)

NLP 主要研究如何使计算机能够理解和生成自然语言。目前,人类与计算机系统之间的交流还主要靠那种受到严格限制的非自然语言,这就给计算机的普及和使用带来了许多的不便,因此,自然语言处理是人工智能的一个重要研究领域。

3. 专家系统(Expert System,ES)

ES 是一种基于知识的智能系统,它将领域专家的经验用知识表示方法表示出来,并放入知识库中,供推理机使用。专家系统是人工智能中最活跃、发展最快的一个分支,已应用在众多的领域中,并带来了巨大的经济效益和社会效益。

4. 模式识别(Pattern Recognition,PR)

PR 是人工智能最早的研究领域之一。"模式"一词的原意是指供模仿用的完美无缺的一些标本。所谓的模式识别就是使计算机能够对给定的事务进行鉴别,并把它归入与其相同的或相似的模式中。一切可以观察其存在的事物形式都可称为模式,如图形、景物、语言、波形、文字和疾病等都可视为模式。识别指人类所具有的基本智能,它是一种复杂的生理活动和心理过程。例如,在日常活动中,每个人都要随时随地对声音、文字和图形、图像等进行识别。模式识别的狭义研究目标是指为计算机配置各种感觉器官,使之能直接接受外界的各种信息。这对于许多其他 AI 任务,尤其是建立能实现图形及语音识别一类的智能系统来说,都是必不可少的,而且是至关重要的,如各种印刷体和某些手写体的文字识别,指纹、白细胞、癌细胞、遥感图像和三维石油地震勘探图像的识别等。模式识别的广义研究目标是指应用电子计算机及外部设备对某些复杂事物进行鉴别和分类。通常,这些被鉴别或分类的事件或过程可以是物理的、化学的或生理的对象。这些对象既可以是具体对象,如文字、声音、图像等,也可以是抽象对象,如状态、程度等,这些对象通常以非数字形式的信息出现。

5. 计算机视觉(Computer Vision,CV)

CV 是一门用计算机实现或模拟人类视觉功能的新兴学科。其主要研究目标是使计算机具有通过二维图像认知三维环境信息的能力,这种能力不仅包括对三维环境中物体形状、位置、姿态、运动等几何信息的感知,而且还包括对这些信息的描述、存储、识别与理解。CA 主要应用在人脸识别、图像识别方面(静态、动态两类信息),包括图像分类(image classification)、目标定位(object localization)、目标检测(object detection)(多个目标)、目标跟踪(Object Tracking)、图像分割(Image Segmentation)、图像生成(Image Generation)、人脸识别(Face Recognition)。

6. 机器人(Robots)

机器人是一种可再编程的多功能操作装置。机器人学是在电子学、人工智能、控制论、系统工程、精密机械、信息传感、仿生学以及心理学等多种学科或技术的基础上形成的一种综合性技术学科,人工智能的所有技术几乎都可以在这个领域得到应用。机器人在功能上可分为:①遥控机器人,它本身没有工作程序,不能独立完成任何工作,只能由人在远处对其实时控制和操作。②程序机器人,它对外界环境无感知智力,其行为由事先编好的程序控制。该工作程序一般是单一固定的,只能做重复工作;也有多程序工作方式,构成可再编程的通用机器人。③示范学习型机器人,它能记忆人的全部示范操作,并在其独立工作中准确地再现这些操作,改变操作时仍需要人重新示范。④智能机器人,它应具有感知、推理、规划能力和一般会话能力,能够主动适应外界环境和通过学习来提高自己的独立工作能力。

7. 自动定理证明(Automatic Theorem Proving,ATP)

ATP 就是让计算机模拟人类证明定理的方法,自动实现像人类证明定理那样的非数值符号演算过程。它是人工智能最早进行研究并得到成功的一个领域。实际上,除了数学定理以外,还有很多非数学领域的任务,如医疗诊断、信息检索、难题求解等都可以转化成定理证明。ATP 是 AI 的一个重要的研究领域,它在 AI 的发展中曾起过重大的作用。纽维尔的逻辑理论家程序是定理证明的最早尝试,该程序模拟人用数理逻辑证明定理的思想,于 1963 年就证明了罗素和他的老师怀特海合著的《数学原理》第一章的全部定理。自动定理证明的基础是逻辑系统,传统的定理证明系统大都是建立在数理逻辑系统上的,近十几年来,不断有新的逻辑系统出现,例如模态逻辑、模糊逻辑、时序逻辑、默认逻辑和次协调逻辑等,它们都有相应的逻辑推理规则和方法。

8. 自动程序设计(Automatic Programming,AP)

AP 是一种让计算机把用高级形式语言或自然语言描述的程序自动换成可执行的技术。程序执行的过程中可以清楚划分成数个自动执行的步骤(step),每一个步骤即为一个程序区段,有单一的进入点,可以是一个函数或其他程序。若有需要,程序区段可以再依其状态的不同,划分为子区段。不同步骤的程序区段只能透过一组清楚标示的变量交换信息,这些变量称为状态(state)。使用 AP 编程的程序不能用其他不显然可见的方式标示状态,例如区域变量的数值、回传位置、程序指标的位置等。因此,一个程序在任两个不同时间下的差异,只有状态数值的不同,其余都相同。AP 的执行过程是一个由自动执行的循环。自动程序设计和以往的编译程序不同,编译程序只能把用某种高级程序设计语言编写的源程序翻译成目标程序,而不能处理像自然语言一类的高级形式语言。

第六节 AI 技术特征

人工智能作为一门科学,有其独特的技术特征,主要表现在以下几个方面。

1. 使用搜索

从求解问题角度看,环境给智能系统(人或机器系统)提供的信息有两种可能:一种是完全的知识,用现成的方法可以求解,如用消除法求解线性方程组,但这不是人工智能研究的范围;另一种是部分知识或完全无知、无现成的方法可用,如下棋、法官判案、医生诊病问题。

有些问题有一定的规律,但往往需要边试探边求解,这就要使用所谓的搜索技术。

2. 利用知识

人工智能技术常常要使用搜索补偿知识的不足。人们在遇到从未经历过的问题时,由于缺乏经验知识,不能快速地解决它,但往往采用尝试-检验(try-and-test)的方法,即凭借人们的常识性知识和领域的专门知识对问题进行试探性的求解,逐步解决问题,直到成功。这就是 AI 问题求解的基本策略中的生成-测试法,用于指导在问题状态空间中的搜索。

从通用问题求解系统到专家系统,都认识到利用问题领域知识来求解问题的重要性。但知识有几大难以处理的属性:知识非常庞大,正因为如此,常说我们处在"知识爆炸"的时代;知识难以精确表达,如下棋大师的经验、医生看病的经验都难以表达;知识经常变化,所以要经常进行知识更新。因此,有人认为人工智能技术就是一种开发知识的方法。另外,知识还具有不完全性、模糊性等属性。有些问题,虽然在理论上存在可解算法,但却无法实现。例如下棋,国际象棋的终局数有 10120 个,围棋的终局数有 10761 个,即使使用计算机以极快的速度(10104 步/年)来处理,计算出国际象棋所有可能的终局也至少需要 1016 年才能完成。所以,对于知识的处理必须做到以下几点:能抓住一般性,以免浪费大量时间、空间去寻找存储知识;要能够被提供和接受知识的人所理解,这样他们才能检验和使用知识;易于修改,因为经验、知识不断变化,易于修改才能反映人们认识的不断深化;能够通过搜索技术缩小要考虑的可能范围,以减少知识的搜索工作量。

此外,利用知识还可以补偿搜索中的不足。知识工程和专家系统技术的开发证明了知识可以指导搜索,修剪不合理的搜索分支,从而减少问题求解的不确定性,以大幅减少状态空间的搜索量,甚至完全免除搜索的必要。

3. 利用抽象

抽象用以区分重要与非重要的特征。借助于抽象可将处理问题中的重要特征和变式与大量非重要特征和变式区分开来,使对知识的处理变得更有效、更灵活。

AI 技术利用抽象还表现为在 AI 程序中采用叙述性的知识表示方法,这种方法把知识当作一种特殊的数据来处理,在程序中只是把知识和知识之间的联系表达出来,与知识的处理截然分开。这样,知识将十分清晰、明确、易于理解。对于用户来说,往往只需要叙述"是什么问题""要做什么",而把"怎么做"留给 AI 程序来完成。

4. 利用推理

基于知识表示的 AI 程序主要利用推理在形式上的有效性,亦即在问题求解的过程中,智能程序所使用知识的方法和策略应较少地依赖于知识的具体内容。因此,通常的 AI 程序系统中都采用推理机制与知识相分离的典型的体系结构。这种结构从模拟人类思维的一般规律出发来使用知识。

例如,人类处理问题的一般推理法则为:由已知"A 为真",并且"如 A 为真,则 B 为真",则可推知"B 为真"。这条推理法则的形式描述为 AA→BFB。这是一条形式推理法则,显然其推理规律并不依赖 A、B 的具体内容。在 AI 系统中采用形式推理技术来使用知识,它对具体应用领域的依赖性很低,从而具有很强的实用性。

实际上,经典逻辑的形式推理只是 AI 的早期研究成果。目前,AI 工作者已研究出各种逻辑推理、似然推理、定性推理、模糊推理、非精确推理、非单调推理和次协调推理等各种更为有效的推理技术和各种控制策略,它为人工智能的应用开辟了广阔的应用前景。

5. 利用学习

人工智能的研究认识到人的智能表现在于人能学习知识,有了知识,能了解、运用已有的知识。正像思维科学说:"智能的核心是思维,人的一切智慧或智能都来自大脑思维活动,人类的一切知识都是人们思维的产物""一个系统之所以有智能,是因为它具有可运用的知识"。要让计算机"聪明"起来,首先要解决计算机如何学会一些必要知识,以及如何运用学到的知识的问题。只是对一般事物的思维规律进行探索是不可能解决较高层次问题的。人工智能研究的开展应当改变为以知识为中心来进行,而这种知识不能完全靠人的灌输来完成,而是要通过学习来积累。

6. 遵循有限合理性原则

西蒙于 20 世纪 50 年代在研究人的决策制定中总结出一条关于智能行为的基本原则,因此而获得诺贝尔奖。该原则指出,人在超过其思维能力的条件下(例如,遇到 NP 完全问题——状态空间呈现指数级增长,从而造成组合爆炸问题的搜索量),仍要做好决策,而不是放弃。这时,人将在一定的约束条件下,制定尽可能好的决策。这样的决策的制定具有一定的机遇性,往往不是最优的。人工智能要求解的问题,大量的是在一个组合爆炸的空间内搜索,因此,这一原则也是人工智能技术应遵循的原则之一。

基于以上讨论的 AI 技术特征,在讨论人工智能技术时,分为搜索与问题求解、知识与推理、学习与发现三个主要部分。

第七节 AI 在我国的发展状况

目前,我国已经成为人工智能发展最迅速的国家之一,人工智能技术越来越快地从研究阶段转到应用阶段。2022 年,全国人工智能板块共发生 971 起融资事件,累计披露的融资金额为 1096.35 亿元。人工智能技术与产业的加速融合所带来对生产和生活效率的提升也极为迅速,从工业生产到消费服务等各个方面改变着人类生活。

1. 政务服务领域

人工智能技术已经得到广泛应用,包括采用人脸识别、声纹识别等生物识别技术进行的身份验证,采用对话式 AI 提供智能化政务服务,采用语义理解、运用情感分析算法判断网络观点的正负面、群众情绪的舆情,采用"文本分析 + 知识图谱 + 搜索"技术辅助刑侦、技侦工作,采用计算机视觉类技术识别并追踪监控中的重点嫌疑人员。

2. 金融服务领域

人工智能的应用场景逐步由以交易安全为主向变革金融经营全过程扩展。AI 在这一领域的应用可分为服务智能、认知智能和决策智能三个层面。服务智能得益于算力的提升，进行监督式机器学习。例如，利用人脸识别、语音识别和智能客服等，提升金融领域的交互水平和服务质量；认知智能以监督式机器学习为主，辅以无监督式挖掘特征变量，进而使风险识别和定价更为精细；决策智能以无监督学习为主，通过预测人脑无法想象、尚未发生的情境，指导和影响当前决策。

3. 医疗健康领域

医疗行业人工智能应用发展迅速，我国医疗人工智能的应用领域相对集中，应用场景多侧重于医疗健康产业链后端的病中诊疗阶段。腾讯、阿里巴巴等互联网平台企业，推想科技、汇医慧影、依图医疗等创业企业，以及西门子等传统医药企业，均将医学影像作为现阶段AI技术产品化的重点方向，开发了一批食管癌、肺癌、乳腺癌、结直肠癌筛查以及糖尿病视网膜病变AI辅助医学影像产品。

4. 自动驾驶领域

以无人驾驶技术为主导的汽车行业将迎来产业链的革新。传统车企的生产、渠道和销售模式将被新兴的商业模式所替代。新兴的无人驾驶解决方案技术公司和传统车企的行业边界将被打破。随着共享汽车概念的兴起，无人驾驶技术下的共享出行将替代传统的私家车的概念。随着无人驾驶行业规范和标准的制定，更加安全、快捷的无人货运和无人物流等新兴行业将不断涌现。

5. 制造业领域

在制造业，人工智能的应用潜力巨大：面向研发设计环节，利用人工智能算法开发数字化自动研发系统，大幅降低制药、化工、材料等周期长、成本高、潜在数据丰富的领域的研发不确定性，推动高风险、高成本的实物研发设计，向低成本、高效率的数字化自动研发设计转变；面向生产制造环节，利用人工智能技术提升柔性生产能力，实现大规模个性化定制，提升制造业企业对市场需求变化的响应能力；面向质量控制环节，利用人工智能技术在材料、零配件、精密仪器等产量大、部件复杂、工艺要求高的制造业细分领域，率先实现产品快速质检和质量保障，提升人工智能技术与物联网和大数据技术的融合水平，构建面向生产全流程的质量自动检测体系；面向供应链管理环节，利用人工智能技术实现对供需变化的精准掌握，建立实时、精准匹配的供需关系，着重提升市场需求变动大、供应链复杂领域的供应链效能；面向运营维护环节，建立基于人工智能算法的设备产品运行状态模型，监测运行状态指标的变化情况，提前预测和解决设备、产品、生产线的故障风险问题。

6. 消费零售领域

人工智能在商务决策场景、精准营销场景、客户沟通场景等各个零售环节多点开花，应用场景碎片化并进入大规模实验期，人工智能在消费零售领域的应用场景正在从个别走向聚合，传统零售企业与电商平台、创业企业结成伙伴关系，围绕人、货、场、链搭建应用场景。

京东将人工智能技术运用于零售消费的全系统、全流程、全场景，在供应端，京东发布人工智能平台，实现了智能算法的跨场景复用，每天的调用量突破12亿次。蚂蚁金服利用人工智能技术控制金融风险、提高金融效率、降低交易成本、提高用户体验,其微贷业务实现了 3s 申请、1s 决定、0 等待的"310"服务形态,其"定损保"业务通过一张照片即可识别车险赔付中车辆的维修成本。苏宁、国美等线下零售企业开始布局线上与线下相结合的人工智能应用。

本章习题

1. 人工智能学科的正式建立是在何时何地及怎样的背景下产生的?经历了哪些阶段?
2. 简述你对数据、信息、认知、知识、智力、智能和人工智能的理解。
3. 符号主义学派、连接主义学派、行为主义学派三种学派主要特点是什么?
4. 什么是图灵测试?检验人工智能成功的标准有哪些?你认为人工智能会达到预想的目标吗?
5. 人工智能有哪些技术特征?为什么要遵循有限合理性原则?
6. 我国人工智能快速发展,人工智能主要有哪些应用领域?

第二章 自然语言处理

自然语言处理(Natural Language Processing, NLP)是基于自然语言理解和自然语言生成的信息处理技术。这里的自然语言是指任何一种人类语言,例如中文、英语、西班牙语等,并不包括形式语言(如 Java、Fortran、C++等)。

NLP 是人工智能的一个分支,研究赋予计算机类似人类的理解文字和声音语言的能力。NLP 结合计算语言学(基于规则的语言建模)、统计学、机器学习、深度学习模型,使计算机能够处理文字和声音形式的人类语言,并理解语言的全部意义,包括说话人或写作者的意图和情感。NLP 致力于制造能够理解文字和声音信息的机器,而且它们能够用类似人类的方式用自己的文字和声音进行回应。

NLP 主要研究如何理解和产生人类自然语言,相当于提高计算机的语言智能,具体方法是需要借助语言学、心理学、社会学等多个学科的研究成果,例如乔姆斯基(Avram N. Chomsky)语法体系;也要借助知识表示和机器学习的研究成果,例如基于规则的产生式表示法;基于大量语料借助深度学习等算法进行数据挖掘,在近几年成效显著。

第一节 NLP 技术发展

人类发明语言的时间仍然是不确定的,也许永远都是不确定的,但是在地球生命漫长的进化史中,人类只是在最近很短的时间内不可思议地发展出了语言。原生动物、猴子和猿类的共同祖先可以追溯到 6500 万年前;人类从黑猩猩中分离出来可能是 600 万年前,而人类的语言一般被认为只有几十万年的历史。尽管我们不像大象那样强壮,也不像猎豹那样快,然而,一旦人类发展出了语言,交流、沟通的力量会迅速导致智人超越其他生物。直到近代,人类才发展出文字(仅在 5000 多年前),并逐渐拥有了建构复杂句子的能力,使得知识能够在不同的时间和空间进行流转。在短短的几千年里,这种信息共享机制把我们从悠远的青铜时代带到了现今的智能手机时代。一个高保真代码既允许人类之间的理性讨论,也允许信息的传播,这使得复杂社会的文化演变和现代技术知识积累成为可能。语言的力量是人类社会智能的根本,在人类能力被人工智能工具逐步增强的未来世界中,语言仍将保持重要的作用。

NLP 的历史可以追溯到 17 世纪。那时莱布尼茨(Gottfried W. Leibniz)等哲学家对跨越不同语言的通用字符进行探索,认为人类思想可以被归约为基于通用字符的运算。虽然这一观点在当时还只是理论上的,但却为自然语言处理技术的发展奠定了基础。作为人工智能的一个重要领域,当代 NLP 技术与人工智能技术的兴起和发展是一致的。

1950 年,图灵提出了著名的基于人机对话衡量机器智能程度的图灵测试,这不仅是人工智能领域的开端,也被普遍认为是 NLP 技术的开端。20 世纪 50—90 年代,早期 NLP 领域的发展主要基于规则和专家系统,即通过专家从语言学角度分析自然语言的结构规则,来达到处理自然语言的目的。从 20 世纪 90 年代起,伴随着计算机运算速度、存储容量的快速发展,开始使用统计机器学习方法来处理自然语言任务。深度学习算法提出后,不仅在图像识别领域取得了惊人的成绩,也在自然语言处理领域得到了广泛应用。

NLP 驱动计算机程序,把文本从一种语言翻译成另外一种语言,回应口语命令,对于庞大文本快速甚至实时提取其大意。在现在日常生活、工作的很多应用场景里,很有可能你已经跟 NLP 系统互动过了,例如语音操作的定位系统、数字助手、语音转文字软件、智能语音客服以及其他顾客服务。NLP 的历史分为以下五个阶段。

1. 第一阶段——机器翻译阶段

20 世纪 40 年代末至 60 年代末,在机器翻译方面充满了激情和乐观。人们想象,翻译可以迅速建立在计算机在第二次世界大战期间破译密码的巨大成功之上。冷战时期,美苏两方的研究人员都试图开发能够翻译其他国家的科学成果的系统。人们对人类语言的结构、人工智能或机器学习几乎一无所知。1949 年安迪·布斯(Andrew Booth)和理查·利琴(Richard Richens)对机器翻译的研究和沃伦·韦弗(Warren Weaver)在《翻译备忘录》中提出了四条机器翻译思想,NLP 研究在 20 世纪 50 年代早期开始起步;1954 年乔治城实验,美国乔治城大学的科学家展示了机器翻译的威力。工程师们能够以全自动方式将 60 多个俄语句子翻译成英语;Machine Translation 期刊创刊;以机器翻译为主题的国际大会在 1952 年首次召开,1956 召开了第二次;1958 年、1961 年英国特丁顿(Teddington)语言机器翻译与应用语言分析国际会议成果展示。

2. 第二阶段——受人工智能影响阶段

20 世纪 60 年代末至 70 年代末,NLP 研究工作主要和世界知识及其在意思表示中的建构和操控有关,这就是被称为受人工智能影响的阶段。1961 年初,有人开始研究处理和建造数据库或者知识库;一个棒球问答系统面世,这个系统的输入信息是有限的,涉及的语言处理也非常简单。1968 年,明斯基开发了一个更为先进的系统,与棒球问答系统相比,这个系统受到了认可,提供在理解和回应语言输入所需要的基于知识库的推断能力。

3. 第三阶段——语法逻辑阶段

20 世纪 70 年代末至 80 年代末,由于 NLP 还没能建立起实用的系统,研究人员转向将逻辑用于人工智能中的知识表示和推理。20 世纪 70 年代末,语法逻辑方法使用了强大的通用句子处理器,例如斯坦福研究院的核心语言引擎,话语表征理论提供了处理长语篇的方法。NLP 有了一些实用的资源和工具,比如 Alvey 自然语言工具的语法分析器,以及用于数据库搜索的更加可操作的、更加商业化的系统。20 世纪 80 年代,NLP 词汇方面的工作也指向了语法逻辑方法。

4. 第四阶段——词汇和语料库阶段

20世纪90年代至今，NLP引入了用机器学习算法处理语言，带来了NLP的巨大变革。2001第一个神经网络语言模型由约书亚·本吉奥（Yoshua Bengio）等人提出，首先是把神经网络学习用于特征计算或者建立一个新的特征，然后在原有的统计学习框架下体验效果。

5. 第五阶段——深度学习阶段

NLP的繁荣出现在2010年，深度学习算法开始发展，出现了许多我们今天仍在使用的开发，例如聊天机器人、自动更正器、语音助手等。大多数情况下，循环神经网络开始被用来解决这些问题。2019年，Open AI提出了Generative Pre-Trained Transformer-2（GPT-2）语言模型。与现有的生成器不同，该神经网络能够创建长行相关文本、回答问题、撰写诗歌和撰写新食谱。2020年，Open AI展示了新版本的GPT-3，一家又一家的大型科技公司开始展示自己在大型语言模型领域的发展。

第二节　NLP基本原理

NLP是如何工作的？要回答这个问题，有必要关注自然语言工作过程。

一、自然语言工作过程

我们使用自然语言时，当听到或读到任何短语，潜意识会同时发生一个过程：感知→理解意义→回复。

1. 感知

感知是将感觉信号转化为符号形式的过程。例如，当我们听到一个特定的单词或看到它以不同的字体书写，任何这些类型的获取信息都必须转换为单一的书面文字。

2. 理解意义

理解意义是最困难的任务，即使是天生智能人也无法应付，由于对上下文的无知和对短语的错误解释，可能会出现各种尴尬，有时甚至会出现严重的冲突。

3. 回复

回复是决策的结果，这是一项相当简单的任务，需要根据感知短语的含义、上下文以及可能的一些内部经验来形成一组可能的答案。

NLP算法的工作原理完全相同。感知是将传入的信息转换为机器可理解的符号集的过程。如果这是来自聊天机器人的文本，那么这样的传入集合将是直接的。如果这是音频文件或手写文本，那么首先需要将其翻译成方便的形式。现代神经网络成功地解决了这个问题。通过权衡备选方案并将结果相互比较，也成功解决了文本响应问题。对于聊天机器人，它可以是来自其知识库的文本响应；对于语音助手，它可以是一些智能家居对象的动作，例如打开电灯。

二、自然语言理解和分析

自然语言的理解和分析是一个层次化的过程,许多语言学家把这一过程分为五个层次:语音分析、词法分析、句法分析、语义分析和语用分析。

(1)语音分析,根据音位规则从语音流中区分出一个个独立的音素,再根据音位形态规则找出音节及其对应的词素或词。

(2)词法分析,找出词汇的各个词素,从中获得语言学的信息。

(3)句法分析,对句子和短语的结构进行分析,目的是要找出词、短语等的相互关系以及各自在句中的作用。

(4)语义分析,找出词义、结构意义及其结合意义,从而确定语言所表达的真正含义或概念。

(5)语用分析,研究语言所存在的外界环境对语言使用者所产生的影响。

三、NLP 工作流程

从自然语言处理的应用角度来看,NLP 可以分为三个阶段:一是语音识别,即语音转文本;二是自然语言理解,即计算机理解人类语言的能力;三是自然语言生成,即计算机生成自然语言。其中,后两者是 NLP 工作的关键流程。

1. 语音识别

计算机先吸收自然语言,而后把它转换成人工语言,这就是语音识别或者语音转文本。隐马尔可夫模型(Hidden Markov Model,HMM)是采用数学计算来确定人说的是什么然后以此把语音转换成文本的统计模型,现在大部分的语音识别系统都使用这种模型。隐马尔可夫模型实现功能的方式是听人讲话,把语音分解成小的单元(通常是 1~20ms),然后把这个语音同之前录好的语音进行比较,从而得出人在每个单元里面说了哪个音素(音素是最小的语音单位)。然后程序仔细检查音素的顺序,用统计分析来确定人最有可能说的是哪个单词或者句子。

2. 自然语言理解

计算机首先理解每个单词的意思,再确定这个单词是名词还是动词,是过去时还是现在时等,这个任务叫作词性标注。研究人员把规则编码放进 NLP 系统,输入词汇表、语法规则,区分开多义词、同义词,然后训练它们去学习正确地应用这些规则。经过这个过程,机器掌握人说的意思。

3. 自然语言生成

自然语言生成是把计算机的人工语言转换成文本,也可以使用文本转语音技术把那个文本转换成可识别的语音。首先,当 NLP 系统确定要把什么信息转换成文本时,如果问计算机一个关于天气的问题,它很有可能进行网络搜索寻找答案,从而决定它应该把气温、风力、湿度这些信息读给提问者。其次,它组织要表述的语言结构,类似于自然语言理解的反向操作,NLP 系统能够使用一个词汇表和一套语法规则建构完整的句子。最后,文本转语音接管接下来的任务,文本转语言引擎使用韵律模型来评估文本,确定停顿、音长、音高,然后使用语音数据库把所有录下来的因素整合成一个连贯的语流。

1966 年,德国裔美国计算机科学家约瑟夫·魏泽鲍姆(Joseph Weizenbaum)在麻省理工学院的围墙内开发了世界上第一个 Eliza 聊天机器人。该系统使用积极倾听的技巧模仿了与心理治疗师的对话,对用户的信息进行了重新措辞,以表现出理解用户所说的内容。事实上,系统并没有深入到对话的本质,当它找不到答案时,它通常会回答"我明白"("明白"),并将谈话转向不同的方向,如图 2-1 所示。

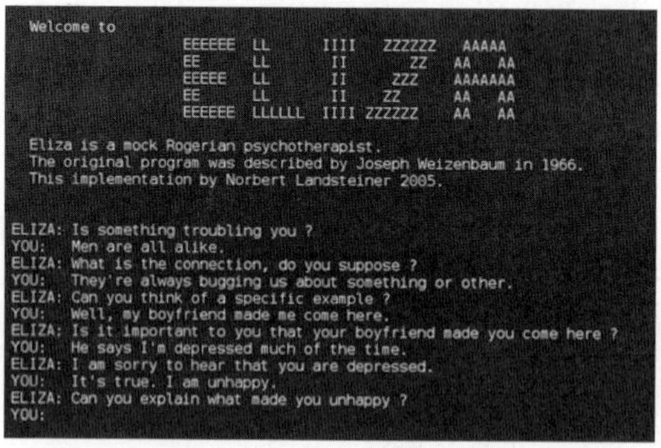

图 2-1 与伊丽莎对话
图片来源:维基百科。

四、隐马尔可夫模型

隐马尔可夫模型(HMM)是一种统计模型,用于解释或推导任何随机过程的概率特征。它可以用来描述取决于内部因素的可观察事件的演变,而这些因素是无法直接观察到的。使用 HMM 旨在恢复数据序列,其中下一个数据序列不能立即被观察到,但下一个数据取决于旧的序列。HMM 现已成功地用于语音识别、行为识别、文字识别以及故障诊断等领域。

HMM 可应用于中文分词。中文分词指的是中文在基本文法上有其特殊性而存在的分词,中文分词处理是中文文本处理的一个基础步骤,也是中文人机自然语言交互的基础模块。不同于英文的是,中文句子中没有词的界限,因此在进行中文自然语言处理时,通常需要先进行分词,分词效果将直接影响词性、句法树等模块的效果。当然分词只是一个工具,场景不同,要求也不同。

可以认为,每个字(观测值)有一个对应的状态(状态值),状态集合用「B,E,M,S」表示。其中 B 表示一个词的开始,E 表示一个词的结束,M 表示一个词的中间,S 为单字成词。例如:

S S B M M M M E B E
我 是 中 华 人 民 共 和 国 国 民

我们可以根据这句话的状态序列将句子切分为：我 是 中华人民共和国 国民

在此处，我们已经将分词的问题，转换为求状态序列的问题，这时我们就可以把分词的问题，具体化为：已知 StatusSet，ObservedSet，TransProbMatrix，EmitProbMatrix，InitStatus，求状态值序列，感兴趣的读者可以查阅相关资料进一步学习。

实现基于 HMM 的中分文词器，首先需要将标注集{B，E，M，S}映射为连续的整型 id，将字符映射为另一套连续 id，这个映射在 NLP 的代码中习惯上称为词表或标注集；构建词表的目的是对字符串表示的词进行向量化。因为当前的自然语言处理模型都是基于统计机器学习，只能在数学上进行各种计算，这样就势必要求将字符串表示的文本数字化。假设我们有大量词，如何将词数字化、向量化？目前的方法就是先构建一个词表，将所有的词囊括进来，然后在文本中对每一个词都能够在这个词表里面查到它的索引。类似我们小学时每人都有一本新华字典，遇到不认识的词可以去字典里查。机器也一样，它需要一个字典将去查每个词的索引。

其次，需要使用公开的语料库或者手工创建一个自己的语料库。语料库是存放语言材料的仓库，任何一个信息处理系统都离不开数据和知识库的支持，自然语言处理系统肯定也不例外，实际上我们搭建的 NLP 系统效果好坏很大一部分影响在于语料库的好坏，当然模型也有很大的作用。然后使用 HMM 接收语料库的数据，训练得到一个具备分词能力的模型。最后我们输入一段文字，训练好的 HMM 就能预测{B，M，E，S}标签，将文字信息转换为单词序列。例如：输入"商品和服务"，模型就会输出[商品，和，服务]的分词结果。

五、朴素贝叶斯分类法

贝叶斯公式可以简写成：

$$P("属于某类"|"具有某特征") = \frac{P("具有某特征"|"属于某类")P("属于某类")}{P("具有某特征")}$$

(2-1)

而我们对于二分类问题，只要判断 P 大于 1/2 就可以了。根据上面公式，问题可以转化为"具有某特征条件下属于某类"的概率，而"具有某特征条件下属于某类"的概率是可以直接统计的，只要我们能够找到相关特征的样本，进行训练，在样本数量足够大的情况下，就可以比较准确地计算出 P 的概率。

例如，我们现在要对邮件进行分类，识别垃圾邮件和普通邮件。假设我们有垃圾邮件和正常邮件各 1 万封作为训练集，需要判断一下这个邮件是否属于垃圾邮件，也就是判断 P（"垃圾邮件"|"正常邮件"）是否大于 0.5。也就是 P（"垃圾邮件"|"正常邮件"）= 垃圾邮件中出现的次数 ÷（垃圾邮件中出现的次数 + 正常邮件中出现的次数）。

朴素贝叶斯分类（Naive Bayesian Classification，NBC）即假定给定目标值时属性之间相互条件独立。也就是说，没有哪个属性变量对于决策结果来说占有着较大的比重，也没有哪个属性变量对于决策结果占有着较小的比重。

已知集合 $C = y_1, y_2, \cdots, y_n$ 和 $I = x_1, x_2, \cdots, x_n$ 确定映射规则 $y = f(x)$，使得任意 $x_i \in I$ 有且

仅有一个 $y_i \in C$,使得 $y_i \in f(x_i)$ 成立。其中 C 叫做类别集合,其中每一个元素是一个类别,而 I 叫作项集合(特征集合),其中每一个元素是一个待分类项,f 叫做分类器。NBC 基于各特征之间相互独立,在给定类别为 y 的情况下,上式可以进一步表示为下式:

$$P(X|Y=y) = \prod_{i=1}^{d} P(x_i|Y=y) \tag{2-2}$$

NBC 是贝叶斯分类中最简单也是常见的一种分类方法。NBC 的核心思想是:对于给出的待分类项,求解在此项出现的条件下各个类别出现的概率,哪个概率最大就认为此待分类项属于哪个类别。其主要优点有:有稳定的分类效率;对小规模的数据表现很好,能够处理多分类任务,适合增量式训练,尤其是数据量超出内存时,可以一批批地去增量训练;对缺失数据不太敏感,算法也比较简单,常用于文本分类。

六、神经网络算法

神经网络(Neural Networks,NNS)是一种模仿动物神经网络行为特征,进行分布式并行信息处理的算法数学模型。我们知道,大脑对外界的大概反应过程可以描述为外界的刺激信号传进某部分的神经元系统,信号经过神经元一层层地传递下去,最终在某部分的神经元系统产生脉冲信号,驱使身体的某个部位作出反应。这种网络依靠系统的复杂程度,通过调整内部大量节点之间相互连接的关系,从而达到处理信息的目的,它可以用来解决分类问题,也可以解决回归问题。

NNS 是一个体系结构,包括输入层、隐藏层和输出层。各层的节点之间互相连接,信息通过线性变换(权重和偏置)和非线性变换(激活函数)从输入层转换到输出层,有些方法可以更新模型的可训练参数。其中,输入层单元数是由自变量维度决定;输出层单元数是由要分类的问题最终分成多少类来决定的;隐藏层层数以及各隐藏层单元数目用来确定神经网络结构。

神经网络结构可分为:①前馈神经网络(FNN),这是实际应用中最常见的神经网络类型,第一层是输入,最后一层是输出。如果有多个隐藏层,我们称之为深度神经网络,它们计算出一系列改变样本相似性的变换。各层神经元的活动是前一层活动的非线性函数。②循环神经网络(RNN),即在连接图中定向了循环,这意味着可以按照箭头回到开始的地方。网络会对前面的信息进行记忆并应用于当前输出的计算中,即隐藏层之间的节点不再是无连接的而是有连接的,并且隐藏层的输入不仅包括输入层的输出还包括上一时刻隐藏层的输出。③对称连接神经网络(SCNN),即单元之间的连接是对称的,它们在两个方向上权重相同。没有隐藏单元的对称连接网络被称为 Hopfield 网络,有隐藏单元的对称连接的网络被称为 Pozmann 网络。

BP 算法(Back Propagation)是多层神经网络的训练一个核心的算法,目的是更新每个连接点的权重,从而减小预测值(predicted value)与真实值(target value)之间的差距。输入一条训练数据就会更新一次权重,反方向(从输出层→隐藏层→输入层)以最小化误差(error)来更新权重(weitht)。在训练神经网络之前,需要初始化权重(weights)和偏向(bias),初始化是随机值,随机值在 −1~1 之间,每个单元有一个偏向。

这里,我们介绍一种 RNN。RNN 模型结构看上去相当简洁,如图 2-2 中的箭头表示数据的流动。需要注意的是,在隐藏层,有一个回流的箭头,就是这个箭头的作用,使得 RNN 具有了"记忆"的能力。

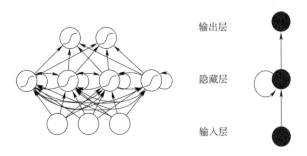

图 2-2　简单的 RNN 结构

数据在 RNN 模型内是如何流动的?我们将 RNN 模型的单元按时间展开,RNN 的处理流程如图 2-3 所示。

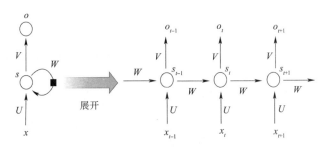

图 2-3　RNN 的处理流程

可以看到,不同时刻的数据 x_t 与上一时刻的状态 $s_{(t-1)}$,从输入层输入,经过一系列运算(激活函数)之后,得到该时刻的状态 s_t。s_t 再经过矩阵运算得到该时刻的输出 o_t,同时 t 时刻的状态 s_t 会传给下一时刻的输入层。通过这种方式,任意时刻的序列输入都会包含前面所有时刻的状态信息,就实现了"记忆"的目的,实际就是一种残差的结构。

RNN 是一种用于处理序列数据的神经网络。从 RNN 链状的结构很容易理解到它是和序列信息相关的,这种结构似乎生来就是为了解决序列相关问题的。而且,它们的确非常管用,在最近的几年中,人们用 RNN 不可思议地解决了各种各样的问题:语音识别、语言模型、翻译、图像等。

第三节　NLP 研究方向

早期的机器翻译系统涵盖了有限领域的有限语言结构。基于平行翻译语料库建立大型统计模型,使得具有较强泛化能力的机器翻译成为可能,这是大多数人在 2006 年谷歌翻译推出后首次体验的事物。2016 年底,当谷歌转向使用神经机器翻译时,谷歌的机器翻译有了明显的改善,但该系统的寿命较短。

基于 transformer 的神经网络翻译在 2020 年推出。这个新系统不仅通过不同的神经架构,而且使用与以往网络结构截然不同的模型进行优化。新系统不是从平行文本中建立双语匹配,从而在两种语言之间进行翻译,而是从一个巨大的神经网络中获益,该网络同时对谷歌翻译所涵盖的所有语言进行训练,只需用一个明显的标记(target_language、source_language)来表示语言。虽然这个系统仍然会犯错,机器翻译的研究也在继续,但自动翻译的质量是非常出色的。

目前,国内外 NLP 领域知名研究学者很多,他们代表了 NLP 的研究方向和技术前沿。

一、曼宁:语言理解与推理

克里斯多夫·曼宁(Christopher D. Manning)是斯坦福大学计算机科学与语言教授,1994 年在斯坦福大学获得语言学博士学位,著有《人类语言理解与推理》等,致力于研究能够智能处理、理解和生成人类语言材料的计算机。曼宁在自然语言处理的深度学习领域有着深入研究,包括递归神经网络、情感分析、神经网络依赖分析等。曼宁曾获 ACL、CILING、EMNLP 的最佳论文奖。

曼宁是深度学习在 NLP 领域的开拓者。由于语言的复杂性,语言学家花了大量的精力把语言这个大问题拆解成若干诸如词性标注、句法依存分析这样的子任务(component task),以便计算机理解。曼宁认为,总的来说研究者还是把深度学习视为工具在解决原来问题,毕竟深度学习的好用性就体现在,它几乎能无差别提高所有自然语言任务的效果。而任务层面的思路转变主要存在于两方面:一是自然语言生成课题有了热度。在过去至少十年的时间里,研究者对语言生成都没有什么兴趣,因为太难了。而神经网络提供了一个做特定场景下自然语言生成的机会。二是确实存在研究兴趣从子任务到端到端整体任务的迁移,机器翻译、阅读理解都是典型的端到端任务。

斯坦福大学自然语言处理小组包括了语言学和计算机科学系的成员,是斯坦福人工智能实验室的一部分,主要研究计算机处理和理解人类语言的算法,工作范围从计算语言学的基本研究到语言处理的关键应用技术均有涉猎,涵盖句子理解、自动问答、机器翻译、语法解析和标签、情绪分析和模型的文本和视觉场景等。该小组的一个显著特征是将复杂和深入的语言建模和数据分析与 NLP 的创新概率、机器学习和深度学习方法有效地结合在一起。

二、吴恩达:以数据为中心

吴恩达(Andrew Ng),华裔美国人,是斯坦福大学计算机科学系和电子工程系教授,也是谷歌大脑的联合创始人和主管,曾担任过百度首席科学家。他还是 Landing AI、Deeplearning.ai 的创始人、Coursera 的联合创始人。

吴恩达开发人工神经网络最经典的一个案例是,让 AI 观看一周 YouTube 视频后,自主识别关于猫的视频。这个案例为人工智能领域翻开了崭新一页。2012 年,吴恩达和斯坦福大学计算机科学系教授 Daphne Koller 联合创办了 Coursera 这个大规模开放在线课程

（MOOC）平台，现已成为全球数万学子学习深度学习的首选。

吴恩达一直在提"以数据为中心的 AI"，并希望大家的工作从以模型为中心向以数据为中心的 AI 转变。他表示，"过去十年，代码——神经网络的架构已经非常成熟。保持神经网络架构固定，寻找改进数据的方法，才会更有效率。"在接受 IEEE Spectrum 的一个采访中，吴恩达探讨了人工智能领域下一个十年的风向，并提出了是时候从大数据转向小数据、优质数据的观点。

第四节　NLP 在交通领域中的应用

随着经济的稳步发展、人口的持续增长和城市化进程的加快，城市机动车拥有量和道路交通量急剧增加，交通拥堵问题日益严重，由此引发的交通安全和环境污染，已严重影响了人们的日常出行，并成为制约城市社会和经济发展的瓶颈问题。如何让出行变得更为有效、方便和快捷已成为世界难题。调节出行需求，进行实时动态交通诱导，就成为解决交通拥堵问题的有效途径。

一、实时交通自然语言

动态交通诱导依赖于实时交通信息。实时交通信息实现动态路况信息的实时播报，传达道路拥挤、通畅等信息，可以更好地指导人们的出行，一直以来备受国内外关注。移动通信、互联网技术等现代通信技术使得实时交通信息呈现了信息获取的广泛性、信息载体的多样性和信息发布的高频性等特点，如交通广播电台每天以一定的频率播送大量的实时交通信息，互联网也发布大量的实时交通信息，出行者可以方便地接收到这些信息。然而与之不相适应的是，出行者获取自然语言实时交通信息后只能凭经验调整行驶路径，这使得大量的实时交通信息使用效率极低。原因之一是自然语言交通信息是以语义来表达地理位置，信息的接收者不能准确地判断实时交通信息对交通状况的影响。所以，要提高自然语言交通信息的使用效率，就要使自然语言交通信息与交通网络融合，使自然语言交通信息能与导航软件结合，准确地对出行者进行诱导。

交通信息的自然语言表达是指交通网络由道路、隧道、桥梁等抽象的边和交叉口、兴趣点（Point of Interest, POI）等抽象成的节点组成的有向网络。实际上，道路是由多个车道组成的复杂对象，不同的车道具有丰富的交通特征信息。在车辆导航或网络分析中，要考虑的因素往往与车道密切相关。同一条道路的不同方向车道往往具有不同的交通特征，如交通量的变化等，交通拥堵也往往只在道路的单向车道上发生；同一道路不同方向车道与邻接车道往往有着不同的拓扑关系，为此，我们把同向车道抽象成一条有向边。

实时交通信息是指交通网络上所有物体所具有的特定信息，主要包括交通流状态特征信息（流量、速度、密度等）、交通紧急事故信息、环境状况信息、交通动态控制管理信息等。实时交通信息的主要特征，一是具有时态性，实时交通信息动态表达道路的交通状态；二是具有线性分布特征，交通信息依附于交通网络，可以用线性定位参考系来表达事件发生的相对位置。

实时自然语言交通信息是以自然语言来描述道路上交通状况的实时变化,其格式一般是:地点+交通事件,如:南京玄武湖隧道新庄入口多车追尾,其中玄武湖隧道新庄入口为地点,多车追尾为事件。

二、NLP 交通信息定位

NLP 交通信息定位是基于参照物的线性参考方法(linear reference method)的定位。线性参考方法是根据定位参照物确定线性分布事件在线性网络中的位置,定位参照物主要有路口、桥梁、道路、隧道、POI 等现实地理空间要素。

自然语言交通信息的定位方式有以道路交叉口(路口)或道路名来定位,有以离网络边或网络节点很近的地物来描述交通事件发生的地点。道路交叉口(路口)对应着交通网络上的节点,对于以道路交叉口(路口)来定位的交通信息,可以直接与交通网络匹配融合;对于偏移交叉口(路口)一定距离的,可定位的具体形式见表 2-1。

自然语言交通信息定位方式　　表 2-1

定位方式	定位参照物	实例
定位点(+方向)(+偏移量)	道路交叉口	中山东路与洪武路的交叉口
	POI	市政府往南 10m
	隧道口	玄武湖隧道新庄入口
	路口	栖霞大道万寿路口
定位线(+方向)(+偏移量)	桥梁	长江大桥由北向南方向
	隧道	玄武湖由东向西
	桥梁	长江大桥由南向北距离南堡 10m
	道路	中央路由南向北

三、NLP 交通信息与交通网络融合

NLP 交通信息与交通网络融合是指自然语言理解可分为两个方面:一是口语的理解(如语音识别等);二是文本语言的理解(如信息检索等)。

自然语言交通信息理解所涉及的词库包括地址词库,如道路名、机构名、POI 等;空间关系词库,如拓扑关系、方向、偏移等;交通事件词库,如车流量、相撞等;基础词库,指在语言理解过程前预先加载的领域相关词汇,包括动词、量词、介词等。自动分词处理分词算法汉语自动分词是自然语言理解的关键因素。

目前,自动分词算法主要有三种。一是机械匹配法,如正向最大匹配法(MM)、逆向最大匹配法等。机械匹配法不需要任何的词法、句法、语义知识,不需要复杂的数据结构,执行起来简单,但要求有一个很大的匹配字典,不能很好地解决歧义问题。二是基于统计的分词方法,如 N 元文法模型、隐 Markov 模型、最大熵模型等。此类分词法不需要一个机器可读词典,但需要大量的训练文本。三是人工智能法,如神经网络模型分词法、专家系统分词法等。

自然语言交通信息中的空间位置信息是模糊的,并没有坐标信息,为此,对于得到的自然语言交通信息要能对交通流进行诱导,必须让自然语言交通信息与路网进行融合,只有使自然语言交通信息具有了地理位置信息,才能分析此位置发生的交通事件对交通流的影响。自然语言交通信息与位置信息融合流程如图2-4所示。

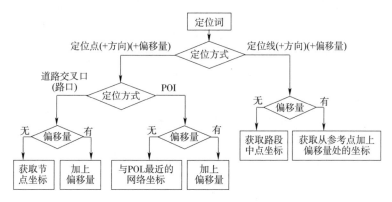

图2-4　自然语言交通信息与位置信息融合流程

交通网络由边和节点组成,交通事件是发生在路网上,以沿着网络边按偏移方向加上偏移量然后取得定位点的坐标。交通事件都是发生在网络中,并不是发生在地物这个位置上,人们只是习惯于用最近的地物表示发生交通事件的位置,由于地物并不对应着网络上的节点或边,所以,对于以地物定位的自然语言交通信息,首先要找到与地物最近的网络边或节点,如果没有偏移量就直接获取与交通网络最近点的坐标,如果有偏移量就从最近点按偏移方向加上偏移量,然后取得定位点的坐标。

根据改进的 MM 算法,把发生某一交通事故的信息切分为定位线、方向、参考点、偏移量、交通事件5个关键词,然后根据融合方法,把此条交通信息融合到交通网络上。原型系统是在地理信息系统(Geographic Information System,GIS)软件平台 ArcGIS1 的支持下,使用 SQLServer 数据库,在 VS.NET 开发环境中用开发工具 C#编程实现,融合时间在数秒内完成,说明融合的方法有很高的效率,能够满足实时诱导交通流的要求。

自然语言交通信息是以自然语言表达与交通相关的信息,用来说明交通事件中反映出的交通特征。充分利用实时语言交通信息对提高交通网络的效率有着重要的作用,且对缓解交通拥堵具有一定的意义。充分利用各渠道发布的实时交通信息、发展实时动态导航技术,是智能交通导航的发展趋势和主要形式。大量的实时自然语言交通信息能高效地运用于出行诱导。

第五节　NLP 的伦理与安全

NLP 的伦理问题讨论较少,主要原因是自然语言处理研究没有直接涉及用户,因此,不太可能引起伦理问题。大多数 NLP 的应用着力于进一步丰富现有文本,而这些文本通常是公开发表的,不与任何特定作者具有紧密联系,并且往往距离现在较为久远,比如小说的文本。所有这些因素都造成了文本与作者之间的距离,使得研究无法直接影响作者的处境。然而,随着 NLP 越来越广泛地传播并使用来自社交媒体的更多数据,作者是当前的个人,情况已经发生了变化,NLP 实验和应用的结果现在可以直接影响到个人用户的生活。

  语言总是在具体的情境中存在的,也就是说,语言是在特定的地点和时间,在特定的情况下,由某一个人说出来的。因此,所有这些因素都会在话语中留下烙印。我们在自然语言处理中使用的文本,不同程度地携带着关于作者及情境的潜在信息,这些信息可用于预测文本中的作者特征,而这些特征反过来又可以被我们的模型检测并影响其性能。随着越来越多基于语言的技术的出现,NLP 研究的伦理意义变得越来越重要,所进行的研究及其质量直接影响到这些技术的功能和影响。

  语言、社会和个人之间的相互关系也是 NLP 伦理问题的来源,比如无法识别群体成员身份、错误解读群体成员身份、过度暴露。

一、不兼容性

  由于语言的情境属性,任何数据集都带有人口统计偏见,尤其是其中潜在的人口统计信息。过度拟合这些因素会严重影响研究结果的适用性。在心理学领域,大部分研究都是基于西方的、受过教育的、工业化的、富有的和民主的研究参与者。在默认人性普遍性的前提下,这个群体的数据可以代表其他群体的状况,导致了大量偏颇的心理语料库数据。自然语言处理中,过度拟合训练数据中的人口统计偏差是由于假设模型暗示所有语言都与训练样本相同。因此,这些模型在解读其他人口统计的数据时表现更差,甚至是失败。

  潜在后果是不兼容性或人口统计错误陈述。这本身就体现了研究目的的伦理问题,威胁到科学知识的普遍性和客观性。但这些问题一旦应用到产品上,潜在后果就会加剧。例如,标准语言技术可能更容易用于加利福尼亚州的白人男性,因为在发展过程中考虑到了这一群体特征,而不是妇女或拉美或阿拉伯裔群体。这将强化已经存在的人口差异,并使技术对这类群体的用户友好度降低。限制性语言,如特定阶级语言或科学术语,会阻碍某些实践中局外人声音的表达。因此,在研究阶段对人口统计学差异缺乏认识或关注不足可能会导致在研究过程中出现不兼容性的问题。具体地说,不兼容性对自然语言处理研究的后果是,当前最先进的自然语言处理模型与模型化人口统计学相比,对年轻人和少数民族群体的解读准确度要低得多。

  在自然语言处理研究和开发中更好地认识这些机制有助于进一步预防问题。为解决人口统计偏差的问题,可以对训练数据中代表性过强的群体进行降采样以均衡分布,也可以将现有人口统计数据用于监督。一般而言,解决过度拟合或不平衡数据的措施可以用来纠正数据中的人口统计偏差。

二、过度概括

  不兼容性是数据的副作用,过度概括是建模的副作用。例如,我们考虑用户属性的自动推断,这是一项常见而有趣的自然语言处理任务,其解决方案也有望用于许多有用的应用,如推荐引擎和欺诈或欺骗检测。

误报的成本似乎很低,当我们收到一封用错误性别称呼我们的电子邮件,或者在30岁生日时收到祝贺我们退休的电子邮件时,我们可能会感到困惑或好笑。但在实践中,依赖产生误报的模型可能导致偏见确认和过度概括。如果系统被用来预测性取向或宗教观点,而不是年龄或性别,我们会接受同样的错误率吗?给定正确的训练数据,这只是更改目标变量的问题。

要解决过度概括的问题,指导性问题应该是:"错误答案是否比没有答案更糟糕?"我们可以使用虚拟变量,并采用误差加权和模型正则化以及置信阈值等措施。

三、暴露问题

排斥和过度概括都可以通过算法解决,话题过度暴露会产生偏见,而话题过度暴露则源于研究设计。在研究中,我们可以在越来越受到主流关注的研究主题中观察到这一效果,这些主题往往会过时或变得更加专业化,例如标题中带有"语法"和"神经"的相关研究。这样的话题过度暴露可能会导致一种被称为"可得性启发"的心理效应。如果人们能够回忆起某个事件,或者对具体的事情有所了解,他们就会推断它一定更重要。例如,人们会认为他们认识的城市规模要大于未知城市的规模。

但是,我们所研究的个人、群体、特征也是如此。当暴力或消极情绪等特征与某些群体或种族有更紧密的联系时,"可得性启发"就变得充满了伦理色彩。如果研究一再发现某一人口群体的语言更难处理,就会造成这一群体被认为难以相处或不正常的理解,特别是在存在偏见的情况下。比如,通过语言的性别使用确认偏见也是第二和第三波女权主义的核心。

因此,过度暴露会产生偏见,从而导致歧视。在某种程度上,公众对人工智能危险的疯狂讨论可以看作是过度暴露的结果。这一问题没有简单的解决方案,这一点只能在事后才显现出来。这有助于评估一个项目的研究方向是否助长了现有的偏见,或者是否过度暴露了某些群体。

暴露不足会对评估产生负面影响。与心理学中的情况类似,自然语言处理倾向于关注印欧语言的数据/文本素材,而不是来自亚洲或非洲等其他语言群体的语料。这种倾向造成了可用标记数据量的不平衡。现有的大多数标记数据只覆盖了一小部分语言。在分析2013年推特数据的随机样本时,我们发现31种最常见语言中的11种没有树库,语义标注资源更少,当时的语料库只涵盖英语、阿拉伯语、汉语和西班牙语。

即使有大量来自其他语言的数据,大多数自然语言处理工具都面向英语。英语资源的普遍性造成了对类型多样性的不充分暴露,因为英语的词法和句法在世界各种语言中是独特的。虽然有许多方法可以开发针对非英语语料的多语言和跨语言自然语言处理工具,但是有更多的商业动机去过度使用英语,而不是其他语言。即使从语言和文化的角度看,其他语言也同样(或更)有趣,但英语是使用最广泛的语言之一,因此,为自然语言处理工具打开了最大的市场。这种对英语的关注可能是自我强化的,英语现成工具的存在使得尝试新想法变得容易,而开始探索其他语言需要更高的基本模式的启动成本,因此,研究人员不太可能去研究它们。

四、两用问题

即使我们解决了上述所有问题,并且不打算在实验中造成任何伤害,它们仍然可能产生意想不到的后果,对人们的生活造成负面影响。

先进的分析技术可以极大地改善搜索和教育应用,但在对非标准语言进行降级时可以强化规定性语言规范。柱状图分析可以揭示历史文本的起源,但也会危及政治异见者的匿名性。文本分类方法有助于破译俚语和隐含信息,但也有可能被用于审查。与此同时,自然语言处理也有助于揭示这些限制。NLP技术一方面可以用来检测虚假评论,但另一方面也可以生成虚假评论。

所有这些例子表明,我们应该更加了解其他人如何为自己的目的使用自然语言处理技术。前所未有的规模和可用性可能让自然语言处理技术的后果难以估量。研究的意外后果也与资金来源相关的激励因素有关。在这方面,政府和军队参与这一领域的问题值得特别关注。也有学者出于道德原因拒绝军事相关资金。

尽管这一决定取决于个体研究者,但例子表明道德考虑超出了直接研究项目的范围。我们可能不会对研究的意外后果直接负责,但我们可以承认自然语言可以通过哪些方式促成道德上有问题、敏感的实践,提高认识,并以知情的方式引导关于NLP的讨论。

本章习题

1. 一所学校里,学生中60%是男生,40%是女生。男生总是穿裤子,女生则一半穿裤子一半穿裙子。假设你走在校园中,前面走着一个穿裤子的学生,请问你能够推断出他(她)是女生的概率是多大吗?

2. 自然语言处理技术经历了哪些发展阶段?各阶段的技术特点是什么?

3. 自然语言工作过程是怎样的?简述NLP的工作流程。

4. 曼宁在NLP领域有哪些贡献?吴恩达在MOOC的平台上主要有哪些创新?

5. NLP需要注意哪些伦理和安全上的问题?

第三章 语音识别

语音识别(Automatic Speech Recognition, ASR)是从待识别语音信号中识别出该语音的语义信息、语言信息和说话人特征信息和情感信息等。语音识别技术是模式识别研究领域中一个非常重要的组成部分,它涉及许多学科,包括计算机、通信、语音语言学、电子技术和模式识别等。随着科技的进步,人们通过大量的研究,在理论、算法、实验中通过不断的努力和改进,取得了许多重要的科学成果。

ASR 是指让机器识别人说出的话,即将语音转换成相应的文本内容,然后根据内容信息执行人的某种意图。自动语音识别又称自动言语识别,这项任务涉及将输入声学信号与存储在计算机内存的词表(语音、音节、词等)相匹配,而匹配个别语词的标准技术则要用输入信号与预存的波形(或波形特征/参数)相比较(模型匹配)。计算机需要一段训练期,其间它接受一个或多个说话人提供的一批口语例词,将其平均后得出典型的波形。同时,还需要考虑输入时的可变语速,大多采用动态时间调整技术,将输入信号的音段与模板中的音段匹配起来。ASR 更富挑战性的目标是处理连续言语(即连续语音识别),这种处理需要向计算机提供语音和音素切分的典型模式的信息,以及形态和句法信息。

ASR 在现代社会中的应用也越来越广泛,特别是在人机交互方面,如智能手机、智能家居等设备中的各类语音助手(苹果 Siri、天猫精灵等); ASR 在专业领域的应用也是越来越广,比如在无线电监测与频谱管理中,我们可以通过语音识别系统,对监测到的语音信号自动识别,及时发现非正常广播,比如调频广播中的黑电台、调幅广播中的 FD 电台等,这样可以实现自动监测、减少工作量。

第一节 ASR 技术发展

人耳接收到声音后,经过神经传导到大脑分析,判断声音类型,并进一步分辨可能的发音内容。人的大脑从婴儿出生开始,就在不断地学习外界的声音,经过长时间的潜移默化,最终才听懂人类的语言。机器跟人一样,也需要学习语言的共性和发音的规律,才能进行语音识别。

"鸡尾酒会效应"

在各种声音嘈杂的鸡尾酒会上,有音乐声、谈话声、脚步声、酒杯餐具的碰撞声等,当某人的注意力集中于欣赏音乐或别人的谈话,对周围的嘈杂声音充耳不闻时,若在另一处有人提到你的名字,你会立即有所反应,或者朝说话人望去,或者注意说话人下面说的话等。实际上这是听觉系统的一种适应能力,在心理学中它称为"鸡尾酒会效应"。

"鸡尾酒会效应"是指人的一种听力选择能力,在这种情况下,人们的注意力集中在某一个人的谈话之中而忽略背景中其他的对话或噪声。当站在一个挤满了人的屋子里,周围可能有10个或20个人在说话,可我们却能挑选出我们想听的话语。换句话说,我们的大脑挑选出想听的话之后,对其他对话都进行了某种程度的判断,然后决定堵住不听。在生活中也有很多这样的例子:在远处突然有人叫自己的名字时,我们会马上注意到。又比如,在周围交谈的语言都不是我们的母语时,我们可以注意到较远处以母语说出的话语。我们所注意的声源所发的音量,感觉上会是其他同音量的声源的3倍。如果你将不同的对话用麦克风录下来相比较,就可以发现其中的差别。

"鸡尾酒会效应"为有关注意力的一个最为奇妙的事实真相贴上了标签:即在任何特定时刻,你的大脑中暂存的内容比你实际意识到的内容多出很多,只是由于注意所具有的选择性,大部分的内容并没有被意识到。

一、ASR 发展阶段

语音识别技术的起步是在 20 世纪 50 年代,其主要发展阶段如图 3-1 所示。

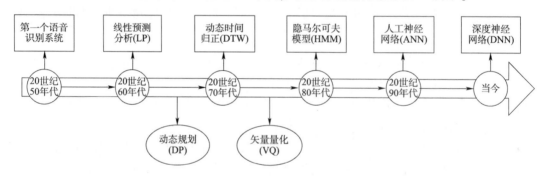

图 3-1　语音识别技术发展阶段

20 世纪 50 年代,1952 年,美国电话电报公司与贝尔实验室发明了第一个简单的语音识别试验系统;1956 年,在美国普林斯顿大学的 RCA 实验室研发出了能够识别 10 个单音节的小型识别系统;1960 年,英国科学家 Denes 等人开发出了第一个计算机的语音识别系统,该系统是一个仅可以识别 10 个英语发音数字的识别系统,其名字为 Audry。

20 世纪 60 年代,Itakura 提出线性预测编码技术(Linear Predict Coding,LPC),解决了语音信号的模型问题。

20 世纪 70 年代,Sakoe 和 Chiba 将动态规划(Dynamic Programming,DP)的思想应用到语音识别。1972 年提出动态时间规整算法(Dynamic Time Warping,DTW)有效地解决了语音信号的特征提取和不等长语音匹配问题;Linda 等人提出了矢量量化(Vector Quantization,VQ)。

20世纪80年代,识别算法由以前的模式匹配转向了基于统计模型的匹配,用隐马尔可夫和人工的神经网络(Artificial Neural Network,ANN)建模。

20世纪90年代,语音识别研究的成果开始走出实验室,并且达到了商用目的。发展重点集中在听觉模型、讲者自适应、快速搜索识别算法及语言模型。同期,最大似然线性回归(MLLR)、最大后验概率准则估计(MAP)以决策树状态聚类等算法被提出和应用,进一步提升了系统的性能,由此催生了一批商用语音识别系统,比如Dragon System公司的Naturally Speaking、IBM公司的Via Voice、Microsoft公司的Whisper、Nuance公司的Nuance Voice Platform语音平台、Sun公司的Voice Tone等。在美国DARPA和NIST研究计划的推动下,更多新的语音识别任务被不断尝试并取得了更优的识别性能。

21世纪以来,语音识别受深度学习技术突破和应用,在置信度和句子确认方面提出了针对口语的鲁棒性语音识别(Robust Speech Recognition,RSR),这些技术对处理复杂的病句非常有效,利用区分性训练技术、训练声学模型等取得了显著效果,语音搜索、综合音频和视频多模态技术得到发展,能实现自由的人机交互。作为人机交互接口的关键技术,自动语音识别已成为人工智能领域最为关注的技术之一。

二、ASR应用领域

ASR逐步成为信息技术中人机接口的关键技术,与语音合成技术结合使人们能够通过语音命令进行操作,其应用场景和领域很多。

1. 文字录入

文字录入是语音识别最基本的应用,一般通过语音输入法进行。IBM、微软、科大讯飞等技术较为先进。目前,很多场景的输入法都是用科大讯飞的语音识别引擎,发音较准的用户识别准确率可以高达95%以上,对于大量文字的录入,效率是比较高的,甚至对于一些OCR(Optical Character Recognition,光学字符识别)难度较大的材料,也可以采用人工语音输入来解决。

2. 语音转换

把语音转换成文字,看起来似乎跟语音输入一样,在QQ和微信中,也可以把聊天中发送的语音直接转换成文字。但是在以前,如果想把一首MP3格式的朗诵文件转换成文本,还是要大费周章的。现在这个问题就很简单了,在语音识别引擎的支持下,很多软件都能实现语音文件转换。例如,利用搜狗输入法的MP3转文字功能,就可以把评书MP3识别转换成文本文件。

3. 会议速记

会议速记是对录入速度的极大考验,因为正常说话的速度是每分钟200多字,一般人的文字录入速度不太容易达到。但是如果会议发言的语音较标准,环境噪声小,就完全可以由机器对讲话进行语音识别记录,自动转换成文字。例如,在一些法庭的庭审现场,也会通过语音识别来分担书记员的工作。

4. 录音整理

录音整理是将现场录音内容进行语音识别和整理，如记者在采访和访谈时都会录音，以便回去后复听，避免遗漏和错误。在整理这些录音时，就可以采用语音识别的方法快速地得到文字版的采访过程记录，提高工作效率。

5. 语音检索

语音检索是借助语音识别得到查找的关键信息。图书馆在查找资料时，检索方式从最初的卡片式检索变为后来的电子检索，语音识别可以很大程度方便借阅。

6. 字幕转换

字幕转换就是语音转字幕，将视频中的语音转换成字幕，并且保持与画面同步。现在，许多手机应用商店中有不少这样的 App，如抖音、快影、剪映等都有这个功能，不仅识别率高，而且方便实用，极大地提高了编辑效率。

7. 聊天机器人

借助语音识别实现机器人与人聊天，让机器人具备语音识别功能，能够"听"出人在说什么，并且还需要具备语义识别功能，即能够听"懂"人在说什么。例如微软的小冰、IBM 的沃森助理等都具有较高的智能化水平。

8. 智能音箱

智能音箱本质上也是一个聊天机器人，不过它从计算机和手机软件中独立出来，不再依赖于计算机和手机，适应性更好。例如天猫精灵、小爱同学、百度小度、高德小德等。

9. 智能声控

智能声控是用语音发命令让机器和设备去执行，这早已不是科幻场景，在智能家居、车载设备上都已得到较多应用，其前提也是运用语音识别。

10. 人机交互

如果说简单的声控是单向响应，那么人机语音交互则是双向沟通。例如，现在智能驾驶中的车辆导航，可以接受驾驶人的语音指令，根据目的地启用地图和导航，然后再根据车辆定位的反馈给驾驶人。

第二节　ASR 基本原理

一、ASR 工作过程

语音识别过程是首先提取声学特征，然后通过解码器得到状态序列，并转换为对应的识别单元。一般是通过词典将音素序列（如普通话的声母和韵母）转换为词序列，然后用语言模型规整约束，最后得到句子识别结果（图 3-2）。

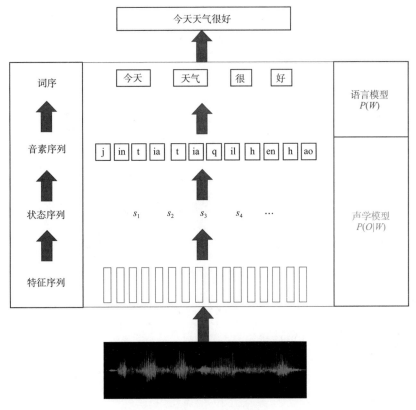

图 3-2 语音识别过程

对输入的语音提取声学特征后,得到一组序列观察值向量,再将它们送到解码器进行识别,最后得到识别结果(图 3-3)。解码器一般是基于声学模型、语言模型和发音词典等知识源来识别的,这些知识源可以在识别过程中动态加载,也可以预先编译成统一的静态网络,在识别前一次性加载。发音词典要事先设计好,而声学模型需要由大批量的语音数据(涉及各地口音、不同年龄、性别、语速等方面)训练而成,语言模型则由各种文本语料训练而成。为保证识别效果,每个部分都需要精细地调优,因此,对系统研发人员的专业背景有较高的要求。

二、ASR 的基本原理

基于统计的语音识别可以通俗地理解为找到最相似的、可能性最大的句子,而"最相似"和"可能性最大"在数学上用概率可以表示。因此,"找出听起来最相似、可能性最大的句子"就可理解为"找出概率最高的句子"。

当输入的语音信号经过 MFCC(Mel-scale Frequency Cepatral Coefficients,梅尔倒谱系数)法特征提取后,得到可观察的矢量序列 Y。假设可能的词条序列为 $W = \omega_1 \omega_2 \cdots \omega_N$,则语音识别的任务是找到对应于 Y 的最可能的词条序列 $\hat{W}$。利用统计模型解决大词汇量连续语音识别的基本思路是构造简单的语音产生概述模型,从特定的词条序列 W 中按概率产生 Y。识

别目标是基于 Y，按照合适的准则对词条序列进行解码。

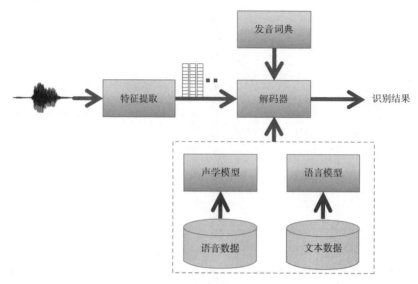

图 3-3　语音识别系统框架

根据 MAP 准则，解码后的 $\hat{W}$ 应满足：

$$P(\hat{W}|Y) = \max_{W} P(W|Y) \tag{3-1}$$

根据 Bayesian 准则，有：

$$P(\hat{W}|Y) = \max_{W} \frac{P(W|Y)P(W)}{P(Y)} \tag{3-2}$$

由于独立性假设且搜索过程不变，故可略去，则由上式得出：

$$\hat{W} = \arg\max_{W}[P(Y|W)P(W)] \tag{3-3}$$

式 (3-3) 中，$P(Y|W)$ 是特征矢量序列 Y 在给定词条序列 W 下的条件概率，由声学模型所决定，反映了词条序列为 W 时的声学观察序列的概率。在连续语音识别中，使用词作为基本识别单元的效果并不好，因此对 $P(Y|W)$ 的计算采用基于基本单元的语音统计模型。$P(W)$ 为 W 独立于语音特征矢量的先验概率，它是词条序列在相应语言库中出现的概率，由语言模型决定。

语音识别系统由三个基本部分组成：声学模型、发音词典和语言模型。采用解码器将三者结合，可将语音信号识别为相应文本，如图 3-4 所示。

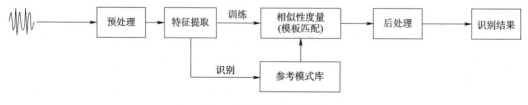

图 3-4　语音识别基本原理

1. 特征提取

语音信号预处理中的一个关键步骤是特征提取,即从语音文件中提取出随着时间变化能够代表语音特征的特征序列。语音在特征提取之前需要进行降噪处理,以避免因信道及说话人等因素的影响。当前,常用的提取特征参数的方法是 MFCC 法。与其他方法相比,采用 MFCC 法能够在最大程度上模拟人的耳朵对语音感知的特点,实验表明,该方法具有更好的鲁棒性。MFCC 法特征提取过程如图 3-5 所示。

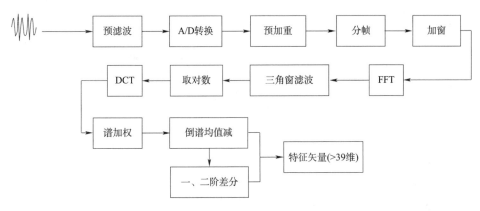

图 3-5　MFCC 法特征提取过程

输入端采用带宽为 300～3400Hz 的抗混叠滤波器进行预滤波,采样频率为 8000Hz,线性量化精度为 16bit,进行 A/D 变换。为了避免有限字长的影响,并使语音信号的频谱趋于平坦稳定,首先通过高能滤波器进行预加重,然后根据语音的短时平稳特性,以帧为单位,选取语音帧长为 25ms、帧叠为 10ms 对语音进行分帧处理。为了减小吉布斯效应的影响,需要首先采用哈明窗对一帧语音进行加窗,然后使用快速傅里叶变换(FFT)将语音时域信号转变为信号的功率谱,并使用线性分布的一级三角窗滤波级对语音信号的功率谱进行滤波,以此近似模拟人耳的掩蔽效应。对三角窗滤波器组的输出求对数,输出近似于同态变换的结果,再去除各维度信号之间的相关性,映射到较低维的空间中,即离散余弦变换(DCT),由于高阶参数和低阶参数的局限性,需要进行谱加权以抑制其低阶和高阶参数。为了减小语音信道输入对各特征参数的影响,需要进行倒谱均值减(CMS),而在某些语音特征中加入动态特性的参数,如一阶、二阶参数,则可以提高系统的性能。在使用 MFCC 法进行参数提取时,通常采用一阶差分参数和二阶差分参数。

2. 声学模型

声学模型的主要功能是对于观测语句,能够针对不同的发音可能给出对应的概率或相似度,一般使用概率密度函数近似。而声学模型训练就是根据训练语料中给定的观测语句以及其对应的正确标注,在训练过程中调整声学模型参数,使得正确标注和其对应的发音产生最大的后验概率。

基于 HMM 的建模方法是对声学单元进行建模,每个声学单元模型均由连续的多个状态(state)及状态之间的转移(transition)组成。由于语音信号是一个时间序列,所以,在语音的声学模型中,状态转移只允许停留在原状态或跳至邻接的下一状态。其中,每一个状态对一帧声学特征的观测概率(Observation Probability)均采用高斯混合模型(Gaussian Mixture Model,GMM)表示。

图 3-6 是一个具有 6 个状态的 HMM 模型,每个状态中都有每帧形成的语音特征向量的观测概率分布。另外,每个状态也有相对应的状态转移概率,用来控制下一个时间点是要停留还是转移到下一个状态。

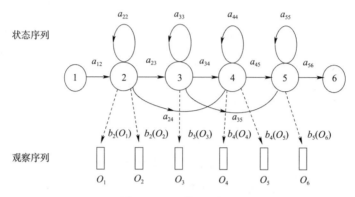

图 3-6　HMM 模型示意图

根据语音特征参数是连续或离散的,HMM 每个状态中的观测概率估计方式可分为离散型、半连续型和连续型。目前的语音识别系统主要以连续型或半连续型为主。就连续型而言,为了减少估算观测概率的参数量以及任何概率分布理论上皆可有多个高斯分布用来逼近的特性,一般都是采用高斯混合分布近似此概率分布。

一般要对每个声学单元建立一个 HMM 模型。声学单元一般可以分为句子、词、音节、音素等。声学单元的选取一般要遵从以下两条规则:声学特性要尽可能稳定;数量不能太多。这两者往往相互矛盾,音节、音素等小的声学单元虽然数量符合要求,但是声学稳定性不足;句子、词等声学单元的稳定性虽然强于音素和音节,但是数量太多,导致没有足够的训练数据对模型进行训练,从而降低了模型的鲁棒性。因此,根据不同的识别任务,往往要在二者之间寻求平衡。一般来说,中小词表识别可以选择较大的声学单元,而大词表识别往往选择音素作为声学单元。

在面向汉语的大词汇量连续语音识别中,声母和韵母被定义为最佳的声学基本识别单元。同时,连续语音中存在协同发音的现象,单音子(monophone)作为声学建模单元在不同上下文的情况下往往有很大区别。声学建模一般采用上下文相关的声学单元,如双音(bi-phone)或者三音素(triphone)。

3. 语言模型

声学模型的特点决定了其只能识别某一段语音信号的音素序列,而不能确认其对应的词,而且句子中的词语与词语的连接存在一定的语法规则,因此,需要语言模型解决这些问题。由于语言模型的概率分布是离散型的,在估计语言模型的概率时,并不使用概率密度分布函数,而是直接估算词条序列的概率函数 $P(\omega_1, \omega_2, \cdots, \omega_N)$,其中 $\omega_1, \omega_2, \cdots, \omega_N$ 为词条序列包含的词。但整个词条序列的估计参数会随着词条数量的增加呈指数增长,因此,会遇到训练语料数据稀疏的问题。为解决此问题,将语言模型的公式展开为概率的连乘式,再利用 $n-1$ 阶的马尔可夫假设简化,如式(3-4)所示。

$$P(W) = P(\omega_1, \omega_2, \cdots, \omega_N) = \prod_{k=1}^{N} P(\omega_k | \omega_{k-1}, \omega_{k-2}, \cdots, \omega_{k-N+1}) \tag{3-4}$$

其中,N 为词条的个数,$\omega_{k-1}, \omega_{k-2}, \cdots, \omega_N$ 则是 ω_k 的历史词条序列,式(3-4)即常见的 N-grams 语言模型表示法。为减少参数量的复杂度,通常使用二元(bigram)模型或三元(trigram)模型(对应于一阶和二阶马尔可夫假设)。如同声学模型,语言模型也需要大量的文本语料作为训练集。N-grams 语言模型的训练方法有最大化相似度估算法、最大熵值法、神经网络法等。

由于训练语言模型的语料无法达到无限大,所以训练语料中不能包含所有合理词条的搭配关系。为了处理某些词条在训练语料中没有出现的问题,一般利用数据平滑技术对概率原本为零的部分进行平滑处理,以使模型参数的概率分布更加均匀。

4. 解码

给定声学模型的参数为 λ,观察序列为 O,希望找到 λ 中的最佳状态序列 $X = (x_1, x_2, \cdots, x_T)$,使其对应 O 的概率最大,应满足:

$$X = \arg\max_{X} P(O, X | \lambda) \tag{3-5}$$

这一过程是 HMM 的一个基本问题。通过给定已知的观察序列 O 和模型参数 λ 寻找最优的不可观测的状态序列,其实质就是解码问题。其中,最为经典的解决方案是采用维特比(Viterbi)算法,该算法也是动态规划在 HMM 中的重要应用。具体解码过程如下。

定义 $\delta_t(i)$ 为 t 时刻沿着一条路径 $x_1, x_2, \cdots, x_t$,且 $x_t = i$ 输出观察序列 $o_1, o_2, \cdots, o_t$ 的最大概率,即:

$$\delta_t(i) = \max_{x_1, x_2, \cdots, x_{t-1}} p(x_1, x_2, \cdots, x_{t-1}, x_t = i, o_1, o_2, \cdots, o_t | \lambda) \tag{3-6}$$

(1)初始化。

$$\delta_1(i) = p(x_1 = i, o_1 | \lambda) = \pi_i b_i(o_1) \quad (1 \leq i \leq N)$$

回溯变量:

$$\psi_1(i) = 0 \quad (1 \leq i \leq N) \tag{3-7}$$

(2)递归。

$$\begin{aligned}
\delta_t(j) &= \max_{x_1, x_2, \cdots, x_{t-1}} p(x_1, x_2, \cdots, x_{t-1}, x_t = j, o_1, o_2, \cdots, o_t | \lambda) \\
&= \max_{x_1, x_2, \cdots, x_{t-2}, i} p(x_1, x_2, \cdots, x_{t-1}, x_t = i, x_t = j, o_1, o_2, \cdots, o_t | \lambda) \\
&= \max_{x_1, x_2, \cdots, x_{t-2}, i} b_j(o_t) p(x_1, x_2, \cdots, x_{t-2}, x_{t-1} = i, o_1, o_2, \cdots, o_t | \lambda) a_{ij} \\
&= \max_i [\max_{x_1, x_2, \cdots, x_{t-2}} p(x_1, x_2, \cdots, x_{t-2}, x_{t-1}, x_t = i, o_1, o_2, \cdots, o_t | \lambda) a_{ij}] b_j(o_t) \\
&= \max_i [\delta_{t-1}(i) a_{ij}] b_j(o_t)
\end{aligned} \tag{3-8}$$

$$\psi_t(j) = \arg\max_{1 \leq i \leq N} [\delta_{t-1}(i) a_{ij}] \tag{3-9}$$

(3)终结。

$$p(O,X|\lambda) = \max_{1\leq i\leq N}[\delta_T(i)] \tag{3-10}$$

$$x_T^* = \arg\max_{1\leq i\leq N}[\delta_T(i)] \tag{3-11}$$

(4)回馈状态序列。

$$x_t^* = \psi_{t+1}(x_{t+1}^*), t = T-1, T-2, \cdots, 1 \tag{3-12}$$

通过 Viterbi 解码算法,可在 t 时刻获得使 $\delta_t(j)$ 值最大的隐含状态,然后通过回溯变量 $\psi_t(j)$ 反向找出最优的状态序列,即得到最终的解码结果。此外,搜索空间随着时间的增加呈指数增长,常采用剪枝技术终止寻找一些概率较低的词条序列,以减少其计算的复杂度和内存使用量。

图 3-7 是 Viterbi 算法的一个图形示例,展示了识别时模型内部的搜索过程。

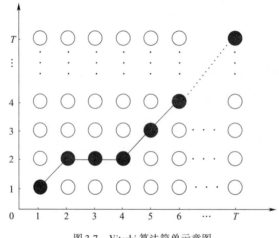

图 3-7　Viterbi 算法简单示意图

三、语音信号的特征分析与处理

由于语音信号本身较为复杂,而且存在很多冗余信息,所以,对其进行分析得到信号本身的特征参数至关重要。特征参数是否准确决定了训练模型的性能、系统的识别率和语义理解的正确性。一般来说,评价一个特征参数的好坏有以下几个标准:一是能否准确完整的代表语音信号的特征;二是各阶特征参数是否具有良好的独立性;三是特征参数是否便于计算。

目前,较为常用的语音特征分析方法有语音时域分析、频域分析、倒谱域分析和小波分析,应用较为广泛的特征参数有线性预测系数、基于声道模型的线性预测倒谱系数和基于听觉机理的梅尔倒谱系数。

1. 语音时域分析

语音时域分析是所有分析方法中最为简单直观的一种分析技术,时域分析得到的时域波形清晰简单,运算量也较小。通过语音时域分析可以对信号的清音、噪声等进行准确地判断,对确定语音信号的端点和解决语音降噪问题起到了重要的作用。

2. 语音频域分析

语音频域分析是将语音信号以频率轴为坐标,观察信号的频率变化情况,由于环境噪声对时域分析有较大的影响,而对频域分析则没有太大影响,所以,目前对语音信号的研究趋势从时域分析向频域分析发展。常用的频域分析方法有短时傅里叶变换和线性预测分析等方法。提取的特征参数有比较重要的线性预测系数。

3. 语音倒谱域分析

语音倒谱域分析是先将原始语音信号进行傅里叶变换,然后将结果做取模计算,再进行取对数,最后再做反傅里叶变换处理,这样即可得出语音的倒谱,从中提取语音的发声模型的特征参数。常用的提取倒谱系数有线性预测倒谱系数和梅尔倒谱系数。

4. 小波分析技术

小波分析技术最早出现在 20 世纪 80 年代,由于具有较强的理论基础,所以是目前比较优秀的数学分析方法,近几年广泛运用于信号处理领域。由于传统的信号分析采用的是傅里叶变换的方法,它无法表达信号的时域和频域局部特征的能力,而语音信号属于非平稳信号,信号任意时刻的频域特征对信号的处理很重要,所以,小波分析技术针对傅里叶变换的不足,采用了一种窗口大小固定,但其时间窗和频率窗都可发生变化的时频分析方法。目前,小波分析技术对语音信号处理有广泛的研究价值,在信号的压缩、噪声的处理和端点的检测等领域都有较为成功的应用。

四、语音特征参数的提取

由于语音信号属于非平稳信号,每个说话人的每段语音片段都有独特的语音特征,而语音识别系统的识别其实就是对语音信号特征的识别,所以,语音特征的研究是语音识别研究的基础。通过语音特征参数找到每段语音样本的特征,并去除一些背景噪声,准确地表达每段语音信号,并对语音特征进行识别。目前,特征提取研究中较为常用的方法有基于声道模型的线性预测系数、线性预测倒谱系数和基于听觉机理模型的梅尔倒谱系数。

1. 线性预测系数

线性预测系数是最早被普遍应用在特征参数分析提取领域的。它是将某个语音片段之前的一些语音片段进行加权线性组合,在有限时间间隔内得到一个估计值,并对估计值与实际值进行误差分析,取差值的平方和的最小值,得到确定的预测系数。

设语音信号,$x(n)$,$n=1,2,3,\cdots,n$,即 $x(n)$ 表示第 n 时刻的取样值。$\tilde{x}(n)$ 为 $x(n)$ 的预测值,则 LPC 原理如图 3-8 所示。

图 3-8 LPC 原理图

用 $a_1,a_2,a_3,\cdots,a_n$ 表示线性预测系数,则用线性预测系数定义一个 p 阶线性预测器的传递函数,即：

$$F(z) = \sum_{i=1}^{p} a_i z^{(-i)} \tag{3-13}$$

由式(3-13)推出其差分方程：

$$\tilde{x}(n) = \sum_{i=1}^{p} a_i x(n-i) \tag{3-14}$$

获取信号以往的 p 个样点值,并将这些值进行加权计算,得到的结果来计算现在信号的样点值。通过实际语音 $x(n)$ 和线性预测结果 $\tilde{x}(n)$ 之间进行误差计算,得到误差值 $e(n)$,再通过最小误差标准来确定预测系数 a_i。预测误差公式为：

$$e(n) = x(n) - \tilde{x}(n) = x(n) - \sum_{i=1}^{p} a_i x(n-i) \tag{3-15}$$

预测误差滤波器为：

$$A(z) = 1 - F(z) = 1 - \sum_{i=1}^{p} a_i z^{(-i)} \tag{3-16}$$

信号 $x(n)$ 通过预测误差滤波器计算出的预测误差 $e(n)$,如图3-9所示。

图3-9 LPC 误差滤波器

预测均方误差公式：

$$E_n = \sum_n e^2(n) = \sum_n [x(n) - \tilde{x}(n)]^2 = \sum_n [x(n) - \sum_{i=1}^{p} a_i x(n-i)]^2 \tag{3-17}$$

对 E_n 求偏导,即：

$$\frac{\partial E_n}{\partial a_k} = 0 \quad (k=1,2,3,\cdots,p) \tag{3-18}$$

得到线性方程组为：

$$\sum_n x(n)x(n-k) = \sum_{i=1}^{p} a_i \sum_n x(n-k)x(n-i) \quad (k=1,2,\cdots,p) \tag{3-19}$$

求解即可得到线性预测系数。这样得到的预测系数可以很好地反映出语音样本的特征,但这种特征参数对误差非常敏感,一个很小的误差就会使预测滤波器系数发生较大的变化,得到的特征参数也不准确,所以在实际研究与应用中经常使用线性预测系数的导出参数。

2. 线性预测倒谱系数

线性预测倒谱系数是线性预测系数的倒谱表示,其充分考虑到声道模型的一些关键特点。它对元音部分的特征描述效果较好,而且计算量也比线性预测系数要小。

通过线性预测参数,我们可以计算出语音信号的线性预测系数,同时可以得到声道模型系统中比较重要的传递函数,即：

$$H(z) = \frac{1}{1 - \sum_{i=1}^{p} a_i z^{-i}} \tag{3-20}$$

其冲激响应为 $h(n)$,其倒谱为 $\tilde{h}(n)$,则有公式：

$$\hat{H}(n) = \ln H(z) = \sum_{n=1}^{\infty} \hat{h}(n) z^{-n} \qquad (3\text{-}21)$$

将式(3-20)代入式(3-21)并对其两边做 z^{-1} 求导,并根据各式两边的 z^{-1} 系数相等整理得到线性预测倒谱系数的递推公式:

$$\begin{cases} \hat{h}(1) = a_1 \\ \hat{h}(n) = a_n + \sum_{i=1}^{n-1}\left(1 - \dfrac{i}{n}\right) a_i \hat{h}(n-i) & (1 \leqslant n \leqslant p) \\ \hat{h}(n) = \sum_{i=1}^{p}\left(1 - \dfrac{i}{n}\right) a_i \hat{h}(n-i) & (n > p) \end{cases} \qquad (3\text{-}22)$$

由于线性倒谱系数可以很好地反映信号共振峰等特点,并可以较好地去掉产生语音信号时出现的激励信息,所以在实际的语音识别系统中线性预测倒谱系数得到了广泛的应用,但是线性预测倒谱系数也有自己的不足之处,如其对辅音的识别效果较差,而且实验表明,其对环境的抗噪能力也较差。

3. 梅尔倒谱系数

与线性预测倒谱系数一样,梅尔倒谱系数也是将语音信号从时域变换到倒谱域上进行分析,但不同的是线性倒谱系数从人的发音特点进行分析,充分考虑线性预测分析求信号的倒谱系数,但经过实验分析,这种系数表示不能反映出人耳听觉的一些特点,而且这种特征系数包含了语音中一些高频噪声,所以研究人员提出了充分考虑人耳听觉模型的梅尔倒谱系数。梅尔倒谱系数充分考虑到语音信号的低频信息,屏蔽了噪声的干扰,具有良好的识别性能和抗噪性能,而且它对信道失真也进行了补偿。大量的研究表明,梅尔倒谱系数能比线性预测倒谱系数更好地提高系统的识别性能。

梅尔倒谱系数充分考虑了人耳听觉的特点来处理语音信号。由于人类听觉系统对不同频率的信号具有不一样的感应,当语音信号的频率在 1000Hz 以下时,其听觉感应与频率之间基本上呈线性联系,但当语音信号的频率达到 1000Hz 以上时,听觉系统的感应与信号频率之间属于对数关系。根据听觉系统的这种特性,得到了线性频率 f 与梅尔频率 f_{Mel} 之间的对应关系:

$$f_{\text{Mel}} = 2595 \lg\left(1 + \dfrac{f}{700}\right) \qquad (3\text{-}23)$$

图 3-10 为梅尔倒谱特征参数提取的处理过程。

梅尔倒谱特征参数计算基本过程如下:

(1) 对命令短语信号进行前期预处理工作,将原始的语音信号转换为短时信号进行处理。

(2) 根据公式计算语音信号的短时能量,经过快速傅里叶变换将时域信号转换为频域信号。

(3) 根据公式能量谱等于频谱的平方求出信号的能量谱,并通过三角带通滤波器组对所求信号进行滤波处理,计算出一组系数。这里三角带通滤波器起到非常重要的作用,它利用听觉系统一些特点对信号的频谱实现平滑处理。

(4) 对每个滤波器的输出参数进行取对数计算处理。

(5) 对取完对数的参数进行离散余弦转换处理,得到梅尔倒谱特征参数。

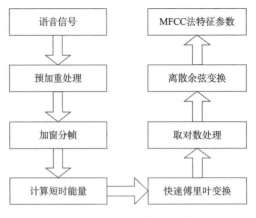

图 3-10　MFCC 计算处理过程

五、ASR 算法

ASR 算法是语音识别系统中的核心。目前，语音识别较为常见的识别方法有动态时间规整算法、隐马尔可夫模型和人工神经网络的识别方法等。

在孤立词识别系统中，动态时间规整算法是最为常用、识别结果最好的算法。由于语音信号本身较为复杂，具有较强的时变性，所以，在进行模板匹配时常常出现参考模板和待识别信号时间长度上出现较大差距，使系统识别效率降低。动态时间规整算法基于动态规划的思想，它主要是语音信号将时间和距离整合考虑，并进行规整计算。它采用动态规划方法解决了参考模板与待识别信号之间时间长度差距较大的问题，将一个求全局最优化的问题通过求多个局部最优问题来解决，最终求出累积距离最小的为识别结果。

该算法的基本处理步骤如下：

(1) 对训练语音样本和测试语音样本分别进行前期预处理，然后通过端点检测确定语音信号的起点和终点，最后对各个样本信号进行特征参数提取。

(2) 将每个语音信号按语音帧进行标记，参考模板表示 $\{P(1),P(2),\cdots P(m),\cdots\}$，$m$ 表示训练语音的时序标记，$P(m)$ 表示信号中第 m 帧的特征矢量值。测试模板表示为 $\{H(1),H(2),\cdots H(n),\cdots\}$，$n$ 表示测试语音的时序标记，$H(n)$ 第 n 帧的特征矢量。

(3) 设时间规整函数为 $n=\omega(m)$，则有：

$$D = \min \sum_{m=1}^{I} d\{H(m),P[\omega(m)]\} \tag{3-24}$$

其中，$d\{H(m),P[\omega(m)]\}$ 为第 m 帧测试特征矢量 $H(m)$ 与第 n 帖参考模板矢量 $P(n)$ 之间的距离，D 代表两矢量的最优距离，I 代表测试语音的特征参数共有 I 帧，ω 代表时间规整函数。通常算法采用求欧式距离的方法计算结果。

(4) 循环计算两矢量之间的距离以寻求计算中最优的路径，采用动态规划的方法不断地搜索最优路径，从而获得两矢量累积距离值最小的规整函数 ω。

隐马尔可夫模型是一种参数表示的统计概论模型，在语音识别和语音处理领域获得了广泛的应用，目前多数大词汇量、连续语音识别系统中都是基于隐马尔可夫模型设计的。

基于人工神经网络的识别算法是由大量的简单神经元组成的并行处理网络识别系统，每个神经元都有自己的结构与功能，他们之间分布式存储和处理数据，使整个网络具有较强的自组织自学习能力。

隐马尔可夫模型算法和基于人工神经网络的识别方法在识别准确性和识别模型方面鲁棒性较好，在大词汇量连续语音的识别效果上要优于动态时间规整算法，但上述两种识别模型比较复杂，计算量较大，训练时间较长，需要经过大量训练才能得到较好的识别模型。相比之下，动态时间规划算法不需要前期大量训练识别模型，对较短的词语识别效果较好，识别速度快，系统开销也较小。

声纹识别（Voiceprint Recognition）

声纹识别是一项提取说话人声音特征和说话内容信息、自动核验说话人身份的技术。它是生物识别技术的一种，也称说话人识别，包括说话人辨认和说话人确认。声纹识别就是把声信号转换成电信号，再用计算机进行识别。不同的任务和应用会使用不同的声纹识别技术，如缩小刑侦范围时可能需要辨认技术，而银行交易时则需要确认技术。声纹是用电声学仪器显示的携带言语信息的声波频谱。人类语言的产生是人体语言中枢与发音器官之间一个复杂的生理物理过程，人在讲话时使用的发声器官——舌、牙齿、喉头、肺、鼻腔在尺寸和形态方面每个人的差异很大，所以，任何两个不同人的声纹图谱都有差异。每个人的语音声学特征既有相对稳定性，又有变异性，不是绝对的、一成不变的。这种变异可来自生理、病理、心理、模拟、伪装，也与环境干扰有关。尽管如此，由于每个人的发音器官都不尽相同，因此，在一般情况下，人们仍能区别不同的人的声音或判断是否是同一人的声音。

六、模式转换与优化

1. 语音序列到文字序列的直接转换模型

从语音信号序列到文字序列之间，会有多个中间过程，包括切割分帧、波形变换、声学特征提取、生成观察序列、状态识别、音素组合等，通过逐步转换，最后转换成词的序列。如果通过数据驱动让模型自己学习，就有可能找到一个更好的算法，使这个序列的转换更准确、有效、直接。

例如，CTC（Connectionist Temporal Classification）模型，这种时序分类算法可以在系统确定"听"到了某个字词时产生一个尖峰状态，相比传统的深度神经网络与混合模型来说，大大减少了建模单元，但模型的训练难度较大。而 Attention 模型（Sequence-to-Sequence Transformation with Attention）则是带有注意力机制的序列到序列转换模型，其做法是首先把输入的语音信号序列转换成一个中间层序列表达，然后基于中间层序列表达提供足够的信息给一个基于递归神经网络的生成模型，每次生成一个字、一个词或者一个音符，这个方法在机器翻译中已经成为主流方案。

2. 非监督学习到有监督学习的转换

在非常嘈杂或者多人同时说话的环境中，我们是能够把注意力集中在某一个人的声音上的,即有效屏蔽掉其他人声和噪声的干扰,听清所关注的人的声音。但机器和语音识别系统却很难做到这一点。在远场情况下,信噪比下降得更厉害,这个问题就更突出也更难以解决,一般途径是从之前的非监督学习盲分类问题,转换到人为定制的监督信息的有监督学习问题。

有监督学习在多人说话时会遇到标签排列问题(Label Permutation Problem),可以通过深度聚类(Deep Clustering)或置换不变性训练(Permutation Invariant Training,PIT)方案解决。

3. 持续预测与适应的模型

CTC 等模型虽然能够较快地做适应性、持续地做预测,但是性能不足并且很难训练。现在需要模型能够非常快地做适应,发现一致的规律性并将其变为长远记忆,使得下一次识别时会变成稳定的状态,其他状态则变成需要适应的状态,当遇到新的声音样本时可以很快地适应。

4. 前端与后端联合优化

出于远场识别的需要,处理前端信号使用的是信号处理技术,一般只用到当前状态下的语音信号信息,而机器学习方法则用到很多训练器里的信息,并很少用到当前帧的信息,也不会对它进行数据建模。如何把这两种方法融合在一起,并且减少前端信号处理有可能出现的信息丢失,也是很多研究组织正在努力的一个方向。

第三节　ASR 研究方向

一、贾里尼克:华生实验室 &CLSP

弗里德里克·贾里尼克(Frederick Jelinek)出生在捷克,毕业于麻省理工学院(MIT),从教于康奈尔大学,1972 年他领导 IBM 华生实验室(T. J. Watson),开始使用统计方法。采用统计的方法,IBM 将当时的语音识别率从 70% 提升到 90%,同时,语音识别的规模从几百个单词上升到几万个单词,这样语音识别就有了从实验室走向实际应用的可能。

在贾里尼克之前,科学家们把语音识别问题当作人工智能和模式匹配问题,而贾里尼克将它当作通信问题,并用两个隐含马尔可夫模型(声学模型和语言模型)把语音识别概括得清清楚楚。这个框架结构至今仍对语音识别影响深远,它不仅从根本上使得语音识别有使用的可能,而且奠定了今天自然语言处理的基础。贾里尼克后来也因此当选美国工程院院士,并被 Technology 杂志评为 20 世纪 100 名发明家之一。

在那里,贾里尼克组建了阵容空前绝后强大的研究队伍,其中包括他的著名搭档波尔(Bahl)、著名的语音识别 Dragon 公司的创始人贝克夫妇、解决最大熵迭代算法的达拉皮垂(Della Pietra)孪生兄弟、BCJR 算法的另外两个共同提出者库克(Cocke)和拉维夫(Raviv),以及第一个提出机器翻译统计模型的布朗。

贾里尼克后来去了约翰·霍普金斯大学建立了世界著名的 CLSP 实验室。每年夏天,贾里尼克邀请世界上 20~30 名顶级的科学家和学生到 CLSP 一起工作,使得 CLSP 成为世界上语音和语言处理的中心之一。

二、科大讯飞：语音识别成就我国 AI 第一品牌

科大讯飞是语音识别技术人工智能"破局者"，现已成为我国人工智能第一品牌。

2010 年，科大讯飞全国首家上线人工智能开放平台，通过技术、市场和资本赋能，为移动互联网、创业开发者和用户提供人工智能开发与服务能力，围绕人工智能开放平台构建产业生态。开放平台的设立，不仅汇聚了众多的创意与应用成果，也助力更多创业者免费获取资源，更为科大讯飞带来了大量的潜在用户和经济效益，营造了和谐共赢的生态体系。截至 2022 年末，已开放 545 项 AI 能力及场景方案，聚集 380.5 万开发者团队，总应用数达 159.5 万。

语音识别和自然语音理解不断取得突破性进展，科大讯飞语音识别准确率达 98% 以上，实现了中文语音技术从实验室到实际运用的转化，并从中文到多语种不断延伸，让科大讯飞在世界智能语音产业领域成为标杆，斩获多项国家级荣誉，其语音识别方法及系统获得国内专利最高奖项"中国专利金奖"。科大讯飞牵头制定了我国中文语音领域首个国家标准《中文语音合成系统通过技术规范》（GB/T 21024—2007）。此外，将深度学习技术应用到计算机视觉领域，在公式识别、物体检测、图像分析、医疗影像等领域实现国际领先。在技术的不断迭代优化之下，科大讯飞语音识别核心效果保持每年 30% 的相对提升，保证了目前科大讯飞输入法场景识别率达到 98% 以上。

从智能语音技术开始，再到人工智能技术，科大讯飞在技术领域的不断摸索中总结出了自己的路径，在人工智能三个阶段（运算智能、感知智能、认知智能）中不断沉淀与前行。当前，科大讯飞正深入教育、医疗、政法、智慧城市、消费者、客服、汽车等多个关系社会民生福祉的行业，不断用人工智能为行业赋能。在翻译领域，讯飞翻译机 2.0 支持中文与 50 种语言的即时互译，还支持方言翻译、离线翻译、拍照翻译、行业 AI 翻译等功能，现已覆盖近 200 个国家和地区出境需求，每月为全球用户提供超 5000 万次服务，让用户通过小小的翻译机与世界聊得来。

第四节 ASR 在交通领域的应用

一、语音智能控制：综合交通枢纽监控中心

监控指挥中心、运营调度中心是综合交通枢纽智能化和指挥调度的核心，通常都具有大量的信息化和智能化系统。在日常操作过程中，为了调取信息显示、控制信息切换，都需要进行大量的操作。信息的反馈也通常只有显示屏上的文本或图像。通过增加语音交互服务、提供新的控制方式，操作人员可以通过语音下达预先设置好的命令，启动预案或联动操作等。信息系统的反馈和实时的信息，也可以通过语音交互服务器直接播报出，从而提供更及时的信息反馈。对于一些过程控制的系统，可以实现语音交互式的过程控制，如操作人员下达语音命令调度某处图像到显示屏幕上，通过语音询问系统与该视频相关的周边图像，系统通过语音反馈后，操作人员下达命令调取需要的图像到周边显示屏幕，如图 3-11 所示。

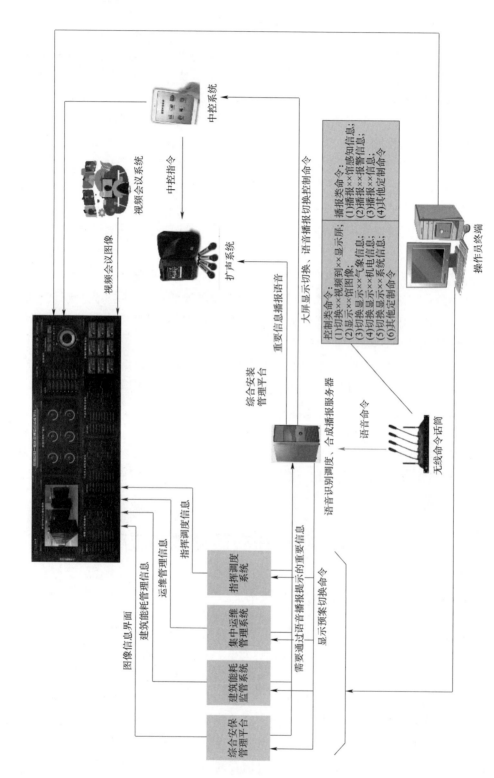

图3-11 运维管理中心显示系统架构图

1. 总机系统语音应用

通常用户在打电话前,需要查找电话接听人的联系方式,然后拨叫号码联系。在综合交通枢纽内,由于工作人员数量较多、机构分布大,为了节省办公费用,通常会采用 IP 电话系统。在 IP 电话系统中,由于工作人员很多,尽管具有网络通信簿,这种方式查询也无法避免,但浪费了大量的时间。当人员联系方式、部门变动后,经常需要经过大量的中转才能顺利联系到接听人。

在这些系统内,可以增加语音姓名直接呼叫的功能。用户只需要拨通服务中心的号码,即可按照语音的提示,当说出接听人的姓名后,自动跳转到接听人的话机上,避免烦琐的查找工作,提供更快的联系方式。该系统支持电话转接、电话留言、电话录音等功能。

2. 公共广播系统语音应用

目前,在综合交通枢纽中的智能化系统均包含公共广播系统。公共广播系统既作为消防紧急通知的渠道,也作为通知、通告发布的渠道。

在日常使用中,发布紧急或临时信息时往往需要人工播报,但很难保障播报的效果和准确度。针对这种广播需求,利用语音合成技术,为公共广播系统提供文本转换成语音的设备,在通过公共广播系统发布通知、通告时,将其转换成发布语音,再将生成的语音通过广播系统发布。

为了便于用户的使用和维护,并可方便地进行升级、扩展,可以将语音合成软件封装到一台小型的计算机中。封装后的语音合成器,可提供直接加电即可启动的配置。在配置了 IP 地址后,用户可以直接通过 Web 页面连接到服务器。用户提交需要完成音频合成的文本信息,服务器合成完成后向终端用户返回合成结果,并将合成后的语音通过广播系统直接发布。该语音合成器与广播系统的终端软件建立调用连接,在广播系统中通过快捷方式可以直接启动语音合成器的终端界面,实现两系统之间的关联,如图 3-12 所示。

图 3-12　公共广播系统语音应用示意图

3. 触摸查询系统语音应用

在换乘大厅或候车大厅里通常会配备触摸屏查询系统。通常的触摸屏查询系统只具有触摸屏点击查询的功能,在操作性和信息提示效果上还不是简单易用、人性化。在一些设计中,可在传统的触摸屏交互方式上,增加语音查询的交互。按照屏幕上的提示,查询人说出要查询的内容命令,系统查询出后,自动通过屏幕显示和语音回馈查询人,如图 3-13 所示。

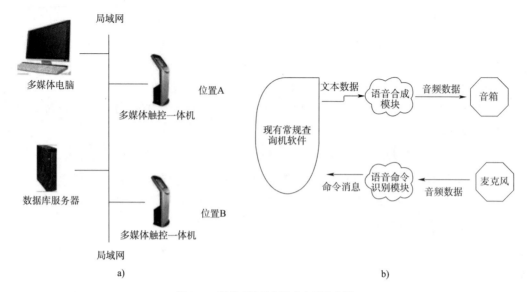

图 3-13 触摸查询系统语音应用示意图

二、语音交互平台：汽车智能操控系统

1. 科大讯飞飞鱼系统

科大讯飞可以提供包括语音识别、语音合成和声纹识别等全方位的语音交互平台，是拥有自主知识产权的智能语音技术。2017年底，科大讯飞发布了汽车智能交互系统飞鱼3.0，这是该公司推出的面向车厂定制的跨平台软件产品。广汽 GS8 型 SUV（Sport Utility Vehicle，运动型多用途汽车）搭载了该系统，通过语音识别实现了空调温度控制、车窗开闭以及地图导航等智能操作。该系统的优势还包括具有阵列降噪功能，过滤噪声后，语言识别率更高；同时还具有声纹识别及回声消除功能。这两种功能可实现驾驶人的身份认证并消除其他音源对交互的干扰。

2. 百度公司 Duer OS

百度语音识别为开发者提供业界优质且免费的语音服务，通过场景识别优化，为车载导航、智能家居和社交聊天等行业提供语音解决方案。百度 Duer OS 3.0 智能硬件产品是百度公司推出的一款对话式人工智能操作系统。自2017年起，公司通过该系统拥有超过130家合作伙伴，并快速落地家居、车载、移动等场景，覆盖手机、电视、OTT 机顶盒、投影、音箱、冰箱、儿童玩具、智能车机、智能后视镜等众多硬件品类。北汽集团新上市的微型电动汽车 LITE 上就搭载了 Duer OS。

3. Bose 公司 Clear Voice 技术

Bose 公司开发的 Clear Voice 技术是为语音交互系统服务的。Clear Voice 技术的作用类似阵列降噪，可以把噪声过滤掉，进而识别出人声指令，保证指令的准确接收。Bose 公司开发的 Sound True 技术，用于车辆座椅内置扬声器，可以让不同座位上的人听到不同的音量，从而带来与此前完全不同的音乐效果;甚至还可以通过这样的技术,用音乐来打造一个非常自然的隐私空间,让坐在前座或者后座上的人可以自在地交谈。

4. 亚马逊公司 Alexa

智能音响中的人工智能助手服务近年来被广泛地接受和应用。亚马逊公司的 Alexa 是智能音响中的领军者。亚马逊公司正在力图将 Alexa 带入工作、车载等各个不同使用场景。丰田汽车已与亚马逊合作,将 Alexa 整合到车载系统中,以进一步提升汽车的智能语音功能。

5. Google 公司 Android Auto

Google 助手功能将逐渐被推广应用到车载系统 Android Auto 上。目前,搭载 Android Auto 的车型有 400 多种,它们来自福特、通用、尼桑、大众和沃尔沃的 40 多个品牌。未来,这些汽车将能够通过 Google 助手来听音乐、查路线,也能够与用户的手机屏幕实现联动等。

6. 现代汽车公司 &Sound Hound 公司 IPA

现代汽车公司与 Sound Hound 公司联手开发了智能个人助理(intelligent personal agent, IPA)。IPA 是一个主动型助理,会为用户提出建议,并能多指令并行;同时还提供车家互联服务,用户在车内可以通过语音控制家中的智能家用电器,其目的是在车辆行驶过程中帮助用户完成所有事情。

除了以上介绍的行业典型,云知声、思必驰、出门问问、阿里巴巴等公司也致力于语音交互平台的开发,并且在车载、金融、保险、司法及电商等多个领域均有应用案例。

三、语音整合:轨道交通的 ARS

轨道交通控制系统中开始使用 ASR,例如中车株洲电力机车研究所有限公司已实现语音识别技术在轨道交通领域的工程化应用,主要包括以下几个方面功能。

1. 中车株洲语音唤醒

中车株洲语音唤醒用于列车司机与列车显示器设备交互时唤醒设备,每次用唤醒词唤醒设备后再进行语音的进一步交互。可定制唤醒词,以防止语音误操作。

2. 中车株洲命令词识别

中车株洲命令词识别可将列车司机语音中的内容识别出来,相当于给显示器装上"耳朵",可实现显示器的全语音控制,替代传统的键盘、触摸屏操作,为列车司机提供更好的交互体验。此外,还有列车司机用语音功能操控车载设备,例如显示器界面切换、功能控制等。

第五节 ASR 的伦理与安全

目前,语音识别是一种已成熟应用的人工智能技术,机器在语音识别的领域接近甚至超过人的能力,已经取得了许多重大突破,但在其商业化应用过程中也出现了不少意外的负面后果,其中浮现出的伦理失范,为语音识别技术健康持续发展和商业化落地带来了新的挑战。伦理是指人与人之间所认同及遵循的普遍行为准则和行事原则,是道德的外延。法国社会学家涂尔干认为所谓失范,是指个体与群体被剥夺规范其预期及行为的、确定无疑而富有意义之规范时的状态。只有建立完善的人工智能伦理规范,处理好机器与人的新关系,才能更多地获得语音识别技术发展的红利,让技术造福人类。

1. 技术异化问题

依托于迁移学习和深度学习的 AI 语音技术可以轻易从不同场景中提取数据并经过系统化训练提升语音性能,但其中也存在许多技术异化风险。

2017 年,美国华盛顿大学的计算机学家就曾开发出一种机器学习算法,使其通过神经网络训练学习观看人类视频,并通过截取相关音频片段,自动生成适配口型,批量产出能够以假乱真的假视频。

现在 AI 语音造假成本越来越低,造假技术也不断升级,除了支持语音一键合成的造假软件,甚至还出现了深度伪造音频技术。例如,Deepfake 音频可以利用深度学习算法将语音和文本智能匹配,以更好地拆解语音要素,然后运用生成的语音模块成功"克隆"声音,最后合成音频。五花八门的假音频充斥在各大网络音频平台,导致虚假信息和网络谣言泛滥。此外,AI 语音助手的信息过滤系统存在漏洞,其训练样本数据一旦被污染,将会发出歧视、偏激的言论,对用户尤其是青少年群体的价值观产生不良诱导。

总之,AI 语音技术异化将会"反噬"人的主体性,从而引发严重的伦理失范,必须加大监管,积极倡导语音知识产权保护。

2. 用户隐私权让渡问题

很多 AI 语音技术系统,包括深度学习,都是大数据学习,需要大量的数据来训练学习算法,数据已经成了 AI 时代的"新石油"。这带来新的隐私忧虑,一方面,如果在深度学习过程中使用大量的敏感数据,这些数据可能会在后续被披露出去,对个人的隐私会产生影响;另一方面,考虑到各种服务之间大量交易数据,数据流动不断频繁,数据成为新的流通物,可能削弱个人对其个人数据的控制和管理。

例如,在互动小说应用 Earplay 中,用户能够在收听有声读物时与智能音箱进行交流与对话,终端应用则可以通过情感算法建构用户的情感模型,以实现情感的私人定制。在这种互动情境中,用户的位置数据和情感数据在很大程度上面临泄露风险。假如智能音箱的配置界面泄露,网络黑客即可通过在线扫描采集用户的身份信息,甚至可以操控音响播放指定的音频文件。

2018 年,腾讯 Blade 团队仅用 26s 就击破了亚马逊的智能音箱 Echo,2020 年 Pwn2Own 黑客大赛上,两位研究员成功入侵亚马逊最新研发的"屏幕型"智能音箱,此种情况实则将人置于"超级全景监狱"之中,超时空的监视使得用户的隐私让渡为监视者,成为驯化用户的资本。

ASR的应用面不断扩大,深度学习场景中的个人声音隐私保护越来越重要。

本章习题

1. 语音识别系统是怎样的?画出其系统构架。
2. 请列举你在生活中用到的语音识别技术。
3. 请描述你经历过的"鸡尾酒会效应"。
4. 贾里尼克在ASR领域作出了什么样的贡献?IBM华生实验室和CLSP有哪些突出的技术?
5. 请对我国科大讯飞ASR技术作了解,并简述你对其发展前景的认识。

第四章 图像识别

图像识别(Image Recognition Technique,IRT)是指利用计算机对图像进行处理、分析和理解,以识别各种不同模式的目标和对象的技术。图像识别技术经历了文字识别、数字图像处理与识别、物体识别三个过程。

图像识别,顾名思义就是对图像做出各种处理、分析,最终识别我们所要研究的目标。图像识别并不仅是用人类的肉眼,而是借助计算机技术进行识别。虽然人类的识别能力很强大,但是对于高速发展的社会,人类自身识别能力已经无法满足日益增长的需求,于是就产生了基于计算机的图像识别技术。这就像人类研究生物细胞,完全靠肉眼观察细胞是不现实的,这样就产生了显微镜等用于精确观测的仪器。通常一个领域有固有技术无法解决的需求时,就会产生相应的新技术。图像识别技术也是如此,此技术的产生就是为了让计算机代替人类去处理大量的物理信息,解决人类无法识别或者识别率特别低的信息。

图像识别技术是立体视觉、运动分析、数据融合等实用技术的基础,在导航、地图与地形配准、自然资源分析、天气预报、环境监测、生理病变研究等许多领域重要的应用价值。

第一节 IRT 技术发展

当我们看到一个东西时,大脑会迅速判断是不是见过这个东西或者类似的东西。这个过程有点像搜索,我们把看到的东西和记忆中相同或相类的东西进行匹配,从而识别它。机器的图像识别也是类似的,通过分类并提取重要特征而排除多余的信息来识别图像。

一、IRT 发展阶段

1. 20 世纪 70—80 年代:三维重构

现代电子计算机的出现,让计算机有机会尝试回答出它看到了什么东西。研究人员首先从人类看东西的方法中获得借鉴。当时人们普遍认为,人类能看到并理解事物是因为通过两只眼睛可以立体地观察事物,因此,要想让计算机理解它所看到的图像,必须先将事物的三维结构从二维的图像中恢复出来,这就是所谓的三维重构(three-dimensional reconstruction)方法。人眼三维结构如图 4-1 所示。

另一个灵感是,人们认为人之所以能识别出一个苹果,是因为人们已经有了先验知识:苹果是红色的、圆的、表面光滑的。如果给机器也建立一个这样的知识库,让机器将看到的图像与之匹配,是否可以让机器识别乃至理解它所看到的东西呢?这是所谓的先验知识库(prior knowledge store)的方法。

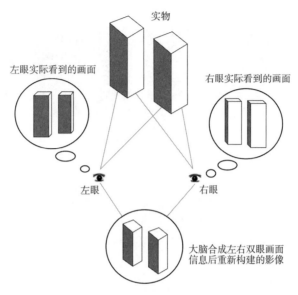

图 4-1　人眼三维结构图

这套方法只能够提取少数基本特征,实用性当然不高,只能用于某些光学字符识别、工件识别、显微/航空图片的识别等。

2.20 世纪 90 年代:特征提取

到了 20 世纪 90 年代,图像处理技术有了飞速进步,研究人员开始尝试不同的算法,包括统计方法和局部特征描述符的引入,使得计算机视觉技术取得了更大的发展,并开始广泛应用于工业领域。在先验知识库的方法中,事物的形状、颜色、表面纹理等特征受到视角和观察环境所影响,在不同角度、不同光线、不同遮挡的情况下会产生变化。因此,研究者的新方法是通过局部特征的识别来判断事物,对事物建立一个局部特征索引,即使视角或观察环境发生变化,也能比较准确地匹配上。

3.2000—2009 年:机器学习

进入 21 世纪,得益于互联网兴起和数码相机出现带来的海量数据,加之机器学习方法的广泛应用,计算机视觉发展迅速。以往许多基于规则的处理方式,都被机器学习所替代:机器自动从海量数据中总结归纳物体的特征,然后进行识别和判断。

这一阶段涌现出了非常多的应用,包括典型的相机人脸检测、安防人脸识别、车牌识别等。数据的积累还诞生了许多评测数据集,比如权威的人脸识别和人脸比对识别的平台——FDDB 和 LFW 等,其中最有影响力的是 ImageNet,包含 1400 万张已标注的图片,划分在上万个类别里。基于机器学习图像识别如图 4-2 所示。

4.2010 年及以后:深度学习

到了 2010 年以后,借助于深度学习的力量,计算机视觉技术得到了爆发增长和产业化,出现了神经网络图像识别,即最新的图像识别技术。神经网络图像识别"狗"的过程如图4-3所示。

分类
是不是猫?

定位
猫在哪里?

检测
有哪些动物?在哪里?

分割
动物在哪些像素?

图4-2 基于机器学习图像识别

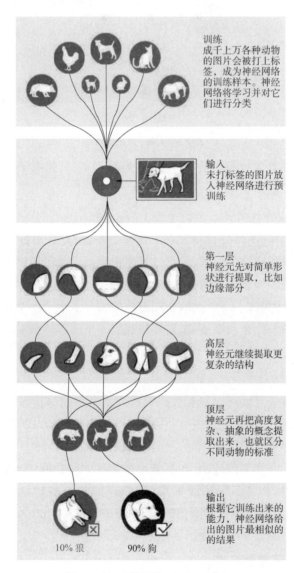

图4-3 神经网络图像"狗"的识别过程

医疗影像的图像识别也异曲同工,例如腾讯觅影对早期肺癌的筛查流程(图4-4)。

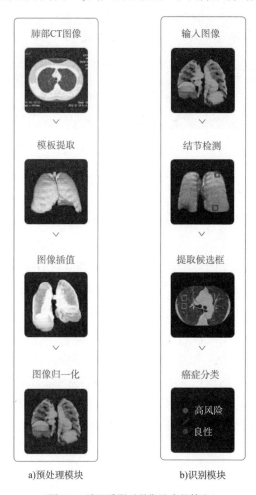

a)预处理模块　　　　　　b)识别模块

图4-4　腾讯觅影对早期肺癌的筛查

觅影系统会先基于腾讯深度学习技术,对数十万张肺部CT影像数据进行学习分析,获得精准定位可疑结节的能力,实现对良、恶性的判别,从而帮助提高医生诊断效率和准确率。

通过深度神经网络,各类视觉识别的任务精度都得到了大幅提升。在全球最权威的计算机视觉竞赛ILSVR上,千类物体识别错误率在2011年时还高达25.8%,从2012年引入深度学习之后,后续4年的错误率分别达到了16.4%、11.7%、6.7%、3.7%,实现了显著突破。现在,人脸识别甚至能做到误判率低于百万分之一。

在具体应用实践中,特别识别除了要弄清识别的对象具有是什么样的物体外,还应该明确其所在的位置和姿态。当前,图像识别已经被广泛应用到各个领域中,例如交通领域中的车牌号识别、交通标志识别、军事领域中的飞行物识别、地形勘察、安全领域中的指纹识别、人脸识别等。

图像识别使用人工智能技术自动识别图像中的对象、人物、位置和动作。图像识别用于执行任务,例如使用描述性标签标记图像,在图像中搜索内容以及引导机器人、自动驾驶汽车和驾驶人辅助系统。自动识别IRT如图4-5所示。

图 4-5　自动识别 IRT

二、IRT 主要应用

图像识别技术大量应用,主要包括以下几个方面。

1. 安防领域

通过计算机图像识别技术的应用,使监控系统逐渐实现自动化,在监控视频的查看中实现对视频信息的自动分析,进而获取相关的图像,减少工作人员的工作量。

2. 医学诊断领域

通过 IRT 对患者病灶的情况进行了解和分析,对染色体、红细胞等进行识别,进而辅助医生让其能够更清晰明确地掌握患者病情的实际情况,医生通过图像识别,精准地判断患者的实际病症,并在此基础上,达成更为有效的治疗。将 X 线、计算机断层扫描(CT)、正电子发射断层扫描(PET)、超声、磁共振成像(MRI)和光学相干层析成像(OCT)等应用于医学影像分析,以实现智能诊断,从而提高诊断速度和诊断准确性,使病人迅速获得正确的治疗,此外还能弥补医生的不足。

3. 农作物领域

通过计算机图像识别技术对植物的生长情况进行准确的分析和科学的预测,对农产品进行质检。如果农作物出现病虫害,可以通过计算机图像识别技术对病虫害的类型进行分析,同时对病虫害的发展情况进行全景监控。

4. 动画设计领域

动画设计以及制作的过程中都需要应用到计算机图像处理技术,比如 3DMAX 软件,通过这些软件的应用为设计人员的图像处理提供非常大的帮助。对于广告宣传,特别是对于线上宣传、网页的制作具有重要的作用。此外,立体图形以及空间几何关系的呈现,有利于保证设计的真实感、精细度与合理性。

5. 资源勘测领域

通过计算机图像识别技术实现对土地资源平面、三维立体图像数据的快速搜集和整理,也可以用于森林、渔业、水体水质等方面的勘察,利于对自然资源的管理和保护。

6. 文化艺术领域

在电视广播中,应用 IRT 技术处理所拍摄的画面,使其能够拥有更高的清晰度。计算机可以采集并加工动态图像,最终以流程完整的视频形式呈现在电视机的观众面前。不仅如此,在进行智能化的图像识别工作时,还能够将文件中人为的误差与失误识别出来,在处理中可以进行及时有效的调整与修正,以免图像出现失真问题。在美术行业,应用IRT对艺术作品的色彩与像素进行小幅度调整,从而全面强化画面的逼真性与整体效果。

7. 工程项目领域

有效使用IRT技术,在排查并分析输电线路故障时,可以分析图像,从而以高效且精准的状态完成工作;在工业的具体生产阶段,施工单位的人员可以分析图像,将其工程装配与焊接的误差进行识别与分析,从而及时有效地发掘施工环节中存在的故障与安全隐患。

第二节　IRT基本原理

人眼将图像视为一组信号,由大脑的视觉皮层来解释。结果是一个场景的体验,它链接到保留在内存中的对象和概念。IRT模仿了这一过程,计算机以一组矢量(带有彩色注释的多边形)或一个栅格(一个带有颜色离散数值的像素画布)"看到"图像。通过对图像进行分类并提取重要特征、排除多余的信息来识别图像。

一、IRT工作流程

IRT工作流程如图4-6所示。

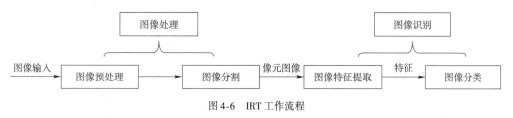

图4-6　IRT工作流程

图像识别的工作过程归纳起来主要包括以下4个步骤。

1. 获取图像信息

获取图像信息也称图像采集,主要是将声音、光等信息通过传感器向电信号转换,也就是对识别对象的基本信息进行获取,并将其向计算机可识别的信息转换。

针对识别目标建立数字化图像,要保证图像信息采集工作的顺利完成,通常需要利用多个采集设备进行协作。现阶段,在进行图像采集时,一般使用的图像采集设备为CCD (Charge Coupled Device,电荷耦合器件)相机、CMOS(Complementary Metal Oxide Semiconductor,互补金属氧化物半导体)摄像机等,摄像机通过镜头中的光感部件得到目标物体图像的模拟信号,紧接着利用A/D(模/数)转化实现模拟图像向数字图像的转变,最后通过相应的解编码将数据信息传输到计算机中完成图像处理。在进行图像识别的过程中,图像采集品质直接关系到最终的识别效果,所以,在完成图像的采集之后,需要对图像品质进行评估,重点衡量图像的清晰度、对比度以及噪点等多个因素,而图像的这些因素往往受到CCD相机、CMOS摄像机传感器精密性的影响。相较其他图像采集方式,通过CCD相机、CMOS摄像机开展的图像采集拥有像素密集性好、噪点低等优势,同时还能够支持动态对比度调整,也能够有效简化后期的图像处理流程,因此,在现阶段图形处理中有着非常广泛的应用。CCD相机一般适用于规模较大、稳定性高的摄像环境中,相应地CMOS摄像机通常使用在规模较小的设备中,比如智能手机、笔记本电脑等。

2. 图像预处理

信息预处理主要是指采用去噪、变换及平滑等操作对图像进行处理,基于此使图像的重要特点显露。

图像预处理是获取图像特征的重要组成部分。在实际图像采集过程中,会受到外界环境以及图像采集设备等因素的影响,使得导入计算机中的图像产生较大的偏差,常见问题有图像亮度较低、对比度较差以及噪点多等。图像预处理能够有效解决这样的问题,可以实现对采集数字图像的不同转化、对图像进行相关处理,为改善后期图像算法速度奠定基础。第一步是降低采集图像的噪声,图像噪声的降低主要是通过不同的滤波来实现的,比如常见的线性滤波、中值滤波等,该环节的工作原理是借助图像的灰度连续性特征,将图像中的任意一个像素当作是由多个像素平均合成的,从而使得图像中的各个噪声被平均,完成噪声处理工作。第二步是开展图像分割工作。图像分割的主要目的是将图像中可识别区域与不可识别区域分离开来,在多数情况下,要求识别的图像仅是整个图像中的局部。因此,为了提高图像识别的准确度与效率,要提前对图像进行分割处理。通常情况下图像分割能够通过多种途径实现,如一般分割、语义分割以及Kmeans分割等,其中Kmeans分割拥有较高的智能性,能够自主完成分类。

3. 图像特征提取

图像特征提取表示为将图像中涵盖的所有信息转变成相应的计算机向量特征,通常情况下,特征能够准确反映图像的各项信息,是图像识别中至关重要的一部分。

根据图像的不同,其表现出的特征也有较大差异。从图像粒度层面来划分,可以将图像特征划分成浅层特征与结构性特征,其中浅层特征通常表示为靠近图像边缘的像素特征;而结构性特征通常较为复杂,同时相互之间的关联性也非常强,可以更好地识别出图像中的目标。浅层特征主要涵盖了识别目标的外形、颜色、纹理以及大小等信息,该部分特征信息相互独立,同时较为简单,一方面可以通过浅层特征来确定图像,另一方面也可以基于浅层特征形成结构性特征。在实际开展特征提取时,应当先进行特征的过滤,依托相应算法挖掘出真实特征,并且删减掉无意义的特征。

4. 图像识别

完成特征提取工作之后,目标图像的全部信息都有与之相对应的特征向量,图像识别的最终目的便是完成对未识别目标图像特征向量的识别。

通常来说,计算机视觉系统要在非常有限的时间内完成对图像的反馈,同时要将目标图像与数据库中庞大的图像信息进行比对,当未识别图像特征较为烦琐时,不仅会消耗较长的时间,同时对计算机软件、硬件配置要求都非常高。现阶段,主流图像识别技术有模板匹配法、贝叶斯法、神经网络法等,在这些方法中绝大部分方法是以人工智能技术为载体的,在选取图像识别方法时,需要依照具体图像特征进行确定。

二、IRT 模式识别

计算机的图像识别技术就是模拟人类的图像识别过程。在图像识别的过程中进行模式识别是必不可少的。

模式识别(Pattern Recognition)是指对象的组成成分或影响因素间存在的规律性关系,或者是因素间存在的确定性或随机性规律的对象、过程或事件的集合。它是研究如何通过一系列数学方法让机器来实现类人的识别能力。因此,也有人把模式称为模式类,模式识别也被称为模式分类(Pattern Classification)。

IRT 的模式识别,实际上就是模型创设,是以海量数据信息为载体的,换言之,模式识别的产生是建立在人们已经掌握图像识别技术与大量实践研究经验的基础上,紧接着利用计算机的一系列计算过程来达成和数学原理的紧密融合,进而可以自主地进行目标图像特征识别,并在识别的同时产生客观、公正的评价。

正常情况下,模式识别能够划分为两个过程,分别是实现过程与学习过程,其中学习过程主要表现为将图像数据信息存储到相应的数据库中,该过程的实现需要建立在图像信息采集的基础上,之后按照计算机存储水平与识别特性完成对获取图像信息的分类与识别工作,最后产生可以进行图像识别的计算机程序。而实现过程一般表示为图像和模板之间的匹配程度,识别过程也是建立在该过程之上。在进行实际运用时,计算机识别与人脑识别有着非常大的区别,然而计算机能够依托已有的数据来完成图像信息的识别与匹配。假如可以依照某种规律顺利实现匹配,则表明图像识别可以成功完成,但该识别过程表现出了较强的限制性,难以有效辨别特征相似的情况,极易产生误差。

模式识别创设过程如图 4-7 所示。

1. 模式采集

对存在于时间和空间中的具有可观察性和可区分性的物体进行信息采集,是从客观世界(对象空间)到模式空间转换的过程。此过程通常需要对采集的信息进行预处理,从而降低运算量,获得更有效的信息,为下一步的特征提取做好准备。

2. 特征提取和特征选择

特征选择是对得到的一组特征中选出最有效的特征作为它的一个有效子集,而特征提取是利用模式测量空间的转变或者特征空间的维数从高维度变成低维度,目的是降低计算复杂度。

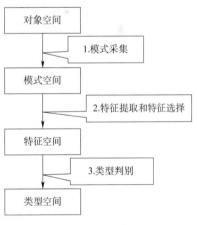

图 4-7 模式识别创设

3. 类型判别

类型判别是模式识别的核心,是对提取的识别对象进行分类,以完成最后的识别分类的过程。

图像识别中的模式识别主要分为三种:统计模式识别、句法模式识别、模糊模式识别。具体采取哪种识别,要根据图像采集到的样本(sample)数、样本集(sample set)、类别(class)和特征(feature)情况分析而确定。

三、手写数模式识别

1. 数字图片获取

手写体数字图片可通过采用 Windows 操作系统中的画图板手写输入的,保存为 BMP 格式,或者通过相机拍照取得图片,同时需把获得的照片统一为 BMP 格式。本文的样本图像由 20 个人提供,共 400 幅,其中 250 幅作为训练样本、200 幅为测试样本(包括 150 幅未训练过的样本和 50 幅训练样本)。考虑到每个人书写习惯不同会造成手写体数字形式多样,对数字的识别效果有很大影响,我们定义了 10 个数字的标准字符模板,如图 4-8 所示。神经网络通过学习标准的字符模板能够记住 10 个数字的结构特征,并且通过网络训练能强化类间的差异。

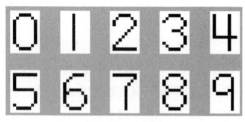

图 4-8　标准数字模板

2. 手写数字图像预处理

为方便运算,我们对于处理阶段得到的 14×10 矩阵进行主成分分析,提取第一特征(14 个特征分量)代替原来的 140 个特征分量,所以,特征提取是接下来进行识别分类的重要环节。下面,我们具体针对数字 0 的一幅图片进行分析。图像 0 预处理后图像效果显示如图 4-9 所示。

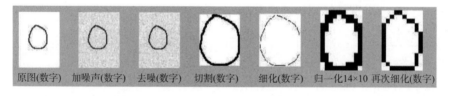

图 4-9　图像 0 预处理后图像效果显示

通过预处理,我们获得了 14×10 的图片二值化图像,其数字矩阵为 N,如图 4-10 所示。

3. 分类器的训练及识别结果分析

PNN 神经网络实现步骤如下:

(1)从样本库中获取样本训练样本。

(2)提取样本库库样本样品所属的类别;调用函数 ind2vec 函数,将类别向量转为 PNN 可以使用的目标向量。

(3)调用 rbfpnntrain,构建并训练 PNN 神经网络。

(4)获取手写数字特征,调用 sim 函数对手写数字进行仿真实验。

$N=$

```
1 1 1 1 0 0 0 0 1 1
1 1 1 0 1 1 1 1 0 1
1 0 0 1 1 1 1 1 0 1
0 1 1 1 1 1 1 1 0 1
0 1 1 1 1 1 1 0 1 1
1 0 1 1 1 1 0 1 1 1
1 1 0 1 1 0 1 1 1 1
1 1 1 0 0 1 1 1 1 1
1 1 1 0 1 0 1 1 1 1
1 1 0 1 1 1 0 1 1 1
1 0 1 1 1 1 1 0 1 1
0 1 1 1 1 1 1 0 1 1
0 1 1 1 1 1 1 0 0 1
1 0 0 0 0 0 0 0 1 1
```

图 4-10　图像 0 预处理后得到的数字矩阵

训练结束后,进入测试阶段。用训练好的网络 pnnnet 测试样本,调用 MATLAB 代码 Y0 = sim(pnnnet,p),Y = vec2ind(Y0),得到表 4-1 所示的识别结果。

PNN 分类器的识别结果　　　　　　　　　　　　表 4-1

数字	样本数	正确数	正确率(%)	误识率(%)
0	20	17	85	15
1	20	12	60	40
2	20	13	65	35
3	20	13	65	35
4	20	15	75	25
5	20	9	45	55
6	20	13	65	35
7	20	19	95	5
8	20	12	60	40
9	20	18	90	10
总计/平均	200	141	70.5	29.5

分析 PNN 分类器识别结果可得,数字"0""7""9"的识别结果最好,都达到了 85%;其他的数字识别平均识别精确度都在 60% 以上,分类效果良好。

第三节　IRT 研究方向

人工智能图像识别技术发展越来越快,不少商业化的企业研制出智能图像处理引擎,提供图像扫描件化、切边增强、弯曲矫正、阴影处理、印章检测、手写擦除等多种图像处理能力,解决影像采集不规范问题,优化影像质量。

研究者们为了更好地探究基于非线性降维的图像识别技术,用神经网络技术来加以解决,一般表示为将传统图像识别技术和现代神经网络算法联系起来的一种新型图像识别技术,神经网络的计算过程主要是模仿人脑中的某项特征开展的,实际上神经网络并不是原原本本地依照人类的神经网络进行的,更多的是依托于对人类神经网络的抽象、简化以及模拟来优化计算结构,从而改善计算速度。

一、基于 ANN 的 IRT

基于神经网络的图像识别计算,其实现原理主要是依托于神经网络学习算法,在使用神经网络实施图像识别过程中,先要对图像的色彩等进行预处理。为了有效提高基于神经网络的图像识别效率与准确率,还应面向图像识别的领域及目标开展相应的神经网络设计,重点涵盖输入与输出层设计、隐含层设计、初始权值的确定以及期望误差的确定等部分。各个部分设计完成之后,还应当要对设计完成的神经网络进行实践训练,从而确保其能够很好地满足图像识别需求。

神经网络图像识别算法依赖于数据集的质量——用于训练和测试模型的图像,其图像识别构成如下。

1. 图像大小

更高质量的图像为模型提供了更多信息,需要更多的神经网络节点和更多的计算能力来处理。

2. 图像数量

向模型提供的数据越多,它将越精确,但要确保训练集代表实际人口。

3. 通道数

灰度图像具有 2 个通道(黑、白),彩色图像通常具有 3 个颜色通道(红、绿、蓝/RGB,其颜色表示为[0,255])。

4. 高宽比

确保图像具有相同的高宽比和尺寸。通常,神经网络模型采用正方形输入图像。

5. 图像缩放

一旦所有图像都经过平方处理,就可缩放图像,有很多放大、缩小技术可以作为深度学习库中的函数使用。

6. 输入数据的均值、标准差

在所有训练示例中,可以通过计算每个像素的平均值来查看均值图像,以获得有关图像中基础结构的信息。

7. 标准化图像输入

确保所有输入参数(在这种情况下为像素)均具有均匀的数据分布。训练网络时,这将加快融合速度。可以通过从每个像素中减去平均值,然后将结果除以标准偏差来进行数据归一化。

8. 降维

可以决定将 RGB 通道折叠为灰度通道。如果打算使神经网络对该尺寸不变,或者使训练的计算强度降低,则可能需要减小其他尺寸。

9. 数据扩充

涉及通过扰动当前图像的类型(包括缩放和旋转)来扩充现有数据集。这样做是为了使神经网络具有多种变体。这样,该神经网络不太可能识别数据集中的有害特征。

准备好训练图像后,将需要一个可以处理它们并使用它们对新的未知图像进行预测的系统,神经网络图像识别算法可以对几乎所有内容进行分类,从文本到图像、音频文件和视频。

ANN 称为神经元或感知器的节点的互连集合。每个神经元都会获取一份输入数据,通常是图像的一个像素,然后应用称为激活函数的简单计算来生成结果。每个神经元都有影响其结果的数值权重。结果将被馈送到其他神经层,直到过程结束时,ANN 为每个输入或每个像素生成一个预测。多层感知器依照上述过程针对大量图像重复进行,在称为反向传播的过程中为每个神经元学习最合适的权重,从而提供准确的预测。训练模型后,将其应用于未参与训练的一组新图像(测试或验证集)以测试其准确性。再进行调整后,ANN 模型可用于对真实世界的图像进行分类。

ANN 使用完全连接的体系结构,如图 4-11 所示,其中一层中的每个神经元都连接到下一层中的所有神经元,完全连接的神经网络在处理图像数据时,体系结构效率很低。

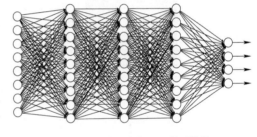

图 4-11 完全连接的 ANN 体系结构

二、基于 CNN 的 IRT

与完全连接的神经网络不同,基于卷积神经网络(CNN),一层中的神经元不会连接到下一层中的所有神经元。相反 CNN 使用三维结构,其中每组神经元都分析图像的特定区域或特征。CNN 会按接近程度过滤连接(仅针对附近的像素分析像素),从而可以在计算上实现训练过程。CNN 的训练过程如图 4-12 所示。

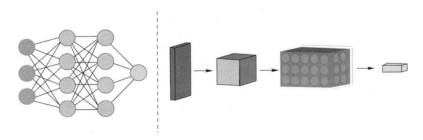

图 4-12 CNN 的训练过程

在 CNN 中，每组神经元都专注于图像的一部分。例如，在猫的图像中，一组神经元可能会识别出头部，另一组是身体，另一组是尾部等。在分割的几个阶段中，神经网络图像识别算法会分析图像的较小部分，例如在头部，猫的鼻子、胡须、耳朵等内部，最终输出是概率矢量，它针对图像中的每个特征预测其属于某个类别或类别的可能性。

CNN 架构使用行业基准数据集预测图像中的对象和面部的可能性达到了 95% 的准确度，而对人的识别能力达到了 94% 的准确度。即便如此，CNN 也有其局限性，就是需要高的处理能力，通常需要能在具有专用图形处理单元(Graphics Processing Unit, GPU)的高成本机器上训练模型。

下面，我们以 CNN 用于医学影像诊断的过程为例，介绍基于 CNN 的图像识别过程。

CNN 的 IRT 工作过程如下：CNN 获取原始像素的输入图像；通过卷积层、整流线性单元(RELU)层和池化层对其进行变换，完成特征提取；然后输入到完全连接层中，该层计算各分类的分数或概率，最高得分(或最高概率)者即为最后的分类结果。基于 CNN 的影像诊断过程如图 4-13 所示。

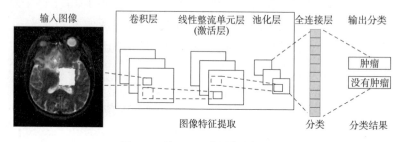

图 4-13　基于 CNN 的影像诊断过程

1. 卷积层

卷积是两个数组(可由矩阵转换为数组)的运算，一个数组由图像中某个位置的输入值(如像素值)组成，另一个是滤波器(或核)。计算输入与滤波器的点积得到一个输出。按一定的步长将滤波器移到图像中的下一个位置，重复上面计算过程，直到覆盖整个图像，生成特征(或激活)映射。

2. 线性整流单元层

线性整流单元(Rectified Linear Unit, RELU)层是一个将负输入值设置为零的激活函数，即当输入值 x 小于 0 时，输出 $f(x)$ 为 0；当输入值 x 大于或等于 0 时，$f(x)=x$。RELU 简化、加速了计算与训练，并且有助于避免消失梯度问题。其他一些激活函数还有 sigmoid、tanh、leaky RELU 等。

3. 池化层

池化层的作用是减少参数数量以及图像的大小(宽度和高度，但不是深度)。最大池化是常用的方法，"最大"是指获取最大的输入值而丢弃其他值。其他池化还有平均池化等。

4. 全连接层

"全连接"是将前一层中的每个神经元都连接到全连接层中的每个神经元。可以有一个或多个完全连接的层。这一层的任务是计算出分类中各种可能类别的概率,最终实现分类。

深度学习的影像分析(图 4-14),其基本结构是将多个卷积层、激活层和池化层堆叠起来。在空间维进行压缩,并根据学习到的特征映射数量进行扩展之后,所有特征被映射到全连接层上,由最后一个全连接层的激活函数给出分类概率,最后输出分类结果。

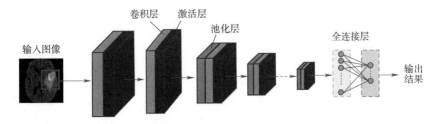

图 4-14 深度学习的医学图像分析

5. 训练与学习

要让机器能根据医学影像/图像自动给出疾病的判断结果,首先必须要对机器进行训练与学习。

训练,是建立一个输入-输出关系的过程。用已知的数据(样本)及其结论(标签)作为输入,让机器在知道输入数据及其应该获得的正确结论的前提下,调整内部参数,从而通过这些参数"记住"输入数据与正确结论之间的关系。可见,"训练"其实就是"教导"机器的过程。经过训练后,机器便建立起了反映输入与输出关系的一种"模型"。这种"模型"类似于函数关系,以后输入新的数据,通过模型的计算,就可以获得结论(输出结果)。

学习,是遵循某种规则(学习算法)调整神经网络内部参数的过程。机器学习可分为三类:监督学习、无监督学习和强化学习。

在当前的研究中,大部分医学影像诊断是采用监督学习,其原理是:计算输出结果,并与应有的正确结论(标签)进行比较,计算出误差,依据此误差去调整神经网络中各神经元之间的连接系数(即权值 W_{ij}),然后又根据新的输出计算误差,再调整 W_{ij}。重复上述过程,直到完成全部训练数据,如图 4-15 所示。

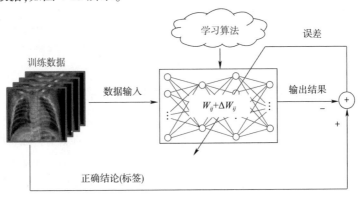

图 4-15 监督学习

CNN 技术在不断深化,LeNet5 是早期的卷积神经网络模型,共有 7 层,具备了卷积层、池化层等深度卷积网络中的核心结构;AlexNet 对卷积神经网络的结构和训练算法进行了大量创新,奠定了深度学习在计算机视觉领域的优势地位;ResNet 通过引入残差连接,基本消除了增加深度带来的退化现象,能够通过单纯地增加网络深度,来提高网络性能;DenseNet 将残差连接的思想发展到极致,实现了资源的最大化利用和计算量的压缩;Google 提出的 MobileNets 是一个轻量级的深层神经网络,面向移动应用设计,大幅提升了计算速度。

三、明斯基:激光共聚焦扫描显微镜

马文·明斯基(Marvin Minsky),人工智能之父、世界上首个人工智能实验室——麻省理工学院人工智能实验室的联合创始人、计算机领域顶级奖项图灵奖的获得者、虚拟现实先驱等。明斯基最重要的贡献是神经网络技术,他的著作《感知机》《语义信息处理》《心智社会》《情感机器》等构建了未来会思考的机器人的蓝图,影响了无数人工智能领域专家学者。

1950 年,明斯基毕业之后进入普林斯顿大学攻读数学博士学位;1951 年,他提出了关于思维如何萌发并形成的一些基本理论,同时建造了世界上第一个神经网络模拟器"Snare"。1956 年,他与麦卡锡、香农等人一起发起并组织了"达特茅斯会议",提出"人工智能"的概念。他的论文《迈向人工智能》(*Steps toward Artificial Intelligence*)论述了启发式搜索、模式识别、学习计划和感应等主题。他发明了激光共聚焦扫描显微镜(confocal scanning microscope),这种光学仪器拥有极高的分辨率和影像质量,时至今日仍然在生物科学领域得到广泛应用。在共同建立了人工智能实验室——MIT 人工智能实验室之后,学生、工作人员们涌入实验室,迎接理解人工智能与赋予机器智能的新挑战,在那里,明斯基自己就设计和建造了一个带有扫描仪和触觉传感器的 14 度自由机械手,开发了世界上最早的能够模拟人类活动的机器人 Robot C,它可以像人一样搭积木。

明斯基对计算机图形研究兴趣浓厚,1963 年他发明了首款头戴式图形显示器,这种模式在今天的头戴式虚拟现实显示器中继续得以应用。他在当时率先提出了"远程呈现"(telepresence)的概念,通过微型摄像机和运动传感器等设备让人类"体验而不真实介入",成为虚拟现实的先驱。

1975 年,明斯基首次提出了重要的框架理论(frame theory),以框架系统的形式完整地表示知识。框架理论结合了心理学与社会学,提供了一种描述人类认知结构的全新方式,不仅对人工智能系统的开发影响深远,还被引入大众传播研究等多个学科领域。

第四节 IRT 在交通领域的应用

图像识别技术已被广泛应用在智能交通系统中,其中主要涉及车牌识别、违章识别、行人闯红灯识别等。

在车牌识别中,利用图像识别技术,快速扫描车牌,并拍摄车辆车牌的照片,系统自动识别,为车辆追踪、违规处罚等工作提供依据;在违章识别中,根据道路情况,拍摄车辆整个行

进过程的图像,分析车辆的车速、路径等参数,自动识别违章行为,并传送到交通控制中心,以便于后续的处罚;在行人闯红灯识别中,以提示的方式为主,由交通信号灯自动识别行人交通行为,一旦发生闯红灯行为,会自动提示,以达到规范交通的目标。

一、车辆自动识别系统(AVIS)

车辆自动识别系统(Automatic Vehicle Identification Systems,AVIS)已经得到广泛应用,如图4-16所示。

图4-16 车辆自动识别系统

在停车场和小区出入口中,车辆识别技术记录车辆牌照、颜色、出入时间等,提高车辆管理效率和自动化水平,节省人力,保证管理效率。

在高速公路收费站中使用车辆识别技术,不仅有利于收费管理,还可以协助交警规范高速公路交通管理,识别违规车辆的车牌号,提高违法车辆管理与抓捕效率。收费站卡口位于露天环境中,来往车辆行驶速度较快,提高了车牌识别技术要求。传统车牌识别技术为160P像素车牌识别,图像有效范围局限性大,会存在车牌漏识的情况,无法满足收费站卡口工作需求。而高清车牌识别技术的应用,打破传统车辆识别技术的局限性,为公安交警的执法提供了可靠的依据。

在公路卡口,自动识别系统可以为车辆违法处罚提供依据,通过检测与识别视频中车辆号牌,设置集车牌自动识别系统、卡口应用系统、中心管理平台于一体的功能体系,加快车辆识别速度。这是该系统运行中的重要技术指标,通过提高识别速度快来降低系统占用资源,减少人工介入,实现治安卡口管理系统的自动报警。

为了进行车牌识别,需要以下几个基本的步骤:

(1)牌照定位,定位图片中的牌照位置;

(2)牌照字符分割,把牌照中的字符分割出来;

(3)牌照字符识别,把分割好的字符进行识别,最终组成牌照号码。

车牌识别过程中,牌照颜色的识别依据算法不同,可能在上述不同步骤实现,通常与车牌识别互相配合、互相验证。

(1)牌照定位。在自然环境下,汽车图像背景复杂、光照不均匀,如何在自然背景中准确地确定牌照区域是整个识别过程的关键。首先对采集到的视频图像进行大范围相关搜索,找到符合汽车牌照特征的若干区域作为候选区,然后对这些候选区域作进一步分析、评判,最后选定一个最佳的区域作为牌照区域,并将其从图像中分离出来。

（2）牌照字符分割。完成牌照区域的定位后，再将牌照区域分割成单个字符，然后进行识别。字符分割一般采用垂直投影法。由于字符在垂直方向上的投影必然在字符间或字符内的间隙处取得局部最小值的附近，并且这个位置应满足牌照的字符书写格式、字符、尺寸限制和一些其他条件。垂直投影法对复杂环境下的汽车图像中的字符分割有较好的效果。

（3）牌照字符识别。牌照字符识别方法主要有基于模板匹配算法和基于人工神经网络算法。基于模板匹配算法首先将分割后的字符二值化并将其尺寸大小缩放为字符数据库中模板的大小，然后与所有的模板进行匹配，选择最佳匹配作为结果。基于人工神经网络的算法有两种：一种是先对字符进行特征提取，然后用所获得特征来训练神经网络分配器；另一种方法是直接把图像输入网络，由网络自动实现特征提取直至识别出结果。

实际应用中，车牌识别系统的识别率还与牌照质量和拍摄质量密切相关。牌照质量会受到各种因素的影响，如生锈、污损、油漆剥落、字体褪色、牌照被遮挡、牌照倾斜、高亮反光、多牌照、假牌照等；实际拍摄过程也会受到环境亮度、拍摄方式、车辆速度等因素的影响。这些影响因素不同程度上降低了车牌识别的识别率，也正是车牌识别系统的困难和挑战所在。为了提高识别率，除了不断地完善识别算法外，还应该想办法克服各种光照条件，使采集到的图像最利于识别。车牌识别系统原理如图4-17所示。

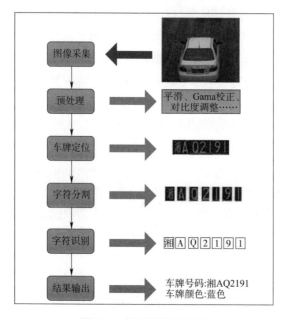

图4-17 车牌识别系统原理

车牌识别云台摄像机通过光抑制屏蔽、可调电子快门、宽动态功能等来实现抓拍车牌。

（1）光抑制屏蔽。在低照度彩色摄像机的基础上，通过软件的功能，遮挡图像中最亮的部分。在交通监控中，一般可将前照灯的强光遮挡，从而将车牌较清晰地抓拍下来。但是这款摄像机最大的缺点就是软件分辨不清，对图像最亮部分界定不清，有可能将车牌号码也遮挡，同时无法处理高速运动物体的抓拍。目前国产摄像机在强光屏蔽方面做得比较多，效果各方反映不一。

（2）可调电子快门。对于高速运动的物体抓拍（高速公路上的汽车车速一般都在70km/h以上），可以通过降低电子快门速度来实现清晰抓拍，一般都是通过手动方式调整。但是这种方式最大的问题就是白天、晚上的照度不一样，必须设置2个快门速度来分别适应白天和晚上的监控。

（3）宽动态功能。这是解决车灯对于抓拍影响的最好的办法。宽动态最早是松下公司提出来的。当背景光过亮时，普通摄像机无法很好地解决明暗图像的显示问题。

二、智慧交通管理系统

在智慧交通领域，基于人工智能技术体系下的图像识别关键技术，能够针对相关图像目标信息进行筛选、分析、处理、特征描述、数据分类训练、信息决策等。首先，在信息的预处理环节，需要对智慧交通识别目标对象进行图像灰度二值化处理，然后分别经过图像去噪、图像平滑处理、图像模拟变换等，进一步强化目标对象的基本图像特征。其次，需要在智慧识别模式下，筛选、提取和确定目标图像的轮廓，通过与数据库中的模板相比，运用图像识别技术对人工智能系统提取到的图像轮廓特征信息进行比对，在实现精准、智慧识别的基础上，对道路的实时交通拥堵情况、人/车流量状况进行判断，并将判断结果上传到中央处理系统，最终实现智慧交通管理。

三、列车拥挤度智能显示系统

目前我国处在加快转变经济发展方式的新时期，城市轨道交通也面临这一新的发展形势和考验。为了适应城市发展的需要，城市轨道建设进程在不断加快。现阶段轨道交通无法给乘客出门前提供客流参考，车站客运人员无法根据车厢乘客拥挤情况指导乘客排队候车，容易造成局部车厢人员拥挤、乘客无法准时上下车等，以上问题伴随着高密度的客流量和严峻拥挤程度也容易给城市轨道交通运营带来了极大的安全隐患。在此种形势下，AI识别技术的融入，无疑会很大地满足当下的需求，如图4-18所示。

图4-18 列车拥挤度智能显示系统

四、电子不停车收费（ETC）系统

电子不停车收费（Electronic Toll Collection，ETC）系统，是指车辆在通过收费站时，通过车载设备实现车辆识别、信息写入（入口）并自动从预先绑定的IC（Integrated Circuit，集成电路卡）卡或银行账户上扣除相应资金（出口），是国际上正在努力开发并推广普及的一种用于道路、大桥、隧道和车场管理的电子收费系统。

ETC是世界上最先进的收费系统，是智能交通系统的服务功能之一，过往车辆通过道口时无须停车，即能够实现车辆身份自动识别、自动收费。在车场管理中，为提高出入口车辆通行效率，HoloenH3智在通行管理系统针对无须收停车费的车辆（如月卡车、内部免费通行车辆),建设无人值守的快速通道,免取卡、不停车的出入体验,正改变出入停车场的管理模式。

ETC系统由后台系统、车道控制器、RSU(Road Side Unit,路侧单元)和OBU(On Board Unit,车载单元)等组成。ETC车道与传统的MTC(Manual Toll Collection,人工半自动收费)车道建设相似,主要由ETC天线、车道控制器、费额显示器、自动栏杆机、车辆检测器等组成。

设备组成如下:

(1)工业控制计算机(工控机);

(2)车道控制器;

(3)电子标签读写天线;

(4)车辆检测器(抓拍线圈以及落杆线圈);

(5)抓拍摄像机;

(6)费额显示器/通行信号灯/声光报警器;

(7)自动栏杆;

(8)字符叠加器。

ETC系统运行过程为:车辆进入通信范围;读写天线与电子标签和中央处理器(Central Processing Unit,CPU)卡进行通信,判别车辆是否有效,如有效则进行交易;无效则报警并封闭车道,直到车辆离开检测线圈。如交易完成,系统控制栏杆抬升,通行信号灯变绿,费额显示牌上显示交易金额;车辆通过自动栏杆下的落杆线圈后,栏杆自动回落,通行信号灯变红,系统等待下一辆车进入。

ETC系统的三大关键技术是车辆自动识别技术(Automatic Vehicle Identification Systems, AVI)、自动车型分类技术(Automatic Vehicle Classification Systems,AVC)和违章车辆抓拍技术(Video Enforcement Systems,VES)。

ETC系统的结构构成分三部分:OBU、RSU和DSRC(Dedicated Short Range Communication,专用短程通信)协议。

RSU,一般挂在ETC车道的正上方5.5m高度;OBU,通常安装在车辆风窗玻璃内侧,后视镜背后位置;DSRC协议有三大特征:主从结构、半双工通信方式、非同步分时多重存取。

(1)主从式结构,以路侧单元为主、车载单元为从,即路侧单元拥有通信的主控权,路侧单元可以主动传输信息,而车载单元必须听从路侧单元的指令才能上传信息;

(2)半双工通信方式,即传送和接收信息不能同时进行;

(3)非同步分时多重存取(synchronous TDMA),即路侧单元与多个车载单元以分时多重存取方式通信,但彼此不需事先建立通信窗口的同步关系。

ETC技术设备包括电子标签+微波天线。根据标签工作方式的不同,电子标签可分成只读式(单片式)和读写式(双片式)系统;依据应答方式的不同,电子标签可分为主动式和被动式两种。单片式电子标签由一片存有车辆属性(标识码等)的集成电路芯片和一个小型微波发射机组成,属性数据只能一次性写入,不能更改;双片式电子标签又称聪明卡式电子标签,它由一张 IC 卡和车载微波收发机组成。IC 卡中含有一微型 CPU,具有一定的计算、处理和存储数据能力。因此,它比单片式标签的功能要多,它不但可作为电子标签使用,还可充当信用卡和金融卡。作电子标签时,要将它插入车载机,由车载机完成标签与 DSRC 之间的双向通信,并将卡中信息显示出来。

读写主动式电子标签是在只读式的基础上,增加了可读写的数据存储器和小型微波接收机,它既可将标签内的车辆标识码等数据传送给 DSRC,也可接收并存储 DSRC 发出的有关信息。被动式标签是将 DSRC 发射出的微波以某种方式进行调制并反射出去,从而将标签内的信息传送给 DSRC。

五、城市轨道交通自动售检票(AFC)系统

一直以来,城市轨道交通售票、检票对人工操作的依赖度较大,而当客流量较大时,工作人员不仅需要承担巨大的工作量,大幅增加其工作强度,同时也使乘客在进出站时需要花费更多的时间,乘客出行体验及舒适度会受到相应影响。

城市轨道交通自动售检票系统(Automatic Fare Collection System, AFC 系统)基于人工智能的图像识别技术,在匹配与识别人脸图像环节,主要利用所提取得到的人脸图像特征数据,自动搜索存储在相应数据库中的特征模板并进行相互匹配。在设定具体阈值后,一旦相似度超出该阈值即可自动输出匹配得到的结果。人工智能下的图像识别技术主要通过比较分析待识别和已获取的人脸特征及其模板,依照具体相似程度准确判断人脸身份信息。将基于人工智能的图像识别技术运用在城市轨道交通 AFC 系统,将提高乘客出行舒适度、实现无感通行等。

第五节 IRT 的伦理与安全

近几年,图像识别技术日益创新突破,在各产业之间落地的应用项目有目共睹,但以目前技术来说仍然跟不上瞬息万变的社会变化和市场需求。

一、IRT 中的种族歧视问题

谷歌公司的图片软件曾错误地将黑人的照片标记为"大猩猩"。谷歌还有几款程序日前因涉嫌种族歧视遭到美国亚裔组织的抵制,多个亚裔团体发起网上请愿行动,要求将该程序删除。据美国《赫芬顿邮报》2012 年 12 月 28 日报道,该程序允许用户将自己的照片变身为中国人、日本人、韩国人等亚洲人形象,形象刻板、惹人发笑。对此,谷歌公司还称该程序不违反谷歌公司规定拒绝删除。

二、IRT 的用户隐私保护问题

2011 年,美国 Facebook 就曾因其"人脸识别和标记功能未按伊利诺伊州《生物信息隐私法案》(BIPA)要求告知用户收集面部识别信息的期限和方式"被诉,随后又因"采集面部特

征前未能明确提醒用户并征得用户同意"而遭到爱尔兰和德国有关部门的调查。尽管 Facebook 辩称默认开启该功能是因为用户通常不会拒绝进行人脸识别,并且用户有权随时取消这一功能。德国汉堡市数据保护与信息安全局坚持 Facebook 的面部识别技术违反了欧洲和德国的数据保护法,Facebook 应删除相关数据。最终,Facebook 被迫在欧洲地区关闭了人脸识别功能,并删除了针对欧洲用户建立的人脸数据库。

自 2021 年 11 月 1 日开始施行的《中华人民共和国个人信息保护法》明确提出,在公共场所安装图像采集、个人身份识别设备,应当为维护公共安全所必需,遵守国家有关规定,并设置显著的提示标识。所收集的个人图像、个人身份特征信息只能用于维护公共安全的目的,不得公开或者向他人提供。已经施行的《中华人民共和国民法典》在"人格权编"中提出,处理包括人脸在内的个人信息,应当遵循合法、正当、必要原则。而在人脸生物识别信息的存储方面,《信息安全技术个人信息安全规范》明确了个人生物特征信息属于敏感信息,要求个人生物识别信息与个人身份信息分开存储;原则上不应存储原始个人生物识别信息,可采取的措施包括但不限于仅存储摘要信息等。

三、IRT 面临新冠疫情挑战

2019 年末,新冠病毒突袭,波及全球,导致大批人脸识别产品无法在戴口罩的情况下进行扫描识别,事后各大厂商立即更新算法,但此事也提醒了人们面对未来的不确定性,技术不能一成不变,需要不断创新与突破。此外,如何在不同光线和角度条件下更好地识别脸部,如何清晰、精准地确定身份等问题,仍然是目前亟待解决的技术难点。

本章习题

1. 请说明先验知识(prior knowledge)和后验知识(aposterior knowledge)的区别。
2. 图像识别技术(IRT)的发展过程是怎样的?各阶段有什么技术特点?
3. 图像识别技术(IRT)的工作过程是怎样的?
4. 什么是模式识别?主要模式识别有哪些?
5. 人工神经网络(ANN)的作用是什么?用于 IRT 的 ANN 工作过程是怎样的?
6. 深度学习的卷积神经网络(CNN)作用在哪里?用于 IRT 的 CNN 工作过程是怎样的?
7. 请问"人工智能之父"——马文·明斯基有哪些具有深远影响的理论创新?
8. 什么是电子不停车收费(ETC)系统?请了解 ETC 的使用状况,简述其工作原理与核心技术。

第五章 文字识别

光学文字识别(Optical Character Recognition,OCR)技术将图像、视频中的文字转变为机器可读可处理的字符信息,一直是计算机信息处理追求的目标,是机器与现实世界进行视觉交互的重要基础。

文字作为人类文明的标志,是记录思想、文化和历史的载体,是信息交流的途径,也是人类感知世界的重要手段。文字是不同于普通视觉元素的信息来源,可以和其他视觉元素信息形成互补。文字中包含的高层语义,使得场景信息可以被高效地利用,自然场景中的图像通常包含丰富的文字信息,对分析和理解场景图像的内容有着重要作用。

OCR 技术,是利用光学技术和计算机技术把印在或写在纸上的文字读取出来,并转换成一种计算机能够接受、人又可以理解的格式。OCR 技术是实现文字高速录入的一项关键技术。OCR 技术是计算机视觉领域的重要分支,通过图像文字的识别实现信息录入,有三大核心优势:一是提高效率,相比传统的人工方式,可显著提升信息录入效率;二是降低成本,通过机器代替人工,可大幅降低人力成本的开销;三是适用性强,OCR 技术能够实现多种场景、多种语言的识别。此外,通过 OCR 技术提取图像中的文本,并进一步分析这些文字和符号所包含的语义信息,能够为机器理解图像提供高层语义线索。

第一节 OCR 技术发展

OCR 技术是指运用电子设备对图像中的文字进行检测,然后识别出图像中的文字内容。OCR 技术能够处理多种不同场景的图像,包括拍摄或扫描得到的各种卡证、纸质文档图像的文字识别(传统文字识别),也包括含有文字的自然场景图像和叠加了字幕文本的视频图像等(自然场景的文字识别)。

一、OCR 技术发展过程

早期的 OCR 技术可追溯到 1870 年,电报技术和为盲人设计的阅读设备的出现标志着 OCR 技术的诞生。1929 年,德国科学家 Tausheck 首先提出了 OCR 的概念。几年后,美国科学家 Handel 也提出了利用技术对文字进行识别的想法。这种梦想直到计算机的诞生才变成了现实。

现在这一技术已经由计算机来实现，OCR 技术就演变成为利用光学技术对文字和字符进行扫描识别，转化成计算机内码。

从 2000 年开始，在线服务成为 OCR 技术的主要业务形态之一，这一阶段 OCR 技术仅在比较规整的印刷体文档识别上性能良好。

2014 年以来，随着深度学习技术在 OCR 技术领域的应用，加上海量训练数据的积累，OCR 技术取得了飞跃性发展，适用范围明显扩大。

2015 年，OCR 技术开始从对单个字符的识别转变为对整行文本进行识别，通过更有效地利用文本行的序列信息，识别效果进一步提升。

2017 年以来，OCR 技术开始引入自然语言处理技术，增强了对内容的"理解"能力，通过语义信息的关联，复杂场景下的文字识别能力得到增强。与此同时，随着图像处理等技术的发展，能够对扭曲和畸变的文字图像进行矫正，也能够改善 OCR 技术性能。

目前，简单的文字归档已经不能满足文件归档工作的需求，对于图像、视频电子类信息的归档也成为系统记录的关键部分。在对目标物品进行拍摄前，工作人员会在图像视场内的非关键部位粘贴用于识别的标志物，此类标志位对应着用于后续归档的信息名称。因此，可将粘贴可辨识标记物的步骤流程化、规范化。

通过对自然场景中的字符特征信息进行机器学习式的人工训练，以形成特有的目标数据库，并建立一套可进行对输入图像文件进行自动化命名、归档的机器视觉软件系统。在进行大批量图像文件归档的过程中，OCR 技术可以节省工作人员用于人工识别文件的工作时间，解放劳动力，提高工作效率，同时也使工作流程数字化、智能化。

二、OCR 技术应用

OCR 技术可应用在证件识别、银行卡识别、车牌识别、表格识别、票据识别、护照识别、名片识别、人脸识别、文档识别、人证合一、营业执照识别、发票识别、VIN 码（Vehicle Identification Number，车辆识别码）识别等各种涵盖生活、工作的技术核心领域。随着传统行业的数字化转型，OCR 技术应用范围和场景将进一步扩展，市场规模将进一步增大。

1. OCR 技术在银行中的应用

票据凭证是银行账务处理流程的重要内容。银行票据电子影像数据库是银行业务信息化的数据基础，有了这个数据基础才有可能开展银行业务的各种信息化处理工作。但由于银行票据业务复杂，多数银行仍停留在"人工分散处理 + 纸质库房保存 + 人工查询"的阶段，成为阻碍金融电子化的薄弱环节。借助 OCR 技术可以使票据处理达到"自动集中处理 + 电子安全保存 + 数据有效应用"的目标，这样不但保留了原始单据的图像文件，而且对图像文件进行 OCR 识别后，可以自动建立票据索引，还可以通过系统接口进一步完成单据与前台数据的比对工作，快速找出有问题的单据，并能根据建立的索引很快找出原始图像进行查询和审核，并能高效、快捷准确地完成事后监督工作，从而大大减少操作员的工作量和差错率，提高银行业务的自动化和智能化水平。

2. OCR 技术在快递行业的应用

OCR 技术不仅能够快速从快递单据上提取识别手机号码,让快递员快速联络快递主人,还能快速提取快递面单上的联系人、目的地城市、地址等重要信息,并与系统数据进行匹配,实现自动分拣;可以在短时间内准确完成大量包裹的自动分拣,让工作变得更简单快捷,切实满足中小型快递物流分发、网点快速发展的诉求。

3. OCR 技术在图书资料管理中的应用

在图书资料管理中,OCR 文字识别可以代替人工录入将图片上的文字识别出来,即将图片上的文字变为可编辑的文本,以便于检索分类,大大提高了工作效率,同时避免对珍贵的史料造成损坏,文字识别对纸质材料的数字化转型有重要的意义。

4. OCR 技术在视频审查中的应用

借助 OCR 技术,可以识别视频中的文字,对互联网视频内容进行识别审核、监控筛除掉违规的视频、广告,如一些敏感、不健康的词汇等,达到高效审查的目的。

第二节　OCR 基本原理

一、OCR 工作流程

OCR 的工作流程如图 5-1 所示。

1. 图像信息采集

对采集的特征数据图像,光照、拍摄角度、相机感光元件与其他硬件客观因素往往会造成原始特征信息与图像特征信息存在差异性,导致特征识别区域的图像质量退化。

2. 图像复原与重建

对于采集图像产生的退化现象,可以采用图像复原的方法,将采集到的图像进行复原与重建,这有赖于大量的数据经验支持,以此倒推图像质量退化原因,建立退化模型,并进行机器重构。这种方法需要大量的时间与数据库模型。

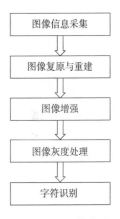

图 5-1　OCR 工作流程

3. 图像增强

图像增强是为了获取图像重点,突显关键特征点,以保证后续的处理过程,不需要考虑图像的整体重构。目前普遍从空间域、频率域、颜色进行处理,其主要内容如图 5-2 所示。

4. 图像灰度处理

将获取到的、包含众多图像信息的原始图像转变为利于系统进行识别的可识别图像信息。由于目前的手持摄影设备存储的图片一般为高位数彩色图像,若对此类图像进行识别,会造成大量的计算机算力用于还原图像的色彩信息。关键的图像信息是图像上的部分感兴趣区域内的文字信息,而这类信息一般以黑字白底的形象出现。因此,为了提高机器视觉系统的信息处理效率,可以先将导入的图像进行灰度变换,将彩色图像信息转变为灰度图像。

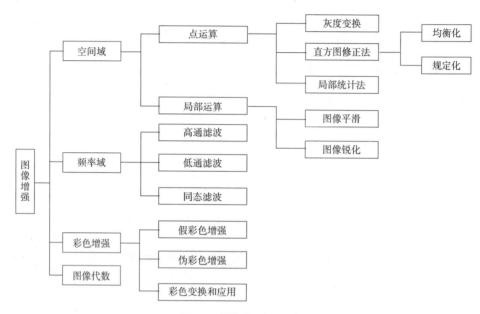

图 5-2 图像增强主要内容

目前在图像的灰度处理领域常用的方法有灰度拉伸、直方图均衡化等方法(图 5-3)。

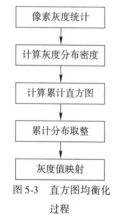

图 5-3 直方图均衡化过程

OCR 技术进行灰度级变换是有利于计算机识别的,故选用直方图均衡化,该方法能增强图像的对比度,最终产生一幅亮度布满整个亮度范围的图像。在图像灰度化完成后,图像信息由高位数彩色图像变换为 0~255 位黑白灰阶图像。在此程度上,感兴趣目标区域由黑色字符与白色背景形成,因此,可以通过图像二值化方法将目标文字信息与图像干扰信息进行进一步分离。

在完成对感兴趣特征目标的图像处理后,则需要系统对图像中的关键信息进行目标定位。由于原图像已经过图像的灰度化处理与二值化区分,其不同区域的灰度阶已呈二值化分布,差异比较明显,故可对图像信息的边缘检测,使区域的连接处凸显。

5. 字符识别

将单字符图像缩放到相同尺寸,计算其特征,如方向样度直方图(Histogram of Oriented Gradient,HOG),然后训练分类器,如支持向量机(Support Vector Machine,SVM),得到单字符的字符分类;最后利用统计模型,对识别出的文字行进行语义纠错。详细的字符识别流程如图 5-4 所示。

基于 OCR 的文字识别系统——ABBYY FineReader 识别文档图像的准确率已经高达 96%。

二、OCR 中的预处理

OCR 工作流程中,经过原始对象的数字化、预处理、文字分隔、特征提取、字符识别等,其中关键阶段是预处理。

1. 倾斜校正

印刷体文本资料大多是由平行于页面边缘的水平(或者垂直)的文本行(或者列)组成的,即倾斜角度为 0°。在文本页面扫描过程中,不论是手工扫描还是机器扫描,都会不可避免地出现图像倾斜现象。倾斜的文档图像对后期的字符分割、识别和图像压缩等工作将产生很大影响。为了保证后续处理的正确性,要对文本图像进行倾斜检测和校正。

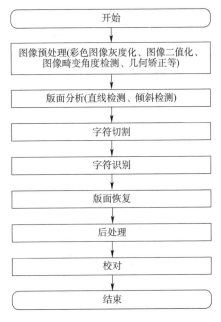

图 5-4　字符识别流程

倾斜校正,主要是指图像校正,分为水平校正、透视校正。水平校正适用于图像发生旋转情况,通常利用文字图像的视觉特征,如对于证件、票据,可以检测其轮廓,根据轮廓角度旋转方向,对于表格文档,可以利用霍夫曼变换检测其中的表格边框线,计算其边框线角度的平均值,将其旋转。透视校正适用于图像拍摄角度不当,导致图像变形的情况,对于文档图像,纸张与背景通常颜色不同,可以将图像灰度化,使用高斯滤波器滤除噪声,使用边缘检测算法检测图像边缘,寻找其中最大的边缘轮廓,通常就是纸张边缘,然后寻找四个角点,将四个角点映射为规则四边形的四个角点。对于背景简单的情况下,这种校正算法通常可以良好运行,但是不适用于复杂的自然场景。

2. 灰度二值化

对原始图像进行灰度化、二值化、噪声去除等,生成灰度图,成为只含亮度信息不含色彩信息的图片。在 RGB 模型中,如果 $R = G = B$,则彩色表示一种灰度颜色,其中 $R = G = B$ 的值叫灰度值,一般满足下面这个公式:$Gray = 0.299R + 0.587G + 0.114B$。这种参数考虑到了人眼的生理特点。

对摄像头拍摄的图片,大多数是彩色图像,彩色图像所含信息量巨大,对于图片的内容,可以简单地分为前景与背景。为了让计算机更快地、更好地识别文字,需要先对彩色图进行处理,使图片只前景信息与背景信息,可以简单地定义前景信息为黑色、背景信息为白色,这就是二值化图了。经过灰度处理的彩色图像还需经过二值化处理将文字与背景进一步分离开。

二值化的过程中涉及"阈值"的概念,简单来说就是想找到一个合适的值来作为一个界限,大于或小于这个界限的值变为白色或黑色即 0 或 255。一种方法是取阈值为 127[相当于 0~255 的中数,$(0+255)/2 = 127$],让灰度值小于或等于 127 的变为 0(黑色),灰度值大于127的变为255(白色),这样做的好处是计算量小、速度快,但是缺点也是很明显的,因为这个阈值在不同的图片中均为127,但是不同的图片,他们的颜色分布差别很大,所以用127做阈值,这种一刀切,效果肯定是不好的。另一种方法是使用直方图方法(也叫双峰法)来寻找二值化阈值,直方图是图像的重要特质。直方图方法认为图像由前景和背景组成,在灰度直方图上,前景和背景都形成高峰,在双峰之间的最低谷处就是阈值所在。

第三节 OCR的研究方向

一、基于CNN的OCR

卷积神经网络(CNN)是受到生物视觉细胞工作原理启发而来的深层次网络结构,是深度学习重要的代表。基于卷积神经网络的方法被广泛应用于诸多领域,如图像分类、物体识别、物体检测、三维重建以及场景文字检测与识别等。卷积神经网络结构图如图5-5所示。

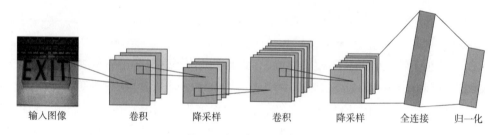

图5-5 卷积神经网络结构图

卷积神经网络的主要组成结构包括卷积层、池化层、全连接层、归一化层等。卷积神经网络由一个输入层、两个卷积层、两个池化下采样层、一个全连接层和一个归一化输出层组成。

卷积神经网络(CNN)由于其特殊的网络结构,在图像处理领域具有较大优势,卷积层组成的卷积组对图像的特征进行提取,与卷积层交替出现的池化层扮演着降低特征图维度的角色,通过这种网络结构,逐层将图像特征提取出来,最后连接到全连接层进行图像分类。卷积神经网络有两个最重要的特征,一是局部感受野,二是权值共享。局部感受野的提出基于一个很重要的前提,那就是局部相邻的像素具有紧密的联系,而空间距离较远的像素之间关联性弱得多,因此,每一个神经元都与图像中的每一个像素相连是不必要的,卷积神经网络的做法是:每一个神经元只负责对图像的某一个局部区域进行感知,要想得到图像的全局信息,只需要在高层网络中对感知到的局部信息进行结合。权值共享的概念是:一个神经元同时感知整张图像的同一个特征,可以通过增加神经元来感知大量不同的特征。局部感受野和权值共享大大减少了网络参数,使图像识别性能大大提高。

1.卷积层

该层的卷积操作是局部感受野思想的实现,卷积核的大小就是局部感受野的大小,卷积核在整张图像上进行滑动,对其所覆盖区域像素进行加权求和操作,从而得到该区域图像的特征值。卷积层是卷积网络发挥特征提取能力最主要的一个层,具有部分连接、权值共享的特点。正是有了部分连接和权值共享的特点,卷积神经网络的参数不再呈现爆炸式增长。部分连接的意思是卷积核只与输入图像中的部分区域做运算,卷积核类似滑动窗口,可以设置不同的尺寸,其尺寸大小称为感受野。例如一张分辨率为 1000×1000 的输入图像,与下一层权重相连的参数有 10⁵ 个,假定使用全连接层时,需要训练的参数数量大小为 10¹¹ 个;使用局部连接后,假定与下一层权重相连的参数仍为 10⁵ 个,卷积核尺寸大小为 10×10,则需要训练的参数变为 10⁷ 个。因为物体空间位置的变化并不影响物体的识别和分类结果,因此,没有必要对所有滑动窗口分别设置不同的参数,不同的滑动窗口可以共享同一组权重和偏置参数。这里,卷积核尺寸大小为 10×10,当引入参数共享机制后,假定有 M 个卷积核,那么需要训练的参数数量大小变为 $10×10×M$ 个。通过局部相连和参数共享机制大幅减少了卷积神经网络参数数量,大大降低了卷积神经网络的运算和训练的复杂度。卷积是输入层和卷积核参数进行运算,其本质是对输入数据降维,卷积核可以理解为滤波器,通过不断遍历输入图像中所有滑动窗口位置,得到输入图像不同特征的提取,不同卷积核对应输入图像进行不同特征的提取。

2. 池化层

池化层通常位于卷积层后面,用于对卷积层提取的特征图进行下采样,通过对输入特征图的区域特征进行统计计算,对区域特征进行抽象,提取主要特征,降低其他物体特征的干扰。卷积操作如图 5-6 所示。池化层的滑动窗口大小可以设置,一般设为 2×2,各个窗口之间的操作互不影响,池化操作一般有三种:最大池化、均值池化和随机池化。最大值池化的优点在于它能学习到图像的边缘和纹理结构。最大池化操作如图 5-7 所示,均值池化操作如图 5-8 所示。

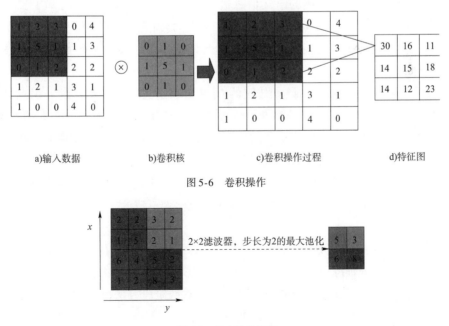

a)输入数据　　　b)卷积核　　　c)卷积操作过程　　　d)特征图

图 5-6　卷积操作

图 5-7　最大池化操作

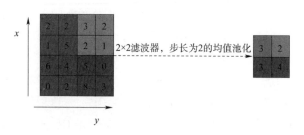

图 5-8 均值池化操作

利用光学技术和算法将印刷在纸张上的文字提取为对应的文本,便于计算机处理,这种背景单一、字符种类较少的文档识别场景,传统的文字识别技术通常能够很好地应对,但无法应用于场景复杂的情况,比如说自然场景下的文字识别。随着深度学习技术的推广,基于深度学习的文字识别方法可以处理传统方法无法应对的自然场景文字识别。

以往的文字识别方法,基于图像处理,如投影分析、二值化、连通域分析等,以及传统的机器学习算法;而深度学习算法,利用神经网络模型自动提取文字图像的特征,计算文字的位置及内容。

基于深度学习的文字识别方法,主要应用于自然场景下的文字识别,分为两个步骤:文字检测和文字识别。文字检测方法可以粗略分为两类:基于边界框回归的方法和基于图像分割的方法。基于边界框回归的方法是利用神经网络模型提取图像特征,并回归得到文字实例边界框;基于图像分割的方法,利用CNN对图像进行像素级预测,得到文字区域。文字识别按照是否使用语义信息可以粗略分为两类:不明确使用语义信息的方法是将文字识别视为图像分类任务,利用神经网络提取图像特征,然后进行分类;使用语义信息的方法结合文字图像的视觉信息与文字实例的语义信息进行识别。与传统方法不同,基于深度学习的文字识别方法借助CTC可以直接识别整个文字实例。传统方法受限于手工设计特征的表达能力和处理流程的复杂性,在复杂场景下很难达到理想的文字识别效果,深度学习技术的出现很好地弥补了这一不足。

传统方法受限于手工设计特征,如传统的OCR方法通过针对文本检测和识别分别设计鲁棒的特征,来提高模型的文字识别效果。文本检测主要用于定位图片中文本的区域,传统的文本检测方法可以分为基于显著特征的检测方法和基于滑动窗口的检测方法两大类。文本识别阶段可划分为文本二值化、文本行分段、字符分割、单字识别、字符矫正等一系列子问题,然而传统的文本检测与识别方法受限于手工设计特征的表达能力和处理流程的复杂性,对于较为复杂的图片情况,例如带有大角度畸变以及模糊不清的文本图像,很难达到理想的文字识别效果。

基于深度学习的OCR包括两类。近年来,随着深度学习技术的飞速发展,OCR技术逐渐由手工设计文本特征训练模型的方式演变成使用深度神经网络模型,在文字识别效果上也有了较大的提升。基于深度学习的方法可分为独立两阶段方法以及端到端一段式的文本定识方法。独立两阶段是指对文本检测和文本识别两个阶段分开建模的方法。文本检测中不同方法优劣点各异,基于回归的检测方法能够很好地解决场景图像中带方向文字的检测,但会受到文本区域形状不规则的干扰;基于分割的方法不受限于文本的大小及形状,但对距离较近的文本行容易出现文本行粘连而失效;基于分解的方法先定位文本片段或单个字符,再将它们组合成最终的检测结果,可以很好地处理任意形状、方向的文本。文本识别的算法可分为基于 CTC 技术的方法和基于注意力机制的网络模型两大类。其中,CTC 技术可以有效地捕获输入序列的上下文依赖关系,同时能够很好地解决图像和文本字符对齐的问题,但在自由度较大的手写场景下仍会出现识别错误。注意力机制主要应用于卷积神经网络特征权重的分配上,提高强特征权重,降低弱特征的权重,同时在由图像到文字的解码过程中又具有天然的语义捕获能力,因此,在图像特征提取以及语义提取方面都提升了 OCR 模型的性能。

端到端一段式方法与独立两阶段方法不同,端到端的方法是将文字检测和识别整合到一个网络模型中进行训练,避免检测模型和识别模型之间由于误差传播而导致的性能下降。近年来,许多端到端文本检测和识别系统(即文本定识系统)被提出。一种经典的端到端文本定识方法是使用文本建议框生成器和经过训练的聚合通道特征检测器的组合来生成候选文本包围框,对候选框进行过滤和校正后,再进行文本内容识别,根据识别结果和标注文字的差异来联合调整网络中文本检测和识别两部分参数。另一种字符级的端到端方法 Mask TextSpotter 被提出,该方法基于经典的 Mask-RCNN 方法进行改进,针对图像每个可能区域生成字符响应图,用于表示单个字符的存在和位置信息,模型使用字符响应图作为特征训练模型来识别单字符,最后将预测的单字符连接在一起后输出文本预测结果。传统的光学字符识别与场景文字识别不同,传统光学字符识别主要用于文档中的图像识别,文档的背景颜色比较单一、分辨率高。然而在自然场景中,图像里的文字会受到光照、复杂背景、对比度低、遮挡等因素的影响,因此,会存在图像中的文字大小、角度、位置变化、分辨率不同等问题。

深度学习场景图像文字检测与识别流程包括输入图像、深度学习文字区域检测、预处理、特征提取、深度学习识别器、深度学习后处理等。流程图如图 5-9 所示。

二、基于 CRNN 的 OCR

对于类序列对象,卷积循环神经网络(CRNN)与传统神经网络模型相比具有一些独特的优点:①可以直接从序列标签(例如单词)学习,不需要详细的标注(例如字符);②直接从图像数据学习信息表示时具有与 DCNN 相同的性质,既不需要手工特征也不需要预处理步骤,包括二值化/分割、组件定位等;③具有与 RNN 相同的性质,能够产生一系列标签;④对类序列对象的长度无约束,只需要在训练阶段和测试阶段对高度进行归一化;⑤与现有技术相比,它在场景文本(字识别)上获得更好或更具竞争力的表现;⑥比标准 DCNN 模型包含的参数要少得多,占用更少的存储空间。

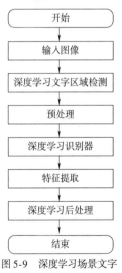

图 5-9 深度学习场景文字检测与识别流程

如图 5-10 所示,CRNN 的网络架构由三部分组成,包括卷积层、循环层和转录层,从底向上。其中,卷积层从输入图像中提取特征序列;循环层预测每一帧的标签分布;转录层将每一帧的预测变为最终的标签序列。

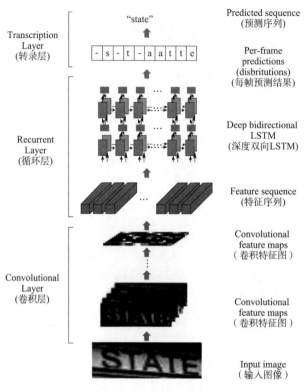

图 5-10　CRNN 的网络架构

1. 特征序列提取

在 CRNN 的底部,卷积层自动从每个输入图像中提取特征序列。在卷积网络之上,构建了一个循环网络,用于对卷积层输出的特征序列的每一帧进行预测。采用 CRNN 顶部的转录层将循环层的每帧预测转化为标签序列。虽然 CRNN 由不同类型的网络架构(如 CNN 和 RNN)组成,但可以通过一个损失函数进行联合训练。

在 CRNN 模型中,通过采用标准 CNN 模型(去除全连接层)中的卷积层和最大池化层来构造卷积层的组件。这样的组件用于从输入图像中提取序列特征表示。在进入网络之前,所有的图像需要缩放到相同的高度。然后从卷积层组件产生的特征图中提取特征向量序列,这些特征向量序列作为循环层的输入。具体地,特征序列的每一个特征向量在特征图上按列从左到右生成。这意味着第 i 个特征向量是所有特征图第 i 列的连接。在我们的设置中,每列的宽度固定为单个像素。

由于卷积层、最大池化层和元素激活函数在局部区域上执行,因此,它们是平移不变的,故特征图的每列对应于原始图像的一个矩形区域(称为感受野),并且这些矩形区域与特征图上从左到右的相应列具有相同的顺序。

2. 序列标注

一个深度双向循环神经网络是建立在卷积层的顶部,作为循环层。循环层预测特征序列 $X = x_1, x_2, \cdots x_T$,中每一帧 x_t 的标签分布 y_t。循环层的优点是:①RNN 具有很强的捕获序列内上下文信息的能力,对于基于图像的序列识别使用上下文提示比独立处理每个符号更稳定且更有帮助。以场景文本识别为例,宽字符可能需要一些连续的帧来完全描述。②一些模糊的字符在观察其上下文时更容易区分,例如,通过对比字符高度更容易识别"il"而不是分别识别它们中的每一个。③RNN 可以将误差差值反向传播到其输入,即卷积层,从而允许在统一的网络中共同训练循环层和卷积层。④RNN 能够从头到尾对任意长度的序列进行操作。

3. 转录

转录是将 RNN 所做的每帧预测转换成标签序列的过程。数学上,转录是根据每帧预测找到具有最高概率的标签序列。在实践中,存在两种转录模式,即无词典转录和基于词典的转录。词典是一组标签序列,预测受拼写检查字典约束。在无词典模式中,预测时没有任何词典。在基于词典的模式中,通过选择具有最高概率的标签序列进行预测。

4. 网络训练

$x = \{I_i, l_i\}_i$ 表示训练集,I_i 是训练图像,l_i 是真实的标签序列。目标是最小化真实条件概率的负对数似然:

$$O = -\sum_{I_i, l_i \in x} \log p(I_i | y_i) \tag{5-1}$$

y_i 是循环层和卷积层从 I_i 生成的序列。目标函数直接从图像和它的真实标签序列计算代价值。因此,网络可以在成对的图像和序列上进行端对端训练,去除了在训练图像中手动标记所有单独组件的过程。

第四节 OCR 技术在交通领域中的应用

一、车辆信息自动识别系统

我国汽车数量不断增长,让车辆保险、维护、停放管理、交通违章等场景的汽车信息录入与调取变得非常频繁,搭建可随时录入、调取车辆及人员信息的服务平台,成为汽车服务亟须解决的难题。OCR 技术发挥了重要作用。

车辆信息自动识别系统对于文字识别技术能力全面,支持自动定位和识别车牌号码、17位的车辆 VIN 码信息、行驶证主页和副页及驾驶证主页正面的所有字段信息。行驶证和驾驶证的总体识别准确率达 96% 以上,车牌识别、车辆 VIN 码的准确率达 98% 以上。适应各种实际应用中存在的异常情况,如复杂背景、强光照、大侧角、模糊等,具备非常高的复杂环境可用性。

系统主要应用于车牌号识别、VIN码识别、行驶证识别、驾驶证识别、车辆登记证识别、车辆合格证识别、购车发票识别、车险保单识别、车辆VIN码解析等。

1. 行驶证识别

支持对行驶证主页和副页所有字段的自动定位与识别,包含车牌号码、车辆类型、所有人、住址、使用性质、品牌型号、车辆识别代码、发动机号、注册日期、发证日期、发证单位等。

2. 驾驶证识别

支持驾驶证主页和副页所有字段的自动定位与识别,主页识别字段包括证号、姓名、性别、国籍、住址、出生日期、初次领证日期、准驾车型、有效期限;副页识别字段包括证号、姓名、档案编号、记录。驾驶证识别重点字段的识别准确度达到99%以上,同时具备复印件、翻拍和PS告警功能。

3. 车牌识别

支持对中国大陆机动车车牌的自动定位和识别,并返回地域编号和车牌号信息。

4. 车辆VIN码识别

支持图片内VIN码的检测和识别。

5. 机动车登记证书识别

支持中国(除香港特别行政区、澳门特别行政区和台湾地区)机动车登记证书主要字段的结构化识别,包括机动车所有人、身份证明名称、号码、车辆型号、车辆识别代码、发动机号、制造厂名称等。

二、车辆违章自动抓拍系统

车辆违章自动抓拍系统包括如下组成部分。

1. 车主身份认证

只需拍照即可快速上传本人证件信息,帮助车主快速完成身份认证,降低车主输入成本,广泛应用于ETC办理、打车、租车、车险投保理赔等场景。

2. 道路违章检测

在城市道路、高速公路等治安卡口,通过摄像头自动记录并识别车牌号码信息,对违章车辆进行进一步处理,助力智慧警务升级。

3. 车主信息服务

在汽车保险理赔、二手车交易、车辆租借和年审等场景,帮助用户快速录入车辆相关信息,提高业务人员的办公效率和服务准确性。

对于在售车辆而言,管理人员需要每日进行店内盘点并与销售记录做详细比对,以确保车辆状态受控。而传统盘点作业采用离线方式,由操作员使用纸质盘点单对车辆逐个点数。

这种方式既烦琐低效，同时又因为无法确认车辆身份，而存在着误盘、错盘的风险。因此，通过文字识别的方式可以通过快速、准确识别车辆身份的方式，为操作人员优化作业，增强公司风控能力。

第五节　OCR 技术的伦理与安全

一、OCR 技术让打字员失业

BBC 发布 10 年后 365 种职业被淘汰概率，打字员、会计、保险业居前三。BBC 基于剑桥大学研究者的数据体系，发布了关于未来最有可能被机器人所取代的 365 种职业。研究表明，在这 365 种职业中，最有可能被淘汰的就是 OCR 技术成熟，如打字员等职业，像这样重复的工作更适合人工智能来做，OCR 技术并不会感到疲惫、烦躁，这些技术无须复杂操作，只要经过训练就能轻易被掌握的技能。

二、OCR 技术面临的挑战

文档图像在获取的过程中往往具有良好的成像条件，图片的质量相对较高。而场景文本图像往往受到光照不均、遮挡、模糊、成像角度多变等因素的影响，图片质量较差，使文本的检测和识别面临着巨大的困难。

OCR 技术主要面临以下挑战：

（1）对于复杂场景的字符识别，现有方法容易丢失字符结构信息和引入背景噪声；

（2）对于词汇、词组的识别，现有模型大多依赖词典驱动，难以应用到资源匮乏的语言文字上；

（3）对于文本行的识别，存在序列过长导致识别性能下降的问题；

（4）对于具有大字符集的语言，模型复杂、参数庞大，难以应用到存储和计算受限的设备中。

三、OCR 技术智能化不足

目前的 OCR 软件其文字识别还不够智能化，对文字识别后的结果没有进行语法校对经常会把"—""– –"等类似符号混淆，这几乎是所有常见于软件的通病。识别错误在所难免，但是纠错过程完全交给用户，不仅会加重用户的负担，还会出现错误遗漏，错误较多时甚至比重新输入一遍都耗时耗力。

智能化不足还体现在对背景的识别和处理上。大多数 OCR 软件并不能直接忽略背景，而是通过二值化和降噪算法来消除背景的影响，但是并不能完全去除复杂的背景，因而会直接影响最终的识别结果。特别是背景中有杂乱的线条甚至是干扰字符时几乎无法处理。这个缺陷在进行网络用户登录时身份验证的设计上被利用起来开发所谓的"图片验证码"用于解决避免程序化登录的问题。这些图片验证码用人眼是可以识别的，用机器的 OCR 软件几乎都无法识别，很好地解决了防止用机器和程序代替人进行网上批量登录的问题。

本章习题

1. 请简述 OCR 技术的含义。
2. 请简述 OCR 技术经历了哪些发展阶段？
3. 请问 OCR 工作流程是怎样的？各环节的关键点在哪里？
4. 请问人工智能 OCR 经常用到的技术有哪些？
5. 请了解 OCR 在交通领域中的应用车牌自动识别系统如何工作。你认为在哪些交通运输场景下可以 OCR 技术？
6. 请分析 OCR 人工智能存在哪些伦理和安全问题。

第六章 人脸识别

人脸识别（Face Recognition，FR），是基于人的脸部特征信息进行身份识别的一种生物识别技术。用摄像机或摄像头采集含有人脸的图像或视频流，并自动在图像中检测和跟踪人脸，进而对检测到的人脸进行脸部识别的一系列相关技术，通常也叫作人像识别、面部识别。

人脸信息是我们生来就带有的生物信息，它与虹膜、掌纹、指纹等其他生物信息一样，具有唯一性和不易被复制的特点，在应用中又具有识别自动性、验证关联性以及风险防控的复杂性等特点。就识别自动性来说，人脸识别技术可以在非物理接触的情况下远程识别出自然人，相较其他识别技术在被识别对象不积极配合的情况下很难达到预期效果，人脸识别技术即使是在人们毫不知情的情况下也能进行远程识别。就验证关联性来说，人脸识别技术能够将采集到的面部图像进行数字化转换，在后续的使用过程中直接进行数据化信息的比对而非依附于收集来的原图像，这就意味着只要是出现在采集设备范围内的人脸信息都可以准确关联到被采集者的性别、年龄、国籍、身份证号等其他信息。

我国在2008年北京奥运会举行时应用了人脸识别技术，这标志着我国的人脸识别进入大规模地使用阶段。在2010年上海世界博览会上，该技术得到更加广泛的应用，同时各大公司也逐渐加入，实现了人脸识别技术在中国的大规模应用。随着我国技术的不断进步，"三化两合"将是人脸识别发展的必然趋势。"三化"指主流化、芯片化、标准化；"两合"指与其他生物特征的多生物特征融合与REID的联合。

第一节　FR技术发展

一、发展历程

人脸识别技术的发展历程，分为三个阶段。

第一阶段：20世纪50—80年代

人脸识别被视为一般性的模式识别问题，主流技术基于人脸几何结构特征，是半机械式识别方法。帕克（Parke）等人发表的 *Computer generated animation of faces* 研究实现人脸灰度图模型。人脸识别过程主要以大量人工操作为主，识别过程几乎全部需要操作人员来完成，因此，系统无法自行完成人脸识别过程。

第二阶段：20世纪90年代

人脸识别迅速发展,许多识别方法涌现,主流技术是基于人脸表观建模,以人机交互式识别方法为主。研究者以使用算法来完成对人脸的高级表示,A. J. 戈尔茨坦(A. J. Goldstein)、L. D. 哈蒙(L. D. Harmon)、A. B. 莱斯科(A. B. Lesk)的 *Man-machine inter action in human-face identification* 中使用几何特征参数表示人脸的正面图像;卡亚(Kaya)等人在 *A basic study on human face recognition* 中使用统计学方法,将欧氏距离作为人脸特征;卡纳德(Kanade)实现一个半自动回溯识别系统。

第三阶段：2000年至今

人脸识别深入发展,聚焦于真实条件下的识别,识别过程自动化。研究者提出不同的人脸空间模型:线性建模、非线性建模、3D人脸建模;深入分析光照、姿态、表情等影响人脸识别的因素;提出基于深度学习、局部描述等新的特征表示;利用新的数据源,基于视频、素描、近红外的人脸识别。

人脸识别离不开机器学习的发展,一般以几何特征和相关匹配的方法居多,在模型的设计上,常常会引入一些先验知识,包括基于统计、基于子空间的识别方法。如著名的特征脸 Eigen faces 法就属于一种基于子空间的人脸识别方法。人工神经网络(ANN)得到了广泛的应用,由此演化出很多人脸识别中的新方法。

随着人工智能新技术的发展,FR系统的实现也变得更加便捷,识别准确率得到大幅提高,在我国如 Face++、旷视科技、云从科技、依图科技等一批专注于FR云服务企业如雨后春笋般出现,在线 FR-SaaS 云服务也应运而生。

二、技术特点与困难

人脸与人体的其他生物特征(指纹、虹膜等)一样与生俱来,它的唯一性和不易被复制的良好特性为身份鉴别提供了必要的前提。与其他类型的生物识别比较,人脸识别具有以下特点、优势与困难。

1. FR技术的特点

非强制性:用户不需要专门配合人脸采集设备,几乎可以在无意识的状态下就可获取人脸图像,这样的取样方式没有强制性。

非接触性:用户不需要和设备直接接触就能获取人脸图像。

并发性:在实际应用场景下可以进行多个人脸的分拣、判断及识别。

2. FR技术的优势

FR的优势概括起来在于两个方面:一是自然性,二是不被被测个体察觉。

自然性,是指该识别方式同人类(甚至其他生物)进行个体识别时所利用的生物特征相同。例如人脸识别,人类也是通过观察比较人脸区分和确认身份的,另外具有自然性的识别还有语音识别、体形识别等,而指纹识别、虹膜识别(图6-1)等都不具有自然性,因为人类或者其他生物并不通过此类生物特征区别个体。

不被察觉性,是指识别方法不令人反感,并且因为不容易引起人的注意而不容易被欺骗。人脸识别完全利用可见光获取人脸图像信息,而不同于指纹识别或者虹膜识别,需要利用电子压力传感器采集指纹,或者利用红外线采集虹膜图像,这些特殊的采集方式很容易被人察觉,从而更有可能被伪装欺骗。

3. FR 技术的困难

人脸识别被认为是生物特征识别领域甚至人工智能领域最困难的研究课题之一。人脸识别的困难主要是人脸作为生物特征的特点所带来的。一方面是其相似性,不同个体之间的区别不大,所有的人脸的结构都相似(图6-2),甚至人脸器官的结构外形都很相似。这样的特点对于利用人脸进行定位是有利的,但是对于利用人脸区分人类个体是不利的。另一方面是易变性,人脸的外形很不稳定,人可以通过脸部的变化产生很多表情,而在不同观察角度,人脸的视觉图像也相差很大,另外,人脸识别还受光照条件(例如白天和夜晚、室内和室外等)、人脸遮盖物(例如口罩、墨镜、头发、胡须等)、年龄等多方面因素的影响。

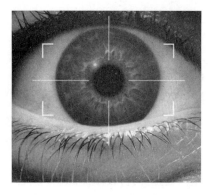

图 6-1　虹膜识别

图 6-2　人脸类似性

对于深度学习来说,特定场景 FR 仍然十分具有挑战性,如反欺骗 FR、跨姿态 FR、跨年龄 FR 等,这些场景是未来 FR 的方向。

三、技术应用领域

1. 科技金融

人脸识别在金融领域的应用已经相当普遍,如远程银行开户、身份核验、保险理赔和刷脸支付等。人脸识别技术的接入,能有效提高资金交易安全的保障,也提高了金融业务中的便捷性。

2013年,芬兰公司Uniqul成为首批"吃螃蟹"的公司,面向全球首次推出人脸识别支付这一创新支付技术。2015年,在德国汉诺威CeBIT展会上,马云第一次向德国总理默克尔展示了支付宝的人脸识别支付技术。同年,招商银行在一些支行柜面和VTM(远程视频柜员机)业务中也开始应用人脸识别,随后包括建设银行、农业银行等四大行在内的数十家银行都纷纷将人脸识别产品引入ATM(自动取款机)、STM(超级柜员机)、柜面、网点、手机银行等各个业务环节,并逐渐全客户覆盖。时至今日,人脸识别技术在国内金融领域已经得到了非常广泛的部署和应用,消费者在各个渠道中都可以利用人脸识别技术使用金融服务,中国在人脸识别技术的应用上已经大幅领先于国外市场。

2. 智慧安防

安防是人脸识别市场最早渗透、应用最广泛的领域。根据亿欧研究,2018年,安防行业在中国人脸识别市场中的占比为61.2%。当前人脸识别技术主要为视频结构化、人脸检索、人脸布控、人群统计等软硬件一体形态产品提供基础支撑,重点应用于犯罪人员的识别追踪、失踪儿童寻找、反恐行动助力等场景。视频监控系统通过庞大的监控网络进行图像采集、自动分析、人脸比对,基于视频帧的1:1及1:N人脸比对,可分析人员轨迹、出行规律等,实现重点人员的识别及跟踪,在公安应用场景中达到事前预警、事中跟踪、事后快速处置的目的。在雪亮工程、天网工程、智慧社区、反恐及重大活动安保等公安项目中发挥了重要的作用。

此外,在企业楼宇、社区住宅的人员管理和安全防范需求场景下,人脸识别技术应用非常广泛,通过人脸的黑白名单录入,可有效管控区域人员出入,机器识别的高效率也大幅节省了人力资源。

3. 智慧交通

国外的公共交通领域对人脸识别技术的应用主要集中在机场安检以及入境管理等特别强调安全的场景。加拿大渥太华国际机场、澳大利亚当地移民及边境保护局与美国海关与边境保护局皆已尝试部署人脸识别出入境系统。

国内交通领域的人脸识别应用主要包括1:1人脸验证和1:N人脸辨识。目前利用人脸核验证技术的刷脸安检已进入普遍应用阶段,在高速铁路车站、普通火车站和机场皆已大面积推广。而应用1:N人脸比对技术的刷脸支付主要应用于地铁、公交等市内交通领域,这种技术能够极大提高通勤人员的出行效率,提升出行体验。同时,人脸识别可以对交通站点进行人流监测,根据人员行规律预测交通人流高峰,提前做好疏导预案。除此之外,在交通违规管控方面,人脸识别技术可以帮助执法人员更快速、高效地找到违规人员身份信息,并结合车辆识别等技术进行跟踪拦截。

4. 民生政务

政务互联网平台、公积金、社保、税务、网证、交通管理、行人闯红灯、缴纳交通罚款、住建等民生政务系统,已经使用或正在使用人脸识别系统。政务服务领域的业务点主要有私有云平台搭建、政务服务自助终端、便民服务平台。人脸识别在政务系统的落地,提升了民众的办事效率,公民可以不用在窗口排队,实现自助办事,节省了因人工效率低下产生的耗时。部分政务还可以通过在线人脸识别认证,在移动端线上办理,减轻了"办事来回跑、办事地点远、办事点分散"的困扰。

5. 教育考试

智慧教育在高速发展的同时,不断深入采用物联网、云计算、大数据等先进信息技术手段,实现各种教育管理与教学过程数据的全面采集、存储与分析,并通过可视化技术进行直观呈现。在这个过程中,相关科技企业基于自身在人工智能、视频可视化技术、出入口门禁管理、大数据、云计算等领域积累的技术产品经验,致力于推动智慧教育的行业发展,打造升级智慧校园、智慧教室、智慧宿舍、智慧图书馆、智慧食堂、智慧超市等教育相关的安全管控、课堂考勤、刷脸消费和智能化体验。同时,人脸识别技术也应用在考生身份确认领域。

6. 智能家居

人脸识别在智能家居中主要应用在安全解锁和个性化家居服务两个场景中。在安全防范方面,人脸识别可以提供相对安全和便捷的入户解锁技术,将可能逐步替代传统密码或指纹门锁。智能门铃可以通过人脸识别对访客身份进行识别。此外,家中的监控摄像头可以实时监测,如发现陌生人脸立即提醒住户并报警。

在个性化家居服务方面,智能电视可以采用人脸信息录入的方式创建账号,机器通过人脸识别认证,有针对性地进行内容推送,实现个性化定制;智能冰箱可通过人脸识别技术,针对不同的用户爱好、人脸状态,推送菜谱及营养建议。人脸识别技术在智能家居行业的应用,为市民带来了更便捷、舒适的生活方式。

第二节 FR 技术基本原理

一、FR 技术流程

人脸识别过程包含人脸检测、人脸处理、特征提取、人脸匹配四个环节,如图 6-3 所示。

1. 人脸检测

人脸图像通过摄像镜头采集下来,比如静态图像、动态图像、不同的位置、不同表情等在采集设备的拍摄范围内采集,用来在图像和视频中定位。将人脸图片输入到 FR 模块之前,需要进行人脸反欺骗（Face Anti-spoofing，FAS），即活性检测，用来识别当前的人脸是活的还是一张相片，从而避免一部分的攻击。

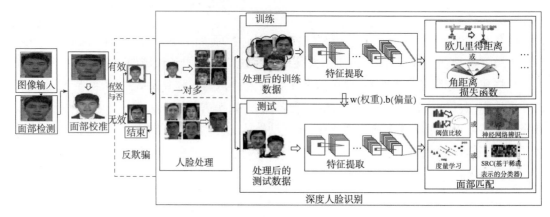

图6-3　带有面部探测器和校准的深度人脸识别系统

2. 人脸处理

用来对齐人脸到规范化的坐标上，人脸处理方法可以划分成两个类别：一对多的增强、多对一的归一化，见表6-1。

不同的数据预处理方法　　　　　　　　　　　　　　　　表6-1

数据处理	简要说明	子设置
一对多	这些方法从单个图像生成许多姿态可变性的补丁或图像	3D模型
		2D深度模型
		数据增强
多对一	这些方法从一张或多张非正面视图的图像中恢复人脸图像的规范视图	自编码器
		CNN
		GAN

一对多增强：从单张图片中生成许多块或者图片来进行姿态变化的多样性，保证深度网络能学到姿态不变性表征。

多对一归一化：从单张或多张非正脸图片中恢复人脸图片到规范的角度，然后FR可以在约束条件下进行识别或验证。

3. 特征提取

人脸识别系统可使用的特征通常分为视觉特征、像素统计特征、人脸图像变换系数特征、人脸图像代数特征等，人脸特征提取就是针对人脸的某些特征进行的。

人脸特征提取，也称人脸表征，它是对人脸进行特征建模的过程。人脸特征提取的方法归纳起来分为两大类：一种是基于知识的表征方法，另外一种是基于代数特征或统计学习的表征方法。人脸图像中包含的模式特征十分丰富，如直方图特征、颜色特征、模板特征、结构特征及 Haar 特征等。深度特征提取主要涉及网络可以划分成骨干网络和多重网络,见表 6-2。

人脸识别的不同网络架构　　　　　表 6-2

网络架构	子设置
骨干网络	主流架构:AlexNet,VGGNet,GoogleNet,ResNet,SENet
	特殊架构
	联合校准识别架构
多重网络	多姿势,多面体,多任务

4. 人脸匹配

利用海量数据和适当的损失函数对人脸匹配进行训练后,将每幅测试图像通过网络获得深度特征表示。提取深层特征后,大多数方法直接用余弦距离或 $L2$ 距离计算两个特征之间的相似性。最近邻(NN)和阈值比较用于识别和验证任务。此外,还引入了其他方法对人脸的深层特征进行后处理,并对人脸匹配进行了高效、准确的处理。例如度量学习、基于稀疏表示的分类器(sparse-representation-based classifier,SRC)等。图 6-4 中,总结了 FR 各种模块和它们通常使用的方法,以方便读者对 FR 有个宏观理解。

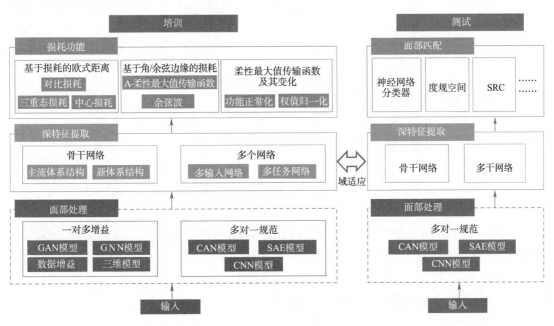

图 6-4　FR 不同的组成

二、FR 模式识别

用深度特征进行人脸识别,研究最多的是识别模式,意在找到更加适合的度量,能够让不同类更具有可分性。

联合贝叶斯(JB)模型人脸特征 xx 以 $x=\mu+\epsilon x=\mu+\epsilon$ 进行建模,这里 μ 和 ϵ 分别是 ID 和类内方差,相似性得分 $r(x_1,x_2)r(x_1,x_2)$ 可以表示成:

$$r(x_1,x_2)=\log\frac{P(x_1,x_2\mid H_1)}{P(x_1,x_2\mid H_E)} \tag{6-1}$$

这里,$P(x_1,x_2\mid H_1)\times P(x_1,x_2\mid H_1)$ 是两个人脸图片属于同一个人的概率,$P(x_1,x_2\mid H_E)\times P(x_1,x_2\mid H_E)$ 是两个人脸图片属于不同 ID 的概率。

计算余弦距离后,总结多个 CNN 模型的鲁棒性、多视图组合的相似性得分上提出启发式投票策略,在人脸图像的局部区域上提取局部自适应卷积特征。基于扩展的 SRC 在一个 ID 一个样本上完成 FR,将深度特征和 SVM 分类器结合起来去识别所有的类。

基于深度特征,使用乘积量化(product quantization,PQ)去直接检索 top-k 个最相似的人脸,然后通过结合深度特征与 COTS 匹配器进行人脸的重排序。当训练集和测试集的 ID 有重复时,用 softmax 做人脸匹配。当训练集的分布和测试集的分布一样时,上述人脸匹配方法效果都很好;如果不一样,那么效果就不会好。将迁移学习(Transfer Learning)引入深度 FR,利用一个相对的原领域(训练集)进行 FR 训练,然后在目标领域(测试集)执行 FR。自动编码网络(Bi-shifting Auto Encoder network,BAE)是在跨视角、种族和图像成像传感器之间进行领域自适应,针对同一个目的采用多核最大均值差异(Multi-kernels Maximum mean Discrepancy,MMD),使用对抗学习(Adversarial Learning)将静态图片 FR 进行知识迁移到视频 FR 上。

1. 一对多的增强

收集一个大的数据集的代价是很大的,而一对多增强可以模拟数据收集的过程,然后用来增强训练数据集和测试数据集,我们将它们归类为四类:

(1)数据增强:常用的数据增强方法包括光度变换和几何变换,例如过采样(通过在不同尺度上剪切获取多个片段)、镜像和旋转图像。近年来,数据增强在深度 FR 算法中得到了广泛的应用。

(2)3D 模型:3D 人脸重构是丰富训练数据的方法,如使用辅助输入通道表示之前网络的输出作为用于重建 3D 人脸的图像。

(3)CNN 模型:不采用先从 2D 图像进行 3D 重构然后将其映射回 2D 的各种不同姿态的方法,CNN 能直接生成 2D 的图片。在多角度感知(multi-view perceptron,MVP)中,判别性的隐藏层神经元可以学习 ID 特征,而随机隐藏神经元可以去抓取视角特征。通过采样不同的随机神经元,不同姿态的人脸图片都是合成的。

(4)GAN 模型:该模型使用一个 3D 模型生成轮廓人脸图像后,结合数据分布和脸知识(姿态和身份感知丢失)提炼该图像。CVAE-GAN 通过将 GAN 与一个变分自动编码器去增强数据,然后利用统计和成对的特征匹配去完成训练过程。在从噪声中合成不同人脸之外,探索如何将 ID 和人脸的变化进行解耦,从而通过交换不同的变化来合成新的人脸。在 CG-GAN 中,生成器直接将输入图像的每个表征解析为变化编码和 ID 编码,并重新组合这些编码以进行交叉生成,用判别器以确保生成的图像的真实性。

2. 多对一的归一化

归一化是生成正脸,并减少测试数据的变化性,从而让人脸能够容易做对齐和验证,可简单归类为 SAE、CNN 和 GAN 三种。

(1) SAE:有一种堆叠渐进式自动编码器(stacked progressive auto encoders,SPAE)渐进地将非正脸通过几个自动编码器进行堆叠映射到正脸上。结合共享 ID 单元(identity units)和递归姿态单元的一个递归卷积编码解码网络(recurrent convolutional encoder-decoder)在每个时间步上通过控制信号去渲染旋转的目标,通过设置正脸和多个随机脸为目标值构建了一个多对一编码。

(2) CNN:使用一个有特征提取模块和正脸重构模块组成的 CNN 去提取人脸身份保留特征从而重构人脸。根据人脸图像的对策和外形选择规范视角的图片,然后通过一个 CNN 基于最小化重构损失去重构正脸。多任务网络能通过使用用户远程编码(user's remote code),旋转一个任意姿态和光照的人脸到目标姿态人脸上。根据它们之间的像素位移场将非正脸图像变换为正脸图像。

(3) GAN:提出了一种双路径生成对抗网络(TP-GAN),它包含四个地标定位的补丁网络和一个全球编码网络。引入对抗性损失(adversarial loss)、对称性损失(symmetry loss)和身份保留损失(identity-preserving loss)的组合,TP-GAN 生成一个正面视图,并同时保留了全局结构和局部信息。

在解耦表征学习生成对抗网络(DR-GAN)中,编码器生成身份表征,并且解码器使用该表征和姿态编码合成指定姿态的人脸。训练方案(training protocol)、FR 模型可以通过目标依赖或者独立环境下进行评估。

(1) 目标依赖(subject-dependent):所有的测试 ID 都出现在训练集中,所以该情况的问题可以看成是一个分类问题,其中特征都期望是可分的。MS-Celeb-1M 是目前使用该方案的大型数据集。

(2) 目标独立(subject-independent):测试 ID 通常不出现在训练集中。因为无法将人脸分类给训练集,所以目标独立地表征是有必要的。因为人脸总是表现相似的类内变化,所以,深度模型可以在一个足够大的通用 ID 数据集上学到很好的泛化能力,其中的关键就是学到判别性的大边际深度特征。几乎所有主流的人脸识别评估基准(如 LFW、PaSC[14]、IJB-A/B/C 和 MegaFace),都需要测试的模型先基于目标独立方案上进行训练。

人脸验证与访问控制系统,Re-ID 和 FR 算法的应用程序独立评估相关。它通常使用(receiver operating characteristic,ROC)和平均(accuracy,ACC)进行评估。给定一个阈值(独立变量),ROC 分析可以测量真接受率(true accept rate,TAR),即真正超过阈值的结果所占比例;假接受率(false accept rate,FAR),即不正确的超过阈值的结果所占比例。ACC 是 LFW 采用的一个简化指标,表示正确分类的比例。随着深度 FR 的发展,测试数据集上的指标越来越严格地考虑安全程度,以便在大多数安全认证场景中当 FAR 保持在非常低的比例时,TAR 能够符合客户的要求。人脸识别包括闭集人脸识别和开集人脸识别。

(1) 闭集人脸识别:就是基于用户的搜索,Rank-N 和累积匹配特征(cumulative match

characteristic，CMC)是该场景中常用的指标。Rank-N 基于测试样本搜索在排序结果前 K 个中返回测试样本的正确结果百分比。CMC 曲线表示在给定 rank(独立变量)测试样本识别的比例。

（2）开集人脸识别：该场景是人脸搜索系统中较为常见的。这里，识别系统应该拒绝那些未注册的用户。现在来说，很少有数据集是基于该任务考虑的。IJB-A 引入了一个决策误差权衡(decision error tradeoff，DET)，以将 FNIR 表征为 FPIR(The false positive identification) 函数。

三、FR 的评估场景和数据

有许多不同的数据集用于模拟现实生活中不同的场景，如图 6-5 所示。按照它们各自的特色，可将这些场景划分成四个：跨因素的人脸识别、异质的人脸识别、多（单）媒体的人脸识别、工业界人脸识别。

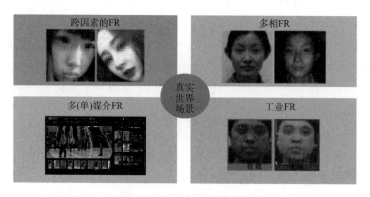

图 6-5 不同人脸识别场景

图片来源：Deep face recognition：asurveyv4。

1. 跨因素的人脸识别

因为复杂的非线性人脸外观，有许多是人类自身导致的变化，如跨姿态、跨年龄、化妆。例如 CALFW、MORPH、CACD 和 FG-NET 都是基于不同年龄段的；CTP 只关注正脸和侧脸，CPLFW 从 LFW 中提取基于不同姿态的场景。

2. 异质的人脸识别

异质的人脸识别主要是为了基于不同的视觉领域进行人脸匹配。领域鸿沟主要是传感器设备和照相机设置引起的，如可见光、近红外线等。例如，对于相片和素描的数据集，因为光照变化和变形，CUFSF 的识别要难于 CUFS。

3. 多（单）媒体的人脸识别

理论上，深度模型都是基于每个 ID 大量的图片上训练，然后基于每个 ID 一张图片上测试。可是现实是，训练集中每个 ID 的图片很少，被称为 low-shotFR，例如 MS-Celeb-1M 挑战 2；或者测试机中每个 ID 人脸通常采集自图片和视频，被称为 set-basedFR，例如 IJB-A 和 PaSC。

4. 工业界人脸识别

虽然深度 FR 在一些评估基准上效果超过了人类，不过当深度 FR 在工业上应用时，我们需要关注更多的细节，如反欺骗（CASIA-FASD）和 3DFR（Bosphorus，BU-3DFE 和 FRGCv2）。对比公开的可用 2D 数据集，3D 扫描很难获取，而且开源的 3D 人脸数据集也受限于扫描的图片个数和 ID 个数，这也阻碍了 3D 深度 FR 的发展。

四、FR 识别对象

为了应对不同场景的数据集，需要很好的深度模型在大量数据集上训练。然而，因为隐私问题，公开的数据集大部分来自名人照片，基本无法覆盖不同场景下日常生活的图像抓取。不同 LFW 中的高准确度，在 megaface 中效果仍然没法达到现实应用的地步。对于工业界，就是基于不同的目标场景收集一个较大数据集然后以此来提升效果。然而，这只是一个方面。因此，需要考虑如何在受限数据集基础上采用更好的算法来明显地提升结果准确性。下面介绍几个基于不同场景下的特殊算法。

（1）跨姿态人脸识别。许多现存算法在正脸-正脸验证改成正脸-侧脸验证时准确度降低 10%，交叉姿态 FR 仍然是一个极端挑战的场景。之前提到的方法，包括一对多增强、多对一归一化，多输入网络和多任务学习还有其他算法，都是用来应对该场景的方法。在深度特征空间中使用正脸化，而不是图像空间中。一个深度残差等效映射（deep residual equivalent mapping，DREAM）块动态地在输入表征上增加残差去将侧脸映射到正脸上。同时提出结合特征提取与多角度子空间学习让姿态特征更具有判别性。

（2）跨年龄人脸识别。跨年龄 FR 一直是一个极端的挑战，因为随着年龄的改变，人脸的外观也伴随巨大变化。一个直接的方法就是将输入图片以特定年龄进行合成。生成概率模型可以短期阶段进行建模年龄变化。Antipov 提出通过 GAN 进行年龄人脸合成，但是合成的人脸不能直接用来做人脸验证，因为它是对 ID 的不完美表征。

（3）化妆人脸识别。在化妆如此平常的今天，也同时因为明显的人脸外观改变给 FR 带来巨大挑战，基于匹配化妆和不化妆的人脸图像研究一直受到持续性关注。通过一个 bilevel 对抗网络（BLAN），将化妆的图片转换为不化妆的图片，然后用该不化妆的图片进行验证。

五、FR 不同媒体

1. 视频人脸识别

视频人脸识别中有两个关键问题：整合基于不同帧之间的信息去构建一个视频人脸的表征，要处理视频自带的模糊、姿态变化和遮挡。

对于帧融合，在融合模块中，神经融合网络（neural aggregation network，NAN）有基于一个记忆驱动的两个注意力块，生成 128 维的特征向量。

2. 3D 人脸识别

3DFR 继承了 2D 方法上的优势，但是 3DFR 没有太多深度网络的使用研究，主要是因为缺少大量的标签数据。为了增强3DFR训练数据集,大多数工作主要是使用一对多增强去合成3D人脸。建立人脸模型去选择30个特征点来属性化人脸,然后进行了无监督的人脸深度数据预训练和有监督微调。

3. 人脸反欺骗

随着FR技术的成功,伴随的是各种欺骗攻击,比如打印欺骗、视频播放欺骗、3D面具欺骗等。人脸反欺骗也成了识别人脸是否是活的的一个重要部分。因为它同时需要识别人脸(真还是假ID),所以我们将它看成是一种FR场景。局部特征独立于空间人脸区域的判别欺骗图像块,整体深度图确保输入的活体样本具有类似面部的深度。

4. 移动端人脸识别

随着手机、平板电脑和增强现实的出现,FR已应用于移动设备。因为计算力的限制,在这些设备中的识别任务需要轻量级而且实时地运行。轻量级的深度网络可以用在这里的场景,首先生成k个人脸的批处理,然后基于这个微批处理,通过依赖所有k2-kk2-k对构建一个全梯度的无偏估计。

第三节 FR研究方向

一、FERET与人脸数据库

美国是人脸识别技术最先起步的国家,也是最先应用该技术的国家,其人脸识别技术的水平一直走在国际前列。早在1993年,美国国防部就启动了FERET项目,为其之后的生物智能识别技术奠定了基础,推动人脸识别技术从初始阶段提升到原型系统阶段。

FERET总共经历了三个阶段,每个阶段的时间都是一年。第一年考验5组团队的科研能力,只有3组团队成功了(包括彭特兰所在的MIT组);第二年这3组团队继续深入研发和完善可用性;第三年测试性能和制定标准,他们成功建立了第一个人脸数据库,同时确定了人脸识别技术和性能检测的所有流程标准。

FERET项目从1997年开始在各大政府部门商用,而且变更了项目管理权,从国防部旗下的DARPA研究局移交给了美国商务部旗下的技术研究院(NIST),由NIST研究院开始普及商用,并且继续完善优化算法和性能。到今天,NIST已经拥有200多种人脸识别算法,还有超过800万人的人脸数据库。

2000年以后,NIST研究院又在FERET项目基础上作了延伸,先后发起两个新项目FRVT和FRGC。FRVT是评估技术可用性、测试算法系统性能,为采购技术的相关部门提供检测报告;FRGC则是面向市场上的公司和团队,联合其他部门的定制化需求,发布竞标比赛,FRVT负责对接评估,帮助不同部门完善人脸识别系统的个性化要求。

目前,很多电影中进入门禁只需对着摄像头刷一下人脸就可以进入;机要部门的核心设备通过指纹进行设备的解锁;追踪情节中利用街边摄像头进行识别等,这些场景在实际生活中已经得到实际应用。例如,FBI 在 2014 年就推出了他们的新一代的电子识别系统,总投入超过 10 亿美元。用于利用监控锁定犯罪嫌疑人,从而进行全网追捕。不仅如此,美国国防部和国土安全部门加大了对人工智能识别技术的投资,用来防止恐怖分子对公共安全造成的威胁。美国在 FERET 等项目基础上,大量开展人脸识别技术研发,创建有很多有重要意义的人脸数据库,主要如下。

1. FERET 人脸数据库

由 FERET 项目创立,发布于 1993—1996 年,包括 14051 张多姿势、光照的灰度人脸图像,是人脸识别领域应用最广泛的人脸数据库之一。其中的多数人是西方人,每个人所包括的人脸图像的变化比较单一。

2. MIT 人脸数据库

由麻省理工学院媒体实验室创立,包括 16 位志愿者的 2592 张不同姿势、光照和大小的面部图像。

3. Yale/YaleB 人脸数据库

由耶鲁大学计算视觉与研制中心创立。Yale 发布于 1997 年和 2001 年,包括 15 位志愿者的 165 张图片,以及光照、表情和姿势的改变;YaleB 包括 10 个人的 5850 幅多姿势、多光照的图像,其中的姿势和光照改变的图像都是在严苛条件下采集的,重点用于光照和姿势问题的建模与分析。

4. PIE 人脸数据库

PIE 人脸数据库由卡耐基梅隆大学创立,发布于 2000 年。所谓 PIE 就是姿态(Pose)、光照(Illumination)和表情(Expression)的缩写,CMUMulti-PIE 人脸数据库是在 CMU-PIE 人脸数据库的基础上发展起来的,包含 337 位志愿者的 75000 多张多姿态、光照和表情的面部图像。其中的姿态和光照变化图像也是在严格控制的条件下采集的,目前已经逐渐成为人脸识别领域的一个重要的测试集合。

5. MegaFace

华盛顿大学从 Flickr 组织收集,发布于 2016 年,MegaFace 数据集包含 100 万张图片,共 69 万个不同的人。这是第一个在 100 万规模级别的面部识别算法测试基准。现有人脸识别系统仍难以准确识别超过百万的数据量。为了比较现有公开人脸识别算法的准确度,华盛顿大学在 2017 年底开展了一个名为 Mega Face Challenge 的公开竞赛。这个项目旨在研究当数据库规模提升数个量级时,现有的人脸识别系统能否维持可靠的准确率。

二、人脸表情识别 FER

人脸表情识别(facial expression recognition,FER)是人脸属性识别技术中的一个重要组成部分,在人机交互、安全控制、直播娱乐、自动驾驶等领域都非常具有应用价值,因此在很早前就已经得到了研究。

人脸表情识别,是指从给定的静态图像或动态视频序列中分离出特定的表情状态,从而确定被识别对象的心理情绪。美国心理学院 Ekman 定义了人类的 6 种基本表情:高兴(Happy)、生气(Angry)、吃惊(Surprise)、恐惧(Fear)、厌恶(Disgust)和悲伤(Sad),确定了识别对象的类别;其次是建立了面部动作编码系统(Facial Action Coding System,FACS),使研究者按照系统划分的一系列人脸动作单元(Action Unit,AU)来描述人脸面部动作,通过人脸运动和表情的关系,进而检测人脸面部细微表情。1978 年,Suwa 等人对一段人脸视频动画进行了人脸表情识别的最初尝试,一系列的研究在人脸表情视频序列上展开。到了 20 世纪 90 年代,随着图像处理与模式识别技术的发展,人脸表情识别的计算机自动化处理成为可能,KMase 和 APentland 是其中的先驱者,他们首先使用光流来判断肌肉运动的主要方向,然后提取局部空间中的光流值,组成表情特征向量,最后利用表情特征向量构建人脸表情识别系统。该系统可以识别高兴、生气、厌恶和惊奇 4 种表情,识别率接近 80%。

人脸表情主要体现在眼睛、鼻子、嘴巴、眉毛四个关键部分,通过对这四个关键部分的定位,可以将人脸特征选择缩小至这些部位中。减少了大量的计算量,同时也提高了识别率。

2019 年,研究攻破了快递柜的人脸识别系统。基于 3D 的人脸识别系统通过 3D 摄像头立体成像,由两个摄像头、一个红外线补光探头和一个可见光探头相互配合形成 3D 图像,能够准确分辨出照片、视频、面具等逼真的攻击手段。

根据使用摄像头成像原理,目前 3D 人脸识别主要有三种主流方案,分别是 3D 结构光方案(Structured Light)、时差测距技术 3D 方案(Time of Flight,TOF)和双目立体成像方案(Stereo System)。基于 3D 结构光的人脸识别已在一些智能手机上实际应用,比如 HUAWE-IMate20Pro、iPhoneXe2009 年微软推出的 KinectCXbox360 体感周边外设采用了 TOF 方式获取 3D 数据,颠覆了游戏的单一操作,为人机体感交互提供了有益探索。双目立体成像方案基于视差原理,通过多幅图像恢复物体的三维信息,由于对相机焦距、两个摄像头平面位置等要求较高,应用范围相对于 3D 结构光和 TOF 方案较窄。

除了能够准确识人,精准判断捕捉到的人脸是真实的也至关重要。活体检测技术能够在系统摄像头正确识别人脸的同时,验证用户是本人而不是照片、视频等常见攻击手段。目前活体检测分为三种,分别是配合式活体检测、静默活体检测和双目活体防伪检测。其中,配合式活体检测最为常见,比如在银行"刷脸"办理业务、在手机端完成身份认证等应用场景,通常需要根据文字提示完成左看右看、点头、眨眼等动作,可通过人脸关键点定位和人脸追踪等技术,验证用户是否为真实活体本人。

三、可扩展光芯片的研制

2022 年 6 月,美国科学家在《自然》杂志发表论文称,他们开发了首块可扩展的基于深度神经网络的光子芯片,每秒可对 20 亿张图像进行直接分类,而无须时钟、传感器或大内存模块,有望促进人脸识别、自动驾驶等领域的发展。

模仿人脑工作的深度神经网络现在通常为计算机视觉、语音识别等提供支持。目前数字芯片上的消费级图像分类技术每秒可执行数十亿次计算,速度足以满足大多数应用,但更复杂的图像,如识别运动物体、3D 物体或人体显微细胞分类仍面临不少障碍。

首先,这些系统通常使用基于数字时钟的平台,如图形处理单元(GPU)来实现,这将它们的计算速度限制在时钟频率上,计算必须逐个进行。其次,传统电子设备将内存和处理单元分开,数据穿梭耗费时间。此外,原始图像数据通常需要转换为数字电子信号,耗时较长,而且需要大内存单元来存储图像和视频,引发潜在的隐私问题。

鉴于此,宾夕法尼亚大学电气和系统工程副教授弗瑞兹·阿发雷托尼等人开发出一款可扩展芯片,每秒可对近 20 亿张图像进行分类。这是第一个完全在集成光子设备上以可扩展方式实现的深度神经网络,整个芯片大小只有 9.3mm^2,消除了传统计算机芯片中的 4 个主要耗时障碍:光信号到电信号的转换、将输入数据转换为二进制格式、大存储模块以及基于时钟的计算。阿发雷托尼解释说,该芯片上的光学神经元通过光线相互连接,形成一个由许多"神经元层"组成的深层网络。信息通过"神经元层"传递,每一步都对图像分类,使快速处理信息成为可能,最新芯片可在 0.5ns 内完成整个图像分类,而传统数字计算机芯片在同样时间内只能完成一个计算步骤。

研究人员表示,可通过添加更多神经层来扩展这一深层网络,使芯片能以更高分辨率读取更复杂图像中的数据。此外,任何可转换为光的信号,如音频和语音,都可使用这项技术几乎瞬间进行分类。

四、布莱索:首次实现 FR

人脸识别之父——伍迪·布莱索(Woody Bledsoe)早在 1960 年以前,就已经在研究机器识别的相关技术,还得到了中央情报局(CIA)的赞助。情报机构的赞助背景,使得布莱索对于人脸识别技术基本缄口不言,直到 2000 年以后 CIA 逐渐解密,大家才公认布莱索是最早研究人脸识别技术的科学家。

他在 1964 年汇报进度时称,头发生长、面部表情和衰老状态,这三种因素超出了当下的计算机能力,建议增加预算,寻找新方法。1965 年底,他终于在一款称为 RAND 的平板电脑上,第一次实现了人脸识别。他 1967 年再次优化效率,只是出于政治原因没有论文问世。

贝尔实验室莱昂·哈蒙(Leon Harmon)的科学家也在研究人脸识别,1973 年 11 月,哈蒙发表了关于"人脸识别"的第一篇公开论文,因此,登上了《科学美国人》封面。

第四节 FR 在交通领域的应用

随着移动互联网、大数据、人工智能等技术发展,新的技术手段出现在交通服务行业。例如交通二维码、电子标签、视频监控、交通帧等信息系统,推动交通行业往智能化、信息化的方向发展。在众多技术中,人脸识别技术颇受关注,其结合人的脸部生物特征与图像处理技术,对人身份进行快速识别和自动匹配,从而达到一定的服务目的,在支付、安防、城市服务等方面具有巨大潜力。

一、自动 FR 系统

1. 快速安检

由于汽车客运站、火车站、地铁站客流量大,站台对乘客身份进行人工验票耗时较长,且存在工作人员疲劳等原因误判的情况,为避免人、证、票不相符,可应用人脸识别技术来改善。针对此类有固定的售票口和检票口的场景,设备安装在固定的位置,身份证和用户脸部能够同时进行验证,可快速完成比对,此类应用技术难度较低,物理影响因素较少,场景相对容易实现。

2. 刷脸支付

对于公交出行,由于架设在车辆上的支付终端受到行驶路线和停靠站的光照、衣物遮挡、车辆晃动等因素影响,人脸识别应用环境复杂,对人脸识别技术的成熟度、容错率要求更高。刷脸支付,需要用户提前开通人脸识别支付功能并录入人脸注册,用户乘坐公共交通工具时,设备实时检测并比对数据库,从对应账户完成支付扣款。目前,有个别城市启动试点公交领域人脸支付。例如上海、深圳、广州,考虑人脸识别对环境的要求较高,选择在 BRT(Bus Rapid Transit,快速公交系统)这类进站收费的场景下试点,将刷脸支付环节放在站台完成。但总体上,上述人脸支付应用还处于试验的阶段,离大规模应用推广还有一定距离。

3. 交通调度

利用交通站场、公交车辆等的安防视频监控,结合人脸识别技术,精细化刻画乘客的用户画像,可进一步对客流出行特征进行分析,包括时间分布特性、OD(起讫点)分布特性、客流构成分布特性等,为交通企业合理安排计划、均衡组织运力提供数据支撑,为交通疏运组织、车辆监控调度提供智能化科学支撑。

4. 安防管控

在危险品运输车、长途客车等特定场景下,通过驾驶员脸部识别技术,实现防疲劳驾驶,减少交通事故发生。此外,面对车辆乱停放、交通违规、酒驾、超员、闯红灯等各种交通违法行为,使用人脸识别技术能够有效起到震慑作用。

二、人脸闸机

为了满足日益广泛的出入口人员管控的市场需求,人脸闸机尤其是在智能防控新冠疫情时发挥了重要作用。人脸闸机将读取的个人身份芯片照与现场摄像头抓拍的人脸照,通过人脸识别技术,对重要场所(智能企业、智能楼宇、智能园区)以人脸识别的验证方式开启门锁。通过时间一般小于 1s/人,是新一代具有高安全性、高稳定性、高效率的自助闸机设备。

人脸闸机的主要功能有人脸抓拍机全自动曝光抓拍、人脸数据信息自动建模存储、视频分析服务器快速检索比对、红外测温、实时黑名单人员比对、核实报警等。

例如海康威视、大华科技等系统,可以用来动态人脸识别人员信息、自动门禁系统安全便捷、自定义创建单位人员信息库、响应速度快1s内完成通过、人脸数据库可回溯查询管理。目前,人脸闸机大量应用于机场、地铁、高档写字楼、图书馆、影剧院、工厂企业、会展中心、体育场馆、旅游景点等。

1. 应用业务架构

人脸识别技术刷脸过闸的整体架构共分3层:乘客侧人脸注册服务层、中心级人脸过闸服务层、车站级人脸识别设备层。具体识别业务架构如图6-6所示。

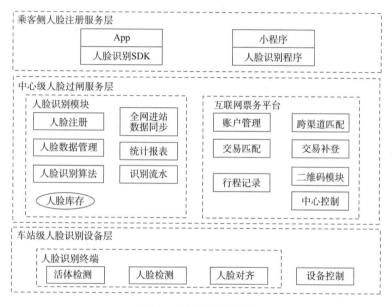

图6-6 人脸识别业务架构

人脸识别技术人脸过闸的整体架构与现有轨道交通系统架构相互融合,主要方面有:基于统一的前端App/小程序注册入口,建设线网级别的人脸识别业务中心;改造互联网票务平台,完善一体化的账户体系;对AFC系统加装人脸识别设备以及AFC软件系统的改造。

2. 应用业务方案

移动支付平台提供了软件界面及接口,供人脸注册及实现支付结算等功能。移动支付平台包含的功能有OCR证件识别、人证比对、人脸识别、活体检测等。

整体注册流程包含:发起人脸注册,采集乘客的面部信息,进行人证比对;通过互联网票务平台,关联乘客账户及实名信息;转发至中心级人脸过闸服务层,进行特征值提取;建立城市轨道交通AFC系统统一的人脸信息库。

传统闸机运用人脸识别技术进行转型升级需要包括以下几个软硬件改造:加装专业人脸识别设备和红外感应模块,并通过网络接入解析FRU(现场可更换部件)的视频流,对视频流中的人脸进行识别和定位,截取人脸;把人脸照片通过网络发送到中心级刷脸过闸服务系统做识别;根据识别结果,调用AGM(自动检票机)的接口发起开门指令或者拒绝开门,并向FRU发送开门或拒绝的展示信息;调用AFC系统的接口,写入进出闸的交易记录。人脸识别闸机如图6-7所示。

3. 应用业务流程

人脸识别技术在自动售检票系统中应用,不仅需要增加人脸过闸报文,并融入原有AFC传统报文,而且所有数据都必须上传到互联网票务平台并进一步上传腾讯、支付宝等互联网交易平台,从而实现扣费等业务流程。人脸识别闸机业务流程如图6-8所示。

图6-7 人脸识别闸机

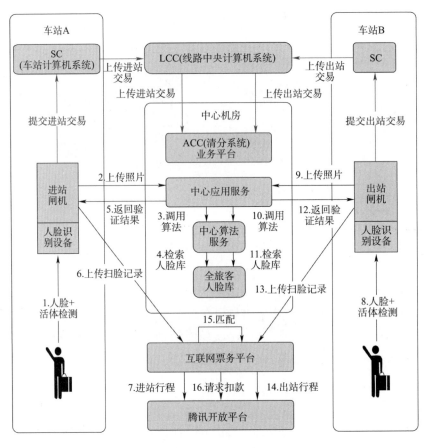

图6-8 人脸识别闸机业务流程

与AFC系统的其他支付方式相比,人脸识别技术具有速度最快、无须携带、无须接触、便捷等优势,只要在手机/终端上注册,不需要掏卡/掏手机就可过闸;运营管理人员可以实时获取人流、行为趋势等各种数据,为大数据运营、智能化运营奠定基础。与传统的过闸技术相比,人脸识别具有明显的优势。人脸识别的具体对比见表6-3。

人脸识别技术优势 表 6-3

付费方式	准确性	网络要求	改造成本	潜在问题
人脸识别	高	高	识别设备,程序融合成本	可能产生误识别(如双胞胎等),扣款需要及时对账及沟通
传统票卡	极高	较高	无须改造	不够方便
二维码	高	较高	读卡器、程序融合成本	需要改造闸机,增加二维码读卡器,第三方支付方式有延迟对账
NFC	中等	较高	增加芯片	部分手机不支持

从目前的技术发展阶段来看,图片、视频等多媒体文件、AI 智能软件(如斯坦福大学研究团队开发的人脸追踪软件 Face2Face)、3D 打印人皮面具等技术不断应用与发展。同时双胞胎识别、整形整容识别、面部遮盖识别等识别难题凸显了人脸识别技术的安全问题。甚至通过改装的眼镜也能破解手机的活体检测。种种原因交织在一起,导致了人脸闸机技术在 AFC 系统中的应用依然存在巨大的风险。这样的安全隐患会给城市轨道交通运营带来巨大的损失。同时,人脸信息涉及个人隐私、法律风险、数据库泄露、个人信用等问题,都需要公安、司法、银行等多个部门的协调推动。

三、FR 机场中的应用

机场领域主要在机场安检和自助登机两个应用场景中使用人脸识别技术。一般来说,我国大部分机场的安检系统和登机(离港)系统是两个独立系统。安检系统和登机系统的信息无法及时有效地共享和交换,从而无法实现人脸识别技术在统一平台上运行。如果可以统一平台或实现各系统互联互通,通过应用人脸识别技术便可以让旅客安检、自助登机、行李等实现"无人值守""一关通关";同时,航班信息咨询、机场贵宾服务、目的地信息、天气预报、旅游导航、新闻报道等可满足旅客的实时咨询需求。

1. 机场智能飞行显示

机场智能航显功能是基于人脸识别技术开发的航显系统,为旅客提供更加人性化的服务。它可以通过人脸识别技术主动识别当前旅客的身份,突出显示旅客的航班信息和状态,提供个性化信息。它还可以与导航技术相结合,为乘客提供从当前位置到登机口的地图导航。此外,它还可以为乘客提供各种实时信息,如天气预报、新闻报道、旅游导航等。多功能智慧航显全面提升机场服务品质,让旅客智能出行。

2. 自助行李托运

集成人脸识别技术的自助行李托运设备,可以通过"刷脸"来识别和验证旅客的身份。自助行李托运具有自助选座、登机牌值机、自助行李托运等功能,真正实现"一站式"全程自助值机。过去,行李托运仍需到人工柜台办理。遇到客流高峰,排长队在所难免。现在有了自助行李托运系统,1min即可完成自助值机和行李托运的"一站式"操作,实现"智能服务,便捷出行"的机场。

3. 移动信息服务

通过与移动终端的互联互通,在机场通过人脸识别技术确认身份的旅客进入航站楼时,可将目的地的天气和交通相关信息发送到旅客的移动设备,在机场可提供免费Wi-Fi服务或推送相关商品的折扣和促销信息,并提供从当前位置到相关店铺的路线信息,为旅客提供更周到、更全面的服务。

4. 特殊人群服务

在旅客到达机场后,通过人脸识别技术确认旅客如是特殊旅客,如重要旅客、孕妇、婴幼儿、残疾旅客、老年旅客、患病旅客等,及时为他们提供特殊的礼遇和关怀,全面提升航空公司和机场的服务质量。

5. 提高机场安检质量和效率

机场安检包括对旅客、机组人员和民航工作人员的人身检查和验证,包括对民用航空器的监管和航站楼隔离区、行李分拣装载区、货物存放区、飞机活动区和维修区的监管。无论是旅客或货主的身份识别,抑或是机场工作人员和机组人员的身份识别,都需要经过机场安检体系的证件检查程序。依靠安检员的肉眼人工识别证书的真伪,工作量大,错误率高。人脸识别技术的引入可以解决这个问题。

6. 智能登机服务

旅客通过安检到达候机室指定登机口。他们可以通过具有人脸识别技术的智能登机口闸机刷脸登机,无须扫描登机牌即可快速登机。图6-9所示为广州白云国际机场使用的智能自助登机设备,可同时实现人脸识别、身份证、登机牌和手机电子票登机。

图6-9　智能自助登机终端

第五节　FR的伦理与安全

人脸与人体的其他生物特征(如指纹、虹膜等)一样与生俱来,它的唯一性和不易被复制的良好特性,为身份鉴别提供了必要的前提。就风险防控的复杂性来看,人脸识别的应用依赖于人工智能等高端科技手段,在信息存储与处理等环节都存在较高的安全隐患,其在使用过程中的任何一个环节出错都可能造成无法逆转的隐私泄露危机。

一、FR存在的安全风险

人脸识别技术在应用中存在一定的风险。

1. 侵犯个人隐私权风险

在人脸信息被广泛应用的今天,公共场所布满各种各样的监控设备,从刑事犯罪领域来看,这项技术给维护社会治安带来了便利,使犯罪分子无所遁形,保护了人们的财产和生命安全。但与此同时,如果 FR 收集面部信息不当,就极有可能对公民的隐私产生巨大威胁。通常来说,人脸作为社交活动中人们身份的代表,并不属于隐私权的范畴,但通过图像收集、数据处理等科技方法却可以从人们的面部信息中提取出个人的健康状况、财务状况、情绪状况等多种隐私信息。如深网视界科技有限公司对其所掌握人脸信息数据库的未设密码保护,引发大规模数据泄露事件,严重侵害了用户的隐私安全。

2. 损害个人财产权益风险

现在,众多公司与金融机构都将 FR 应用于日常工作中来处理业务,但在获取用户的面部信息后,由于实际操作中的复杂性致使技术人员也无法确保人脸信息长期处于安全不被泄露的状态,一旦信息被不法分子截获,他人财产就有被窃取的可能。此外,人脸识别的发展为各种高新技术手段的涌现创造了良好的前提条件,FR 很快将不再是新兴技术,应用和攻击它的成本也会不断降低。

3. 采集人脸数据的知情同意风险

"知情同意原则"是大数据时代个人隐私保护的一道关键防线。然而,在 FR 应用中大量私自收集、加工、分析与使用个人信息的行为正在侵蚀公民的隐私权。当前,大多商用人脸识别在收集人脸信息时并未就其收集方式、范围、目的、存储时间等做任何告知,在整个采集过程中,被采集对象往往毫无察觉,从而错失判断风险并明确表达同意或拒绝的机会。同时,现有人脸识别服务存在"使用即同意"的乱象,例如某些公共查询平台将人脸识别设置为唯一的识别方式,导致信息主体因需要选择服务而不得不同意。

4. 信息侵害后果的不可逆性风险

大数据时代,任何信息都具有泄露的风险,不过结合具体情况,仍旧可以通过对一般信息更改代码或者对信息进行加密处理的方式来进行防控。可是由于人脸信息具有唯一性和非保密性,不可能像对待普通的个人信息那样,通过修改密码、冻结账户的方式阻止损害结果的发生和扩大,更不可能将人的面部隐藏起来,这就导致人脸信息一旦泄露就不具有更改的可能性。通过 FR 可以读取到人们的各种私密信息,若以此进行诈骗和假冒,对信息主体造成的将是不可逆的、很难进行事后弥补的损害。

可以借鉴美国、欧盟首批应用 FR 的经验。美国根据使用 FR 主体的不同区分了不同的规制方法。对政府部门使用人脸识别技术,目前来看有三种规制方案。第一,禁止使用制度。例如美国加利福尼亚州的旧金山市制定了一系列禁止公权力部门将该项技术用于公共监控的条例。第二,特别许可使用制度。例如《人脸识别示范法》中规定了相关部门在未经法院许可的情况下,不得擅自运用该项技术比对数据库中的身份照片。第三,任意使用制度。它是指对政府使用该项技术不做特别立法,执法部门可以任意使用人脸识别技术。对非政府机构使用人脸识别也可以分为特别规制和普通规制两种路径。特别规制以伊利诺伊州的《生物信息隐私法》以及《商用人脸识别隐私法》为代表,认为应对人脸信息制定严格于一般个人信息的保护方案,商业私营机构在收集和使用个人生物信息之前都需要提前向当事人发出书面通知,并征得其书面同意。而普通规制是将人脸信息依照个人信息的保护进行规制,主要以《加利福尼亚消费者隐私法》为代表。

欧盟对于人脸识别技术的管控主要根据《通用数据保护条例》采取统一禁止的管理模式。General Data Protection Regulation 明确规定面部图像属于生物识别数据,其重点强调面部图像的可识别性,将其与不能进行身份识别的图片进行了明确的区分,处理图片本身并不被禁止,只有将图片经过特殊处理到可以识别特定自然人时,才属于 GDFR 所规制的生物识别数据。

二、人种不同 FR 的误差

2012 年进行的一项研究表明,供应商 Cognitec 公司提供的面部算法在识别非裔美国人方面的表现要比识别白种人低 5%~10%;2011 年有研究人员发现中国、日本以及韩国开发出的人脸识别模型很难区分高加索人与东亚人种。2021 年,麻省理工学院媒体实验室的研究人员们指出,微软、IBM 与我国厂商 Megvii 公司的人脸识别技术在识别浅肤色女性方面错误率高达 7%,识别深肤色男性的错误率为 12%,而对深肤色女性的错判比例更是达到 35%。算法出错的例子还远不止于此。最近调查结果显示,伦敦大都会警察局部署的系统在每一次实际应用时都会产生最多 49 次的错误匹配。在 2020 年众议院监督委员会关于人脸识别技术的听证会上,美国联邦调查局承认,其用于识别犯罪嫌疑人的算法存在高达 15% 的错误判断率。此外,弗吉尼亚大学的研究人员正在进行的一项研究发现,两大著名研究图像集 ImSitu,以及由 Facebook、微软和初创企业 Mighty AI 共同构建的 COCO,在对体育、烹饪以及其他多种活动的描述当中,表现出明显的性别偏见(例如购物图像一般与女性有关,而教练图像则往往与男性关联)。

人脸识别涉及身份信息采集识别与个人隐私保护等话题,离不开法律的保驾护航。近年来,在法律层面,我国针对生物特征信息采集和储存作了具体规定,为人脸等生物特征信息的搜集使用划定了边界。

本章习题

1. 什么是人脸识别系统?其应用如何?
2. 人脸识别技术的工作流程是怎样的?技术关键在哪?虹膜识别有哪些优势?
3. 请了解 FERET,说明它的主要贡献在哪里。
4. 请你分析 FR 存在的安全风险,提出防范安全风险的对策。
5. 案例分析:人脸识别第一案。2019 年 4 月 27 日,郭某购买野生动物世界双人年卡,留存相关个人身份信息,并录入指纹和拍照。后野生动物世界将年卡入园方式由指纹识别调整为人脸识别,并向郭某发送短信通知相关事宜,要求其进行人脸激活,双方协商未果后对簿公堂。2020 年 11 月 20 日,杭州市富阳区人民法院作出一审判决,对于郭某要求删除个人面部信息诉请,法院判令野生动物世界删除郭某办理年卡时提交的包括照片在内的面部信息。之后,郭某与野生动物世界均不服,向杭州市中级人民法院提起上诉。2020年12月11日,杭州中院立案受理该案,经过长达四个月的审理,于2021年4月9日依法公开宣判。杭州中院经审理认为,郭某在知悉野生动物世界指纹识别店堂告示内容的情况下,自主作出办理年卡的决定并提供相关个人信息,该店堂告示对双方均具约束力,且不符合格式条款无效的法定情形。而人脸识别店堂告示并非双方的合同条款,对郭某不发生效力。野生动物世界欲将其已收集的郭某照片激活处理为人脸识别信息,超出事前收集上述信息的使用目的,违反了个人面部信息处理的正当性原则,故应当删除郭某办卡时提交的包括照片在内的面部特征信息。

问题:
(1)收集郭某不同意个人面部信息是否正确?
(2)野生动物世界单方面决定收集、加工等处理个人面部等信息是否合法?
(3)若郭某个人面部信息被泄露,可以怎样救济?

第七章 视频识别

视频识别或智能视频识别(Intelligent Video Recognition,IVR)是指在图像及图像描述之间建立关系,从而使计算机能够通过数字图像处理和分析来理解视频画面中的内容,达到自动分析和抽取视频中关键信息的目的。IVR 主要包括前端视频信息的采集及传输、中间的视频检测和后端的分析处理三个环节。

IVR 技术通过对可视的监视摄像机视频图像进行分析,具备对风、雨、雪、落叶、飞鸟、飘动的旗帜等多种背景的过滤能力,通过建立目标对象或其行为的模型,借助计算机的高速计算能力使用各种过滤器,排除监视场景中非目标对象或其行为的干扰因素,准确判断目标对象在视频监视图像中的各种行为。IVR 需要前端视频采集摄像机提供清晰稳定的视频信号,视频信号质量将直接影响到视频识别的效果。

第一节 IVR 技术发展

一、IVR 与数字监控

IVR 处理技术脱胎于数字监控,是数字视频技术发展的新阶段。智能视频监控不仅是传统视频监控在概念和架构上的革新,还融入了计算机视觉、人工智能和集成电路等学科的最新科技。从监控系统的硬件架构来看,视频监控从诞生到目前共经历了三个发展阶段:模拟阶段、数字阶段、网络阶段,每个阶段都有典型的设备出现,如图 7-1 所示。

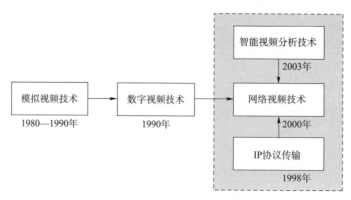

图 7-1 视频监控技术发展过程

1. 模拟视频监控

到 20 世纪 90 年代初,视频监控主要是以模拟式磁带录像机(Video Cassette Recorder, VCR)为代表,由模拟摄像机、录像机、专用电缆、视频切换矩阵、模拟监视器、模拟录像设备和盒式录像带等构成。通过 CCD 进行视频信号的 A/D 转换,经过调制输出模拟视频信号,采用阻抗匹配的同轴电缆传输到视频画面分割器、VCR 及视频监视器等专用的模拟视频接收设备。

2. 数模结合监控

20 世纪 90 年代到 2000 年左右,随着 IT(Internet Technology,互联网)技术快速发展,出现数字硬盘录像机(Digital Video Recorder,DVR)为核心的数模监控系统。DVR 的使用让用户可以将模拟的视频信号数字化,并存储在电脑硬盘而不是盒式录像带上。数字化的存储大大提高了用户对视频信息的处理能力。此外,对于报警事件以及事前/事后报警信息的搜索也变得异常简单,很大程度上解决模拟监控系统连接不方便、存储效率低、无法进行网络传输、难编辑等问题。

3. 网络视频监控

进入 21 世纪后,网络技术迅猛发展,出现了网络数字视频录像机(Network DVR,NVR)系统。与 DVR 系统相比,NVR 系统不但实现了视频信息的数字化存储,还实现了视频档案信息的数字化传播,即 NVR 可以直接接入 IP 网络中,从而使存储下来的视频信息可以通过网络方便地进行共享,又称为 IP 监视系统(IP Video Surveillance,IPVS)开始出现。网络化视频监视系统从一开始就是针对在网络环境下使用而设计的,因此,它克服了 DVR/NVR 无法通过网络获取视频信息的缺点,用户可以通过网络中的任何一台电脑来观看、录制和管理实时的视频信息。

二、IVR 应用领域

IVR 应用领域广泛,主要有:

(1)高级视频运动检测。在复杂的天气环境中(例如雨雪、大雾、大风等)精确地检测到单个物体或多个物体的运动情况,包括运动方向、运动速度等。

(2)运动跟踪。检测到运动物体之后,根据物体的运动情况,自动发送摄像机动作控制指令,使摄像机能够自动跟踪物体,在物体超出该摄像机监控范围之后,自动通知物体所在区域的摄像机继续进行跟踪。

(3)人物面部识别。自动识别人物的脸部特征,并通过与数据库档案进行比较来识别或验证人物的身份。此类应用又可以细分为"合作型"和"非合作型"两大类。"合作型"应用需要被监控者在摄像机前停留一段时间,通常与门禁系统配合使用;"非合作型"则可以在人群中识别出特定的个体,此类应用可以在机场、火车站、体育场馆等应用场景中发挥很大的作用。

(4)车辆识别。识别车辆的形状、颜色、车牌号码等特征,并反馈给监控者。此类应用可以用在被盗车辆跟踪等场景中。

（5）物体滞留。当一个物体（如箱子、包裹、车辆、人物等）在敏感区域停留的时间过长，或超过了预定义的时间长度就产生报警。典型应用场景包括机场、火车站、地铁站等。

（6）烟火检测。根据烟与火所表现出的时空特征进行火情检测，可用于森林防火或易燃易爆危险品储藏区域的烟火检测。

（7）人数统计。统计穿越入口或指定区域的人或物体的数量，例如为业主计算某天光顾其店铺的顾客数量。

（8）人群控制。识别人群的整体运动特征，包括速度、方向等，用以避免形成拥塞，或者及时发现异常情况。典型的应用场景包括超级市场、火车站等人员聚集的地方。

（9）人体行为分析。在目标检测分类的基础上，利用人体的各种行为特征对其进行描述和分析，如突然倒地等行为。

（10）注意力统计。统计人们在某物体前面停留的时间，用来评估新产品或新促销策略的吸引力，也可以用来计算为顾客提供服务所用的时间。

（11）交通流量统计。用于在高速公路或环线公路上监视交通情况，例如统计通过的车数、平均车速、是否有非法停靠、是否有故障车辆等、是否有交通事故发生、是否发生交通堵塞。

第二节　IVR 基本原理

一、IVR 技术流程

IVR 技术根据各路摄像机的数据自动检测目标（人、车辆等）和感兴趣的行为。一旦检测到目标系统便自动识别，可定位和监视该目标，同时分析目标的行为，判断是否异常，若有异常便通知相关监控人员。

IVR 一般包括以下四个过程：运动目标检测、运动目标检测与识别、运动目标跟踪、行为分析。对于多摄像机系统会涉及对各个组件数据的融合，对目标的异常行为或者违反设定规则的情况进行报警，如图 7-2 所示。

1. 运动目标检测

运动目标检测的主要目的是从视频图像中提取出运动目标，并获得运动目标的特征信息，如颜色、形状、轮廓等。提取运动目标的过程实际上就是一个图像分割的过程，而运动物体只有在连续的图像序列中才能体现出来。运动目标提取的过程就是在连续的图像序列中寻找差异，并把由于物体运动而表现出来的差异提取出来。运动目标检测常用的方法包括帧间差分法、背景消减法和光流法等。

1）帧间差分法

帧间差分法是一种通过对视频图像序列中相邻帧（常用的是相邻帧、相邻三帧）做差分运算，来检测运动目标的方法。当监控场景中出现运动目标时，帧与帧之间通常会出现较为明显的差别,通过相邻帧图像相减,得到其亮度差的绝对值,进一步判断它是否大于设定的阈值,来分析视频图像序列的运动特性,从而确定其中是否存在运动目标。

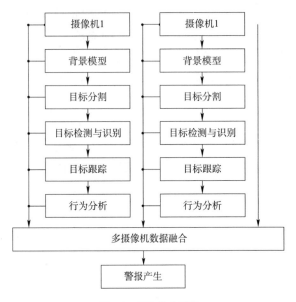

图 7-2　IVR 技术框架

下面以相邻两帧图像作差分为例,说明帧差法原理。用 $V(x,y,t)$ 表示视频第 t 帧中位于第 x 行、第 y 列的像素灰度值,那么相邻两帧中同一位置的像素灰度差的绝对值表示如下:

$$\mathrm{Diff}(x,y,t) = |V(x,y,t) - V(x,y,t-1)| \tag{7-1}$$

通常,把 Diff 视为差分图像。

设定阈值 T,通过判断 $\mathrm{Diff}(x,y,t)$ 与 T 的大小关系,可以进一步确定前景图像 FG:

$$\mathrm{FG}(x,y,t) = \begin{cases} 1, \mathrm{Diff}(x,y,t) \geq T \\ 0, \mathrm{Diff}(x,y,t) < T \end{cases} \tag{7-2}$$

当 $\mathrm{Diff}(x,y,t) \geq T$ 时,认为当前像素的灰度值变化较大,属于前景;否则,认为其灰度值变化较小,属于背景,从而得到一幅二值图像。其中,为 1 的像素对应了目标,为 0 的像素对应了背景。

基于帧间差分法的运动目标检测流程如图 7-3 所示。首先从视频序列中读取相邻两帧图像,并按式(7-1)计算差分图像 Diff,然后,按式(7-2)进行二值化处理,最后得到前景图像 FG。其中,运动目标用 1 表示,背景用 0 表示。

图 7-3　帧间差分法

帧间差分法的优点是：算法实现简单，程序设计复杂度低；对光线等场景变化不太敏感，能够适应各种动态环境；稳定性较好，适用于存在多个运动目标和摄像机移动的情况。其缺点是：不能提取出对象的完整区域，只能提取出边界；同时依赖于选择的帧间时间间隔。对快速运动的目标，需要选择较小的时间间隔，若时间间隔过大，目标会因为在前后两帧中没有重叠，而被检测为两个分开的目标；而对运动较慢的目标，应该选择较大的时间间隔，否则，当目标在前后两帧中几乎完全重叠时，则检测不到目标。

2）背景消减法

背景消减法是利用当前帧与建立的背景图像进行相减操作，从而得到差分图像，然后利用设定的阈值 T 来进行判别，当差值的绝对值小于 T 时，则认为是背景；反之，则认为是前景。尽管不同方法建立背景和更新背景的原理不同，但背景消减法的基本流程相同，主要包括获取背景图像、读取当前图像、求得差分图像、二值化处理、背景更新等步骤，其处理流程如图 7-4 所示。

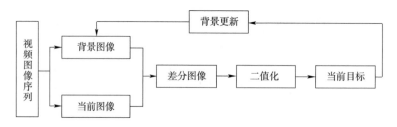

图 7-4　背景消减法

具体过程如下：首先根据选定的背景建模方法得到背景图像，记为 BG，然后将当前帧的图像 V 与背景图像 BG 做减法并取绝对值，得到图像 E。

$$E(x,y,t) = |V(x,y,t) - \mathrm{BG}(x,y,t)| \tag{7-3}$$

设定阈值 T，通过判断 $E(x,y,t)$ 与 T 的大小关系，进一步确定前景图像 FG：

$$\mathrm{FG}(x,y,t) = \begin{cases} 1, E(x,y,t) \geq T \\ 0, E(x,y,t) < T \end{cases} \tag{7-4}$$

由于现实中，背景不是一成不变的，因此，需要对背景进行实时更新以应对变化。常用的方法是：采用当前背景与前景加权更新的方式。

$$\mathrm{BG}(x,y,t+1) = \begin{cases} (1-\alpha)\mathrm{BG}(x,y,t) + \alpha V(x,y,t), V(x,y,t) \text{属于背景} \\ (1-\beta)\mathrm{BG}(x,y,t) + \beta V(x,y,t), V(x,y,t) \text{属于前景} \end{cases} \tag{7-5}$$

式中：α、β——背景更新速率，$0 \leq \alpha, \beta \leq 1$。

背景消减法的优点是检测结果比较准确，可以提取出较为完整的目标信息。但是，背景图像建立的准确程度会直接影响到目标检测结果是否精确。

3）光流法

光流法是一种重要的图像运动目标检测方法，主要根据物体表面上的点的运动速度来完成目标的运动描述，具有简单实用等十分明显的优势。在光流法的处理中，设定 $I(x,y,t)$

为像素点在 t 时刻的强度,同时假设在很短的时间 Δt 内,x、y 分别增加 Δx、Δy,可得:

$$I(x+\Delta x,y+\Delta y,t+\Delta t) = I(x,y,t) + \frac{\partial I}{\partial x}\Delta x + \frac{\partial I}{\partial y}\Delta y + \frac{\partial I}{\partial t}\Delta t \tag{7-6}$$

假设物体在 t 时刻位于 (x,y) 点,在 $t+\Delta t$ 时刻位于 $(x+\Delta x,y+\Delta y)$ 点,那么有:

$$I(x+\Delta x,y+\Delta y,t+\Delta t) = I(x,y,t) \tag{7-7}$$

于是,下式成立:

$$\frac{\partial I}{\partial x}\Delta x + \frac{\partial I}{\partial y}\Delta y + \frac{\partial I}{\partial t}\Delta t = 0 \tag{7-8}$$

等式两边同时除以 Δt,得到:

$$\frac{\partial I}{\partial x}\frac{\Delta x}{\Delta t} + \frac{\partial I}{\partial y}\frac{\Delta y}{\Delta t} + \frac{\partial I}{\partial t}\frac{\Delta t}{\Delta t} = 0 \tag{7-9}$$

最终,可得出结论:

$$\frac{\partial I}{\partial x}V_x + \frac{\partial I}{\partial y}V_y + \frac{\partial I}{\partial t}V_t = 0 \tag{7-10}$$

式中:V_x、V_y——$I(x,y,t)$ 的光流,或称为 x 和 y 方向的速率;

$\frac{\partial I}{\partial x}$、$\frac{\partial I}{\partial y}$、$\frac{\partial I}{\partial t}$——图像强度在 t 时刻特定方向的偏导数。I_x、I_y 和 I_t 的关系表述如下:

$$I_x V_x + I_y V_y = -I_t \tag{7-11}$$

无论是拍摄时相机发生的运动,还是场景中目标的运动都会引起光流的改变,而光流法就是确定每一个像素位置的"运动",接着利用数据之间的相互关联来研究场景中灰度图像的变化,包括时域上的变化以及空域上物体结构的变化。

2. 运动目标检测与识别

运动目标检测与识别是视频图像处理领域的研究热点,在视频监控、无人驾驶、医学图像分析等许多方面具有较高的应用价值。目标检测与识别通常分为图像采集、区域选择、特征提取、分类识别4个步骤(图7-5):首先利用摄像机采集图像,然后在图像上选择一些候选区域,在此基础上对这些区域进行特征提取,最后使用训练的分类器对图像进行分类识别。通常把确定目标区域、位置并根据某些形状外观特征与背景进行区分的工作归为检测,把能辨别出目标属于哪一类别(提取出特征属性并判别)的工作归为识别,二者使用的特征不一定相同。在传统算法中,目标检测在目标识别之前,被视为较低层的视觉处理任务。但随着技术的发展,检测与识别任务被逐渐合并在一起实现。

图 7-5 运动目标分类与识别的步骤

1)滑动窗口(Sliding Window)法

滑动窗口法就是将不同大小、不同比例的框在一张图像上滑动以提取候选区域的一种方法。所谓候选区域,就是可能是目标的区域。以人脸检测任务为例,其目标是检测出图像中的人脸,步骤如下:给出候选区域(可能是人脸的区域),判断该区域是否为人脸。由于目标可能出现在图像的任何位置,其大小、长宽比例无法确定,滑动窗口法使用不同尺度、不同长宽比的窗口对整幅图像进行遍历,这种穷举的策略虽然包含了目标所有可能出现的位置,但是缺点也是显而易见的:时间复杂度太高,产生的冗余窗口太多。这将严重影响后续特征提取和分类的速度和性能。

2)基于深度神经网络的目标分类与识别算法

近年来,基于深度神经网络的目标分类与识别算法逐渐成为主流算法,其实现方式大致可分为两类:一类是 Two-Stage 方法,即将物体定位和物体识别分为两个步骤,分别完成,这类方法的典型代表是 R-CNN、Fast R-CNN、Faster R-CNN 等。它们的识别错误率低,漏识别率也较低,但速度相对较慢,难以做到实时识别;另一类是 One-Stage 方法,典型代表是 YOLO、SSD、YOLO v2、YOLO v3 等。该类方法识别速度快,适用于对实时性要求高的任务,其准确率基本接近 Two-Stage 方法。

Faster R-CNN 由两部分组成:区域候选网络及 Fast R-CNN 模型。其中,区域候选网络从一幅图像中提取出可能含有物体的区域,之后接一个 Fast R-CNN 模型对提取出来的候选区域进行详细的分类,并对每个候选位置进行微调。

由于 Faster R-CNN 采用 Two-Stage 方法,处理速度达不到实时要求,因此,YOLO v3 提供了另一种思路,采用 One-Stage 方法直接在输出层计算矩形框的位置和矩形框所属的类别。YOLO v3 使用 darknet-53 的前 52 层,是一个全卷积神经网络,大量使用了残差的跳层连接,并且为了降低池化带来的梯度负面影响,取消了池化层,用卷积里的 stride(步长)来实现下采样。而为了提高对小目标的检测精确度,采用了类似金字塔网络的上采样和特征融合的方法,在 3 个不同尺度的特征图上做检测。

3. 运动目标跟踪

运动目标跟踪既是智能分析的前提,也是人机交互、目标识别和目标分类的基础。基于视频的运动目标跟踪,通过对视频图像序列中用户感兴趣的目标(如车辆、行人、飞机等)提取特征、建立模型以及检测跟踪,从而得到各个目标的位置以及相关的运动参数和轨迹,为下一步的行为理解和分析、基于对象的编码以及基于内容的视频检索等应用奠定基础。运动目标跟踪算法致力于在给定的视频图像中持续定位指定的目标,其分类如图 7-6 所示。

生成式跟踪算法在目标检测的基础上,对前景目标进行表观建模,然后按照一定的跟踪策略,找到目标的当前最佳位置。生成式跟踪算法包括基于特征点的算法、基于轮廓的算法和基于核的算法。传统的目标跟踪算法基本都属于此类,如波门跟踪、基于光流特征的跟踪等。

判别式跟踪算法(目标跟踪与目标检测同时进行)的基本思路是将跟踪问题视为前景和背景的二分类问题,通过学习分类器,在当前帧搜索得到与背景最具区分度的前景区域。判别式跟踪算法包括基于在线特征提升的跟踪算法(OAB)、基于多示例学习的跟踪算法(MIL)等。

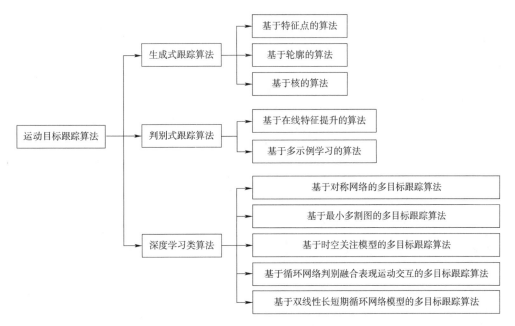

图 7-6 运动目标跟踪算法分类

近年来,随着深度学习的发展,深度学习类算法逐渐成为运动目标跟踪算法的主流,包括基于对称网络的多目标跟踪算法、基于最小多割图模型的多目标跟踪算法、基于时空关注模型的多目标跟踪算法、基于循环网络判别融合表现运动交互的多目标跟踪算法、基于双线性长短期循环网络模型的多目标跟踪算法等。相对于传统算法,深度学习类算法主要有以下优势:①传统算法往往只着眼于对目标某一方面物理特性的刻画,而忽视了其他特性,深度学习类算法在辅助训练数据的支撑下可以获取普适性更高的特征;②传统算法所用的HOG(Histogram of Oriented Gradient)层特征,而深度学习类算法可以通过层级映射提取边缘、纹理等底层特征和抽象语义等高层特征。

下面以 KCF 目标跟踪算法为例进行说明。

核相关滤波(Kernel Correlation Filter,KCF)目标跟踪算法是一种相对较新的高速跟踪算法,它的核心思想是利用循环矩阵的特性对目标区域进行稠密采样,以得到完备的样本空间,并利用构造的样本来训练分类器,通过分类器的学习来完成对目标的跟踪。该算法有两个关键步骤:利用循环矩阵进行稠密采样(获取样本)和岭回归分类器的训练。

1)利用循环矩阵进行稠密采样

为了提高跟踪的准确性,KCF 目标跟踪算法巧妙地引入了循环矩阵的理论知识,利用基样本的循环移位达到稠密采样的目的。

假设 X 是一个由 $1 \times n$ 的向量通过循环移位得到的 $n \times n$ 的矩阵,即

$$X = \begin{bmatrix} x_1 & x_2 & \cdots & x_n \\ x_n & x_1 & \cdots & x_{n-1} \\ \vdots & \vdots & & \vdots \\ x_2 & x_3 & \cdots & x_1 \end{bmatrix} \qquad (7\text{-}12)$$

其中,矩阵 X 的第一行表示 $1 \times n$ 的向量,后面每增加一行,$1 \times n$ 向量的元素向右偏移一位,移动 n 次可得到矩阵 X。

循环矩阵的特点在于,对循环矩阵进行傅里叶变换后,其可以对角化,用公式表示为

$$X = F \text{diag}(\hat{x}) F^H \tag{7-13}$$

式中:F——不依赖于 x 的常数矩阵,x 的傅里叶变换用 $\hat{x}$ 表示。

在循环矩阵对样本进行处理时,样本并不是真实存在的,存在的只是虚拟的样本,可以直接利用循环矩阵的特性,把样本矩阵转换为对角矩阵进行计算。而对对角矩阵来说,只需要计算其对角线上的非零元素即可,因此,可以大幅加快计算速度。

2)岭回归分类器的训练

在得到样本后,利用样本进行分类器训练,训练的过程可视为岭回归问题,目标是要找到一个函数 $f(x_i) = w^T x_i$,使得损失函数最小,即

$$\min_w \sum_i [f(x_i) - y_i]^2 + \lambda \|w\|^2 \tag{7-14}$$

式中:x_i——输入样本,$i = 1, 2, \cdots, n$;

λ——用来防止过拟合的正则化参数;

w——需要求解的权重系数。

$$w = (X^T X + \lambda I)^{-1} X^T y \tag{7-15}$$

这里,矩阵 $X = [x_1, x_2, \cdots, x_n]^T$ 为循环矩阵,y 为样本的标签。为解决非线性问题,KCF 目标跟踪算法引入了核函数,核函数 $k(x, z)$ 可表示为:

$$k(x, z) = \varphi(x) \varphi(z) \tag{7-16}$$

式中:$\varphi(x)$、$\varphi(z)$——将特征向量映射到核空间的函数。

当使用核函数将样本特征向量 x 映射到特征空间 $\varphi(x)$ 时,系数 w 可由训练样本的线性组合表示:

$$w = \sum_i \alpha_i \varphi(x_i) \tag{7-17}$$

此时,最初的岭回归问题可以表示为:

$$w = \sum_i \alpha_i k(x, x_i) \tag{7-18}$$

联立两式,可得:

$$\alpha = (K + \lambda I)^{-1} y \tag{7-19}$$

式中:K——经过映射变换的核函数矩阵,$K_{ij} = k(x_i, x_j)$;

I——单位矩阵。

由此可以推导出将 α 变换到傅里叶变换域后:

$$\hat{\alpha} = \frac{\hat{y}}{\hat{k}^{xx} + \lambda} \tag{7-20}$$

式中:$\hat{k}^{xx}$——由核函数矩阵 K 的第一行组成的向量,是 k^{xx} 的傅里叶变换。

至此,岭回归分类器便训练完成了。在预测阶段,以视频前一帧目标位置为基样本进行循环采样,将得到的所有样本输入岭回归分类器中进行判断,得到目标在下一帧中可能出现

的位置。其中,判断的方式为计算样本的响应值,最大的响应值即目标的预测位置。数学表达式为:

$$y = F^{-1}(\hat{k}^{xz} \odot \hat{\alpha})\tag{7-21}$$

式中:z——候选目标的特征;

y——计算得到的响应值。

在分类器定位到目标的位置后,把序列图像中运动目标的某些特征与相邻图像的这些特征进行匹配,将匹配的特征的中心位置连接起来,便可得到该运动目标的轨迹。

4. 行为分析

行为分析是视频监控最终的目的,能可靠地检测到场景中的异常或危险行为,对于智能视频监控非常重要。行为分析需要利用前面模块得到的数据进行语义上的复杂分析,是智能视频监控最具挑战性的任务之一。行为的分析与理解意味着要识别目标的运动模式并从高层次的角度进行描述。行为分析建立在对象提取、对象描述、对象跟踪和对象识别的基础之上,每个步骤的误差都会影响行为分析的准确性。而就目前的技术来看,前面三个步骤的错误又是无法避免的,因此,对复杂场景中视频对象行为的理解和描述具有相当的挑战性。视频对象的行为分析主要是基于视频对象的三类特征:单个视频对象的特征、多个对象之间相互的整体的特征、视频对象和背景之间的关系特征。

1) 基于单个视频对象的特征

基于单个视频对象特征的行为分析就是指通过分析视频对象速度变化、视频对象的特征变换(纹理特征变化、形状特征变化、颜色特征变化)等,对行为进行检测。基于单个视频对象特征的分析方法研究起步较早,它的基本思想是:跟踪视野内的每个视频对象直至其消失,判断视频对象是否在不受干扰地运动,从图像中提取对象的特征,并预测下一时刻视频对象应具有的位置、速度、轮廓、纹理等信息,然后在下一时刻再次提取出视频对象的特征,并与预测值进行比较,如果真实值与预测值差别较大,则推断有行为发生。

2) 基于多个视频对象的整体特征

行为的发生不但会改变单个视频对象的特征,而且会影响所有视频对象的整体特征。以交通事故的检测为例,交通事故是由于车辆熄火、追尾或相撞等原因引起的,且行为发生后车辆一般会迅速停驶并占据车道,阻碍随后驶来的车辆在这个已被占据的车道上通过,这个过程含有一系列可以利用的特征,如交通事故发生会导致交通拥堵、路面占有率增加、交通流速度减小等,从而影响整个车流的通行。基于多个视频对象整体特征的行为分析就是指通过分析视频对象的平均速度、区域占有率、相互间相对位置变化、视频对象队列等整体特征的变化,对行为进行检测。基于整体特征的分析方法不是检测可视区域内单个视频对象的特征,而是检测与行为相关的多个视频对象整体特征,所以不但能检测出行为位置,而且能记录行为的变化过程,估计行为的影响,从而为智能监控系统提供非常有价值的综合数据。

3) 基于视频对象和背景之间的关系特征

任何行为的发生是和环境密切相关的,脱离环境谈行为分析往往是造成误检测的一个主要原因。目前的行为分析技术往往在设计时就暗含了特定环境的假设。如在交通事故的智能视频监控系统中，一个基本的假设是分析的场景是某个公共交通环境，运动的目标主要是人、车辆。这个假设包含了大量的先验知识，从而可以大幅提高交通行为分析的准确率，但同时这也降低了该项技术的通用性。又比如门禁管理系统，系统通常暗含了固定地点和固定人群的假设，降低了环境分析的复杂度，提高了对象识别的准确率，从而保证了当出现危险人物或发生危险行为时可以快速反应。以上这些系统的环境假设造成了分析系统的环境局限性，一旦环境变化则系统不能正确处理。为此，我们可以将视频对象的行为分析和背景分析相结合，提取视频对象和背景之间的关系特征。在这方面国际国内还没有充分发展，一方面视频对象本身的行为分析还处于初始阶段，另一方面是背景特征的分析方法现在还不完善速度较慢，将二者结合往往会导致检测结果更加糟糕。

二、网络 IVR 技术

1. IVR 端口

IVR 端口主要有外围测试设备、计算机内置插卡、计算机，外围测试设备通过计算机内置插卡和计算机通信，计算机内置卡有 GPIB 接口卡、VXI 总线接口卡、PXI 总线接口卡等。

2. WWW 交互

WWW 交互系统是一个大型的分布式超媒体信息数据库，是 Internet 上最流行的最有潜力的信息发布方式，它采用一种三层结构的 B/S 计算机系统平台，Browser 和 Server 之间通过 Internet 连接，它们遵守 HTTP 协议并通过 URL 建立连接，Browser 不但可以访问 Server 端由 HTML 组成的静态信息，而且可以交互地获得 Server 上的信息。目前这种交互方式的实现方法主要有 CGI、ISAPI、ASP、JAVA、Applet 等，Web Sever 的实现方式有 MS IIS、Apache 等。

3. 在线监测

在线监测系统是 VI 端口、WWW 交互系统结合起来实现的，VI 端口把从现场采集的电流、电压、瞬时功率、转速、振动等信号保存在 Web Server 上的数据库中，而保存在这个数据库中的这些数据又通过某种交互方式如嵌入在网页中的 JAVA Applet 提供给 WWW 交互应用，除了提供给用户端口设备的各种实时运行数据以外，还对这些数据进行一定的处理，如分析频谱、生成历史趋势图、生成各种曲线、生成报表、故障分析、报警，并将处理结果呈现给用户。

第三节　IVR 研究方向

智能视频处理技术及应用系统的研发、商业操作和部署已有许多年，特别近 20 年来，出于对反恐、社会安定、国家公共安全等多方面的考虑，IVR 研究上升到了战略高度，从科研、经济、应用等多方面投入来推动该领域的发展，形成了一些比较大的成果。

欧美发达国家掌握了大部分智能视频软件系统的核心算法，在国际市场上占据了优势。

据 IMS Research 调查,世界范围内智能监控系统 IVRS 的市场占有率为 35%～36%,其中美国的 OV(Object Video)就占有了 9% 左右的比例。我国发展也很快,据报道,2020 年我国视频监控厂商占据全球智能视频监控市场份额约 47.2%;2021 全球安防 50 强企业中,有 16 家企业上榜,其中有 4 家企业入围世界安防 10 强。

一、美国 VSAM 系统

早在 1997 年,由美国国防高级研究项目署 DARPA 资助,以卡内基梅隆大学为首,与麻省理工学院、戴维·萨尔诺夫研究中心等研究机构合作研制了视频监视与监控系统(VSAM 系统)。VSAM 系统的目标是为战场及普通民用场景开发的一种自动视频理解技术,用于实现未来战争中人力监控费用昂贵、非常危险或者人力无法实现等场合下的监控。该系统主要功能有:融合了摄像机、红外、微波、温度探测器等多种类型的传感器,对监控地区进行全方位的昼夜监控;具有先进的视频分析处理器,不但检测和识别异常对象的类型,还能分析与预测人的活动,自动提示和报警;由 Internet、Intranet 和局域网构成了网络传输系统,支持多种通信线路连接;使用地理信息和三维建模技术提供可视化图形操作界面;机载航空摄像机能自动对准地面监视目标。

安防公司 OV(Object Video)也是得益于 VSAM 系统的研究而成立的。2000 年美国启动远程人类识别重大项目(Human Identification at a Distance,HID),研究开发多模式的监控技术以实现远距离情况下人的检测、分类和识别,以增强国防、民用场合免受恐怖袭击的保护能力。美国多个科研机构在智能视觉分析领域也取得了快速的发展,例如麻省理工学院多媒体实验室 Object-Based Media 研究组研制的 P-finder 系统可通过安装在墙面的许多嵌入式智能摄像机实现智能房间,恢复人的三维描述,对行为进行实时监视与判定;马里兰州大学和 IBM 公司联合研制的实时视频分析系统 W4(who when where what)将形状分析和目标跟踪技术相结合,构建人的外表模型,可以在室外的环境下检测和跟踪人群,并对进出民宅、停车场、银行等场合的携带物品的可疑人员行为进行监视;IBM 公司的 S3-R1(IBM Smart Surveillance System)实现了基本的实时报警信息,包括运动探测、方向探测、物品移走和摄像机盲区报警等,同时对场景监控视频生成检索信息,包括运动目标数目、分类、外观属性(颜色、纹理、形状、大小)、运动属性(方向、速度以及运动轨迹)、重叠属性(合并以及分开)等,可对保存下的视频数据进行快速的检索;卡内基梅隆大学和 Intel 研究中心合作研发了 IRISNET(Internet-scale Resource-intensive Sensor Network Services)分布式服务系统,以简化开发 Internet 范围内的多媒体传感应用,解决大规模的摄像机网络因为传输数据量大、计算复杂、视频压缩数据和索引数据的分布式存储等因素带来的整体系统实时性和可靠性问题。

二、欧盟的 PRISMATICA 系统

欧盟长期研究资助的项目"智能公共交通监控系统"(PRISMATICA 系统),融合了多种智能检测设备(智能摄像头、无线视频传输等),用于地铁站安全监控。另外,欧盟信息社会技术的第 5 程序委员会也设立了视频监控和检索重大项目 ADVISOR,旨在开发公共交通管

理系统(如地铁),覆盖了人群和个人的行为模式分析、人机交互等方面的研究。2004年,由欧盟出资启动的、英国雷丁大学与法国INRIA等联合实施的机场智能监控项目(AVITRAC),研究停机坪场景下目标跟踪和异常行为监控与报警的智能系统解决方案。奥地利Graz理工大学研究组在嵌入式智能摄像机系统设计、系统体系结构、任务分配以及在无线低功耗情况下的软件架构等多方面进行了研究。

三、海康威视的云边融合

海康威视于2001年底成立,位于浙江杭州,主要从事以视频产品为主的安防监控服务,业务聚焦于综合安防、大数据服务和智慧业务,覆盖包括美国在内的150多个国家和地区,全球市占率为29.8%。

最初海康威视主要着力于国防及家用视频监控产品,2016年开始推出了全系列深度智能产品家族。2017年,海康威视创造性地将边缘计算和云计算融合,推出了云边融合的三级架构,为人工智能在物联网领域的发展和应用作出了很大贡献。2019年,海康威视提出了物品与信息融合的数据架构,不断完善在人工智能、大数据和应用领域的布局。2020年,海康威视提出智慧城市"数智底座",依靠多年来在人工智能和大数据领域的技术推动智慧城市建设。从视频监控到智能物联、物信融合,再到数智底座,海康威视已成为以视频为核心的智能物联网解决方案和大数据服务提供商,提供完整的智慧行业和智慧城市解决方案。

第四节　IVR在交通领域的应用

一、在高速公路服务区管理中的应用

1. 引导不同车型的车辆规范停车

智能视频分析服务区应用系统前端车型识别采集设备可以明确区分客1~客4、货1~货5、特殊车辆(危险品运输车辆)的车型信息,并通过中心服务器识别该车型后,根据该车型信息计算出服务区内剩余的车位信息并发出指引标识,需要按照指示牌导引线进行行驶,指引车主选择合适的停车位停放车辆、按照车型分类区分停车位、大小车辆分别停放,规范停车秩序,使车位能够得到有效利用。

2. 危险品运输车辆停车监控

在危险品运输车辆行驶途中保障其安全极其重要,特别是服务区人流密集地区,智能视频分析服务区应用系统通过前端识别设备采集车辆图像,车辆特征提取系统分析后可以识别带有危险品标志(例如危险标志灯、危险车辆侧面标志等其他危险品标志)的车辆,危险品运输车辆进入服务区后前端采集设备分析出是危险品运输车辆后,直接引导该类型车辆进入危险品运输车辆专用车位停放,同时服务区内智能监控设备发现危险品运输车辆违规停放,会通过平台发出警告告知服务区管理人员协调处理,减少事故的发生。

3. 逃费车辆监控

系统通过采集服务区出入口数据,对出口车辆(以车牌号为索引)的特征进行比对(车脸、车身及车尾等信息数据),比较其存在的差异,来判断该车辆是否存在逃费行为。对于发现的异常车辆数据,将在系统平台上提示管理者,通过人工进行最终核实,以确认该车是否为逃费车辆。管理者可以通过系统平台对车辆进行持续跟踪查询,包括进出口处的车头车尾高清图像、车身图片信息等;通过图片对比对异常车辆进行再次复核,来最终确认该车是否为逃费车辆,如明确可自动加入平台黑名单,当再次出现时,会及时提醒管理者采取对应的措施。

4. 客流量及车流量统计

系统基于智能视频分析技术,对监控图像进行二次处理、分析。系统能自动判别当前静态场景,对场景中移动的目标物体(车辆、行人等)进行持续的跟踪,在此基础上识别并分析其运行状态。管理者通过后台分析数据能准确地掌握当前流量情况。除此之外,通过数据的挖掘和分析,管理者还能作出其他决策:

(1)将客流量、流向、滞留时间等按不同时间段进行分门别类的梳理统计,能更加精确、高效、安全地开展服务区管理工作。

(2)通过对客流向、行为的分析,能了解客户的需求,通过对比分析能及时评估服务区软硬件服务的情况,更有针对性地采取改进措施。

(3)通过对客流量的监控,还能及时发现人群密集点段的安全隐患并进行采取预警、分流等管控措施。

二、在轨道交通中的应用

1. 人脸抓拍、识别与异常检测

按照《城市轨道交通安全防范系统技术要求》(GB/T 26718—2011),人员从进入到离开车站期间至少需要记录 2 次的正面图像,人脸抓拍可以部署在车站出入口、通道、站厅、站台、自动售检票机等多个场所,主要用于事后的快速录像检索,并可以对生成的人脸信息进行二次布控。在光照和人脸角度可控的场所,对抓拍后的人脸进行特征识别,快速筛选可疑乘客,进行重点检查。对一些故意遮挡面部特征的人员予以关注,异常人脸检测包括戴头盔、戴口罩、戴墨镜、戴头巾、面部遮挡等。

2. 异常行为检测

主要针对地铁出入口、通道、站厅等重点区域,利用摄像头获取视频图像并对场景下的人员突然加速、人群混乱、打架斗殴等反常行为进行实时检测,第一时间及时报警,以便实现安保人员的及时调度,控制突发事件的进一步恶化。

检测某个区域内滞留超过所设定时间的人员,当一个或多个人在预先设定的防区内停留时间过长时,系统会自动发出预警,使得监控人员能更加高效地得知可能的潜在威胁,及时采取应对措施。

有预谋的犯罪,犯罪人员一般都会对作案地点进行实地踩点,会在一段集中的时间对活动环境进行多点的实地观察。结合单摄像机的人员徘徊滞留以及多摄像机的同一目标检测,对于具有踩点行为嫌疑的情况给出告警,及时提醒安保人员加以注意。

3. 遗留物检测

遗留物检测是目前国外地铁安保用得较多的视频智能分析手段,以技防手段弥补安保人员巡视中可能存在的疏漏,遗留物检测通常对车站通道、站厅、站台、车厢等处进行检测。

4. 入侵检测

入侵检测包括跨线检测、进入或离开区域检测、区域内出现或消失检测等,利用这些检测手段对车站各重点区域如车辆段、停车场、变电站轨道、隧道口等区域进行检测。当有人或物进入防控区域时,系统进行自动告警,帮助工作人员实时处理突发情况。

5. 客流密度检测和人流量统计

地铁车厢、站台、检票口以及各种通道是乘客必经的区域,每天都有数量巨大的人流通过或停留,这些位置的拥塞直接影响车站甚至网络的运行状态,因此,若要做到对车站及网络运营状态全面掌握,为运营管理措施提供明确的数据支持,要使地铁运营状态的发布更客观、科学。智能视频技术能实时获取地铁各处的客流量、客流密度及人流量统计结果。

6. 视频图像骤变检测

针对地铁出入口、通道、站厅、隧道等重点区域,必须保证视频监控摄像头的安全,时刻掌握监控设备的日常运行状态,在安保能控制的范围内使得监控设备有效运转。通过视频图像骤变检测可以 $7 \times 24h$ 检测破坏监控设备的不法行为,对其采取电子干扰。对破坏摄像机、遮挡摄像机镜头的行为进行自动识别并实时报警,以防止犯罪分子的蓄意破坏,阻碍视频监控系统的正常运行。

第五节　IVR 的伦理与安全

一、IVR 安全隐患

在公共安全形势严峻与公民安全需求提高的复杂背景下,IVR 技术在社会治安防控、刑事侦查、犯罪追诉以及公共服务等领域都有着重要的作用和卓著的成效。但是,IVR 技术在应用过程中所产生的风险也是不容忽视的,并且正在日益显现。视频监控的大规模设置和广泛应用将不可避免地对公民基本权利造成限制乃至侵害,其中最重要的莫过于对隐私的侵害。视频监控探头设置不当,视频监控信息的不当披露、非法传播和利用都将对公民隐私利益造成巨大侵犯,同时也增加了个人信息泄露的风险。

1. 监控设备安装场所不当

在涉及公民隐私的场所安装监控探头。例如:2005 年,政府有关部门曾经在广州火车站洗手间内安装监控探头;2016年,陕西某地国土局的征求意见箱正对监控探头而设。

2. 监控摄像头监控范围不当

摄像头未进行固定,监控范围将被改变且涉及私人空间。例如:2008年,深圳罗湖区一个路面监控在深夜被调转,对准附近一公寓楼进行窥视。

3. 视频监控操作违规

IVR的操作者违反管理守则,不当操作监控摄像头。例如:利用监控镜头进行偷窥或者是获得被观察者的身份信息后进行骚扰、敲诈勒索、打击报复等。

4. 视频监控图像信息泄露传播

例如:四川绵阳高速公路路口视频泄露,未经任何技术处理的政府部门视频监控被广为流传,对受害乘客的隐私造成了严重侵害。另外,警察利用职务特点调取公共视频监控的现象也普遍存在,例如:2017年,云南一民警私自调取监控帮朋友取得妻子出轨证据,间接导致第三者自杀身亡。

5. 视频监控日常生活信息泄露

视频监控收集到的大量且复杂的可视信息通过大数据的分类、分析和处理,生成了大量与人类生产生活有紧密联系的文本化信息,这些信息一旦泄露,对公民隐私权的侵犯会是更广泛、更隐蔽的。例如,监控摄像所记录的人们的行动轨迹、面部表情、身体姿势、手势、声音特征被公之于众;摄像头记录下的人们的消费偏好通过视频大数据分析可以帮助商店了解家庭中每个成员的规模、人口统计和购买行为。

二、IVR安全保障

对IVR安全隐患的防范越来越有必要,要有针对性地对安全问题进行监管。

1. 出台法律措施,加强应用管理,降低隐私侵犯的风险

通过政府信息公开、个人隐私保护等法律,将视频监控等政府信息收集和处理行为与公民个人隐私等利益在法律规范中予以调整。如美国制定了有关政府信息公开及个人信息保护的法律,有《信息自由法》《隐私法》《阳光下的政府法》等;英国制定了《数据保护法》《闭路电视监控系统实施办法》;德国为了防止信息处理对"个人隐私"的侵害,制定了《防止个人资料处理滥用法》。以上国家和地区的立法实践表明,视频监控立法需要相关立法配套,以实现公权力实施与私权利维护兼顾。

我国对于视频监控的立法主要有:一是专项性立法,直接以公共安全视频监控或公共安全视频图像的名称立法,如《安徽省公共安全视频图像信息系统管理办法》《内蒙古自治区公共安全视频监控图像信息系统管理办法》等。二是与视频监控相关的立法,视频监控涉及多方面的利益平衡,主要是公共安全管理与个人信息保护的兼顾,因此,规制视频监控行为的立法,从广义上还包括对个人信息安全、个人人身自由的维护的立法,这方面的立法主要有《宪法》《中华人民共和国网络安全法》《企事业单位内部治安保卫条例》《计算机信息网络

国际联网管理暂行规定》《互联网电子邮件服务管理办法》《政府信息公开条例》等。三是与安全视频监控有关联的司法解释,主要有《关于审理名誉权案件若干问题的解释》《关于办理侵犯公民个人信息刑事案件适用法律若干问题的解释》。

2. 制定技术标准,加强技术防护,降低数据泄露的风险

2018年11月1日,《公共安全视频监控联网信息安全技术要求》(GB 35114—2017)正式实施。这是由公安部提出,全国安全防范报警系统标准化技术委员会(SAC TC100)归口,并经国家质量监督检验检疫总局、国家标准化管理委员会批准发布的国家标准。该标准规定了公共安全领域视频监控联网视频信息以及控制信令信息安全保护的技术要求,适用于公共安全领域视频监控系统的信息安全方案设计、系统检测及与之相关的设备研发与检测。GB 35114—2017是国际国内第一个关于视频监控联网信息安全方面的技术标准,不仅对视频监控系统中设备的真实性和控制信令的真实性作了保护,而且从信息源头对视频数据的真实性和保密性作了保护,在数据层面显著加强了系统的安全性,其技术手段能有效防止视频数据伪造篡改、非法传播扩散等情况的发生,为视频监控系统联网信息安全提供了强力保障。

本章习题

1. 请问IVR与数字监控有什么异同?
2. IVR在技术领域里有哪些应用?
3. IVR有哪四个方面的功能组件?分别表达了什么内容?
4. 海康威视、大华股份等企业在IVR中有哪些优势?请了解他们遭受了美国哪些科技战略上的打压。
5. 请结合IVR原理阐述视频监控实现车辆不按车道行驶违法检测(直行车道左/右转、右转车道直行与左转、左转车道直行与右转等违章行为)的过程。

第八章 虚拟现实与增强现实

虚拟现实(Virtual Reality,VR),又称虚拟环境、灵境或人工环境,是指利用计算机模拟产生一个三维空间的虚拟世界,提供使用者关于视觉、听觉、触觉等感官的模拟,让使用者如同身历其境一般,可以及时、没有限制地观察三度空间内的事物。

VR 系统的基本特征是沉浸性、交互性和想象性,强调人在 VR 系统中的主导作用,使信息处理系统适合人的需要,并与人的感官感觉相一致。VR 是一种可以创造和体验虚拟世界的计算机系统,虚拟世界是指所有虚拟环境或给定仿真对象的全体;VR 是一种使人可以通过计算机看见、操作极端复杂的数据并与之交互的方式;VR 是一种具有三维合成环境,可以按人们自己的意愿从任选视点实时地在其中连续而自由地探测、考察和体验的媒介。

增强现实(Augmented Reality,AR),是一种实时地计算摄影机影像的位置及角度并加上相应图像、视频、3D 模型的技术,这种技术的目标是在屏幕上把虚拟世界套在现实世界并进行互动。让真实的环境和虚拟的物体实时地叠加到了同一个画面或空间同时存在。这种技术最早于 1990 年提出。随着随身电子产品运算能力的提升,增强现实的用途越来越广。

VR 和 AR 融合了数字图像处理、计算机图形学、多媒体技术、传感器技术等多个信息技术分支,从而大大推进了计算机技术的发展。它始于军事和航空航天领域的需求,但近年来,其应用已大步走进工业、建筑设计、教育培训、文化娱乐等方面,驱动了元宇宙(Metaverse)快速发展,正在深刻地改变着我们的生活。

第一节 VR 与 AR 技术发展

一、VR 发展过程

VR 的发展经历了以下四个阶段。

1. 1835—1950 年:虚拟现实思想的萌芽阶段

虚拟现实思想的提出,是对生物在自然环境中的感官和动态的交互式模拟,所以又与仿生学息息相关。1835 年,小说《皮格马利翁眼镜》首次构想了以眼镜为基础,设计视觉、触觉、嗅觉等全方位沉浸式体验的虚拟现实概念,这是可以追溯到的最早的关于 VR 的构想。1891 年,威廉·K.L.·迪克森(William K. L. Dickson)受爱迪生委托发明了一台放映机,是一个装置,根据时钟的逃逸机制进行调整,以确保通过相机和定期穿孔纤维素薄膜条的间歇性但定期的运动,以及胶片条和快门之间的精确同步。

Borodino 之战

图 8-1 所示的"Borodino 之战"油画是 360°艺术品的绝佳典范。这是 1912 年由俄罗斯艺术家弗朗·鲁博(Franz Roubaud)绘制的杰作。这幅画是令人难以置信的 360°战场体验。今天的虚拟现实与那些早期的 360°壁画相去甚远。现在,我们使用计算机技术来生成模拟环境。这是一种真正的身临其境且互动的三维体验,似乎包围了整个人。高端系统栩栩如生,甚至可以刺激用户的自然感觉,包括视觉、触觉、听觉甚至气味。

图 8-1 "Borodino 之战"油画

2. 1950—1990 年:VR 概念形成阶段

莫顿·海里格(Morton Heilig)被称为"虚拟现实之父",1956 年,他创建了 Sensorama,集成了 3D 显示器、气味发生器、立体声音箱及振动座椅,内置了 6 部短片供人欣赏,展示了未来影院的场景。1961 年,头戴式显示器 Headsight 集成了头部追踪和监视功能;1966 年 GAF ViewMaster 通过内置镜片来达到 3D 视觉效果。1968 年,Sword of Damocles(达摩克利斯之剑)由麻省理工学院研发,它被认为是 VR 典型设备,为其他 VR 设备提供了原型与参考。1984 年,第一款商用 VR 设备 RB2 诞生,配备了体感追踪手套等位置传感器。1985 年,NASA 研发了一款 LCD 光学头戴显示器,能够在小型化轻量化的前提下提供沉浸式的体验。1987 年,兰尼尔(J. Lanier)首次提出"虚拟现实"概念,并利用虚拟现实技术成功研发了数据手套和可视电话头戴式显示器等虚拟现实设备。

3. 1990—2010 年:VR 突破性进展阶段

20 世纪 90 年代,VR 技术逐渐形成体系,并成功应用于医学、军事、娱乐等领域。1995 年,任天堂发布了一款基于 VR 技术的游戏机 Virtual Boy,伊利诺伊大学研发了一款称作"CAVE"的 VR 系统,通过三壁式投影空间和立体液晶快门眼镜来实现沉浸式体验。1999 年罗斯鲍姆(B. O. Rothbaum)等研究人员利用虚拟现实技术为越南退伍军人创建战区情景,成功帮助他们进行创伤后应激障碍(PTSD)暴露治疗。

洞穴之喻(Allegory of the Cave)

图 8-2 所示的"洞穴"是柏拉图在《理想国》中描述的对人类知识的基本想象。

设想在一个地穴中有一批囚徒,他们自小待在那里,被锁链束缚,不能转头,只能看面前洞壁上的影子。在他们后上方有一堆火,有一条横贯洞穴的小道;沿小道筑有一堵矮墙,如同木偶戏的屏风。

有一些特定的人,扛着各种器具走过墙后的小道,而火光则把透出墙的器具投影到囚徒面前的洞壁上,这些器具就是根据现实中的物体所做的模型。

囚徒自然地认为影子是唯一真实的事物。如果他们中的一个囚徒碰巧获释,转过头来看到了火光与物体,他最初会感到眩晕(就像才从电影院走出来一样),但是没有关系,他会慢慢适应。此时他看到有路可走,便会逐渐走出洞穴,看到阳光下的真实世界,此时,他会意识到以前所生活的世界只不过是一个洞穴,而以前所认为的真实事物也只不过是影像而已。

图 8-2　洞穴

这个时候,他有两种选择,可以选择返回洞穴,也可以选择继续留在真实世界。最终不论出于何种原因,结果就是他选择了返回洞穴,并试图劝说他的同伴,也使他们走出洞穴,但他的同伴根本没有任何经验,故而认为他在胡言乱语,根本不会相信,并且会绑架他,甚至在可能的情况下杀死他。

精神分析电影理论敏锐地觉察到影院观影情境与柏拉图"洞穴隐喻"的相似性,认为:"放映机、黑暗的大厅、银幕等元素以一种惊人的方式再生产着柏拉图洞穴——对唯心主义的所有先验性和地质学模型而言的典型场地的场面调度。"在上述论者看来,柏拉图笔下的洞穴虽然本意在于喻证人类感官的不可靠,"一个洞穴式的地下室"中,"一些头颈和腿脚都绑着、不能走动也不能转头、只能向前看着洞穴后壁"的穴居者的原意,也并非对应于黑暗影院中的迷乱观众。但这一隐喻形象地表征了人类的观影情境。

4. 2010 年至今:VR 爆发性增长阶段

2010 年后,虚拟现实技术逐步应用于虚拟消费现实产品之中。Oculus Rift 于 2013 年推出了一款面向开发者的早期设备,价格仅为 300 美元,代表商用 VR 设备真正步入消费电子市场。2014 年,Facebook 宣布以 20 亿美元收购了 Oculus。Oculus 将虚拟现实接入游戏中,使得玩家们能够身临其境,对游戏的沉浸感大幅提升。虽然最初是为游戏打造,但 Oculus Rift 掀起的 3D 虚拟现实技术势必将应用到更为广泛的领域,包括观光、电影、医药、建筑、空间探索以及战场上。2018 年,布罗德里克(J. Broderick)等利用强调高质量音频改善用户虚拟体验。2019 年,马赫鲁斯(A. Mahrous)和施耐德(G. B. Schneider)提出在牙科教育和治疗中引入三维建模技术,不仅可以增强牙科学生可视化学习效果,也可使患者直观了解治疗方法和结果。

二、AR 发展过程

增强现实技术(AR)的发展经历了以下四个阶段。

1. 1950—1990 年:AR 概念提出阶段

萨瑟兰(Ivan Sutherland)开发出了第一套增强现实系统,是人类实现的第一个 AR 设备,被命名为达摩克利斯之剑(Sword of Damocles)的头戴式显示器,同时也是第一套虚拟现实系统。这套系统使用一个光学透视头戴式显示器,同时配有两个6°追踪仪,一个是机械式,另一个是超声波式,头戴式显示器由其中之一进行追踪。受制于当时计算机的处理能力,这套系统将显示设备放置在用户头顶的天花板,并通过连接杆和头戴设备相连,能够将简单线框图转换为3D效果的图像。

2. 1990—2000年:AR理论完整阶段

1993年,增强现实(augmented reality)术语正式诞生。波音公司的研究人员汤姆·考戴尔(Tom Caudell)和戴维·米泽尔(David Mizell)在论文 *Augmented reality: an application of heads-up display technology to manual manufacturing processes* 中首次使用了增强现实。在美国空军的阿姆斯特朗实验室中,开发出了Virtual Fixtures AR助手——KARMA,它的全称是基于知识的增强现实维修助手(Knowledge-based Augmented Reality for Maintenance Assistance)。1994年,艺术家Julie Martin设计了一出叫赛博空间之舞(Dancing in Cyberspace)的表演,舞者作为现实存在,与投影到舞台上的虚拟内容进行交互,在虚拟的环境和物体之间婆娑。1997年,路纳德·阿祖马(Ronald Azuma)发布了第一个AR报告,他提出了一个已被广泛接受的增强现实定义,包含三个特征:将虚拟和现实结合;实时互动;基于三维的配准(又称注册、匹配或对准)。1998年,Sportvision开发了1st & Ten系统,用于实况橄榄球直播中,首次实现了"第一次进攻"黄色线在电视屏幕上的可视化。1999年,奈良先端科学技术学院(Nara Institute of Science and Technology)的加藤弘一(Hirokazu Kato)教授和Mark Billinghurst共同开发了第一个AR开源框架:AR ToolKit,它基于GPL开源协议发布,是一个6°姿势追踪库,使用直角基准(square fiducials)和基于模板的方法来进行识别,带来App革命的第一个增强现实SDK。

3. 2000—2010年,AR应用不断扩大阶段

2000年,Bruce Thomas等人发布AR-Quake第一款AR游戏,它是流行电脑游戏Quake(雷神之锤)的扩展。AR Quake是一个基于6DOF追踪系统的第一人称应用,这个追踪系统使用了GPS、数字罗盘和基于标记(fiducial makers)的视觉追踪系统。2001年,出现可扫万物的AR浏览器,Kooper和MacIntyre开发出第一个AR浏览器RWWW,一个作为互联网入口界面的移动AR程序,到2008年Wikitude在手机上实现了类似的设想。2009年,平面媒体杂志首次应用AR技术,Esquire杂志的封面对准笔记本的摄像头时,封面上的罗伯特唐尼就跳出来和读者聊天,并开始推广自己即将上映的电影《大侦探福尔摩斯》。

4. 2010年至今,AR爆发性增长阶段

2012年4月,谷歌宣布其开发Project Glass AR眼镜横空出世,这种AR的头戴式现实设备将智能手机的信息投射到用户眼前,通过该设备也可直接进行通信。2014年4月15日,Google Glass正式开放网上订购。2014年,首个获得成功的AR儿童教育玩具是由Pramod Sharma和Jerome Scholler创立的一家生产AR儿童益智玩具的公司开发出来的。它由一个iPad配件和一个App组成,一个可以让iPad垂直放置的白色底座和一个覆盖前置摄像头的

红色小夹子,夹子内置的小镜子可以把摄像头的视角转向 iPad 前方区域,并用该区域玩识字、七巧板、绘画等游戏。2015 年,任天堂现象级 AR 手游 Pokémon GO 问世,在这款 AR 类的宠物养成对战游戏中,玩家捕捉现实世界中出现的宠物小精灵,进行培养、交换以及战斗。2016 年,Magic Leap 获得巨额融资,获得一轮 7.935 亿美元的 C 轮融资,由阿里巴巴领投,还包括华纳兄弟、Fidelity Management & Research Co、摩根大通和摩根士丹利投资管理公司。Magic Leap 是用光纤向视网膜直接投射整个数字光场(Digital Lightfield),由此产生了所谓的电影级现实(Cinematic Reality)。2017 年,苹果公司打造最大 AR 开发平台。宣布在 iOS 11 中带来了全新的增强现实组件 ARKit,该应用适用于 iPhone 和 iPad 平台,使得 iPhone 一跃成为全球最大的 AR 平台。ARKit 的"World Tracking"使用的技术名为"visual-inertial odometry"(视觉惯性测程法)。

三、VR 与 AR 的应用领域

VR 与 AR 技术与行业结合可以提升行业价值、带来新的解决方案,提升用户体验。

1. 在零售业

在购买衣服、鞋子、眼镜或其他任何穿戴物品前,顾客都会想要进行试穿。顾客在购买家具、装饰品时,也会想先看看摆在家里的样子,只不过之前很难实现,现在可以借助 AR 做到。例如,亚马逊最早引入 AR 技术,让消费者可以在线试穿衣服,为在线购物的消费者提供了前所未有的便利。还有宜家,打造了一款 AR 手机应用程序,顾客在购买之前便可以通过手机应用将宜家的家具"摆"在自己的家中,看颜色、大小是否合适,免去了退换货的麻烦。

2. 在建筑业

在建筑领域,AR 技术允许建筑师、施工人员、开发人员和客户在任何施工阶段看到立体的建筑以及内部设计,将整个建筑可视化。除此之外,还可以帮助识别施工作业中的错误和问题,在问题变得难以更正之前指出问题所在。此外,AR 技术还可以辅助建筑物和设施的维护作业。具有交互式 3D 动画和其他指令的服务手册可以通过 AR 技术在物理环境中显示,AR 技术可以帮助客户在维修或维护过程中提供远程协助。另外,它还是一种有价值的培训工具,可以帮助缺乏经验的人员完成工作,并现场找到正确的操作方法和零件信息。

3. 在旅游业

VR 技术的旅游项目可以为潜在的游客提供身临其境的体验。例如,甘肃省博物馆将 VR 互动技术引入展览,观众用手机摄像头识别文物时,文物可以进一步呈现"活态",如仰韶文化彩陶盆上的鱼纹可以"游动",带给人们更好的观展体验。

4. 在教育业

虽然关于 VR 技术如何在辅助教育中发挥重要作用仍有很多探索空间,但可以肯定的是对于教育具有很多的可能性,VR 与 AR 教育能够支持不同年龄段、不同水平的教育。VR 技术可以帮助教育工作者让学生在课堂上使用动态 3D 模型,可以帮助学生理解相关知识并用这种充满趣味的方式激发学习兴趣,学生将受益于 VR 与 AR 的可视化功能,通过数字渲染将概念带入生活,随时随地访问。

5. 在医疗业

有研究者研发了视频光学透视 AR 系统,能将 X 射线数据叠加到病人的身体上。得益于这项技术,外科医生在他的"视线"里获得患者的心跳、血氧和其他参数,此外,借助 VR 与 AR 设备,医护人员能看到在手术之前和手术期间获得的所有医疗信息,完全符合患者的解剖结构,并向外科医生提供虚拟 X 射线视图,引导医生进行精确手术。

第二节 VR 与 AR 技术原理

VR 与 AR 技术涵盖很广,包括全景音频采集、VR 移动芯片、VR 音频引擎、VI 一体机、全息投影、眼球聚焦追踪、眼球追踪、无线传输、交互控制设备、光场显示、激光定位、头部追踪、动作捕捉、显卡芯片、图像渲染、手势识别、Right House 定位、SDK、AP、操作系统、360°图像采集、视频拼接、广场采集、SLAM 定位技术、OLED 显示、物理引擎、数据压缩、物理反馈、图像定位、人体工学设计、LCD 显示等。

作为人物交互(HTI)通道的核心技术体系,AR 其实就是需要解决识别并跟踪定位需要交互和已经关注的现实场景目标,并根据手势或语音等交互方式完成意图的传递,以最终实现结合现实场景目标信息叠加的显示。随着应用场景的进一步拓展,以及应用场合的不断丰富,包括多人的长效体验、AR 的核心技术体系,特别是考虑到云端处理,也逐渐丰满和清晰。AR 要把虚拟物体整合(integrate)到现实环境中来,它需要摄像头来建立现实空间的坐标系。AR 的核心技术主要是计算机视觉(computer vision)、物体识别(object recognition),包括人脸识别、区域识别、语音识别(speech recognition)、手势识别(gesture recognition)。

一、计算机视觉

计算机视觉(Computer Vision,CV)是一门研究如何让计算机达到人类那样"看"的学科。更准确点说,它是利用摄像机和电脑代替人眼使得计算机拥有类似于人类的那种对目标进行分割、分类、识别、跟踪、判别决策的功能。

计算机视觉是使用计算机及相关设备对生物视觉的一种模拟,是人工智能领域的一个重要部分,它的研究目标是使计算机具有通过二维图像认知三维环境信息的能力。计算机视觉是以图像处理技术、信号处理技术、概率统计分析、计算几何、神经网络、机器学习理论和计算机信息处理技术等为基础,通过计算机分析与处理视觉信息。

通常来说,计算机视觉定义应当包含以下三个方面:①对图像中的客观对象构建明确而有意义的描述;②从一个或多个数字图像中计算三维世界的特性;③基于感知图像作出对客观对象和场景有用的决策。

作为一个新兴学科,计算机视觉是通过对相关的理论和技术进行研究,从而试图建立从图像或多维数据中获取"信息"的人工智能系统。计算机视觉是一门综合性的学科,其中包括计算机科学和工程、信号处理、物理学、应用数学和统计学,神经生理学和认知科学等,同时与图像处理、模式识别、投影几何、统计推断、统计学习等学科密切相关,近年来与计算机图形学、三维表现等学科也发生了很强的联系。

计算机视觉系统中计算机起代替人脑的作用,但并不意味着计算机必须按人类视觉的方法完成视觉信息的处理。计算机视觉可以而且应该根据计算机系统的特点来进行视觉信息的处理。但是,人类视觉系统是迄今为止人们所知道的功能最强大和完善的视觉系统,对人类视觉处理机制的研究将给计算机视觉的研究提供启发和指导。因此,用计算机信息处理的方法研究人类视觉的机理,建立人类视觉的计算理论,也是一个非常重要和新人感兴趣的研究领域。

这一领域的深入研究是从20世纪50年代开始的,走的是三个方向,即复制人眼、复制视觉皮层以及复制大脑剩余部分。

1. 复制人眼——让计算机"去看"

目前做出最多成效的领域就是在"复制人眼"这一领域,如图8-3所示。在过去的几十年,科学家已经打造了传感器和图像处理器,这些与人类的眼睛相匹配,甚至在某种程度上已经超越。通过强大、光学上更加完善的镜头以及纳米级别制造的半导体像素,现代摄像机的精确性和敏锐度达到了一个惊人的地步。它们同样可以拍下每秒数千张的图像,并十分精准地测量距离。

但是问题在于,虽然我们已经能够实现输出端极高的保真度,但是从很多方面来说,这些设备并不比19世纪的针孔摄像机更为出色:它们充其量记录的只是相应方向上光子的分布,而即便是最优秀的摄像头传感器也无法去"识别"一个球,遑论将它抓住。

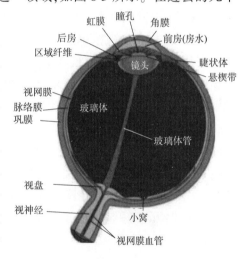

图8-3 复制人眼

换言之,在没有软件的基础上,硬件是相当受限制的。因此,这一领域的软件才是要投入解决的更加棘手的问题。不过现在摄像头的先进技术的确为这软件提供了丰富、灵活的平台。

2. 复制视觉皮层——让计算机"去描述"

要知道,人的大脑从根本上就是通过意识来进行"看"的动作的。比起其他的任务,在大脑中相当的部分都是专门用来"看"的,而这一专长是由细胞本身来完成的——数十亿的细胞通力合作,从嘈杂、不规则的视网膜信号中提取模式。

如果在特定角度的一条沿线上出现了差异,或是在某个方向上出现了快速运动,那么神经元组就会兴奋起来。较高级的网络会将这些模式归纳进元模式(meta-pattern)中:它是一个朝上运动的圆环。同时,如图8-4所示,另一个网络也相应而成:这次是带红线的白色圆环,而还有一个模式则会在大小上增长。从这些粗糙但是补充性的描述中,开始生成具体的图像。

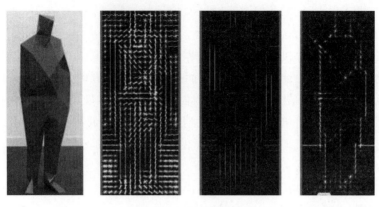

图 8-4　提取模式

网络是使用人脑视觉区域相似的技术,定位物体的边缘和其他特色,从而形成的"方向梯度直方图"。由于这些网络一度被认为是"深不可测的复杂",因此在计算机视觉研究的早期,采用的是其他方式:即"自上而下的推理"模式——比如一本书看起来是"这样",那么就要注意与"这个"类似的模式。而一辆车看起来是"这样",动起来又是"这样"。

在某些受控的情况下,确实能够对少数几个物体完成这一过程,但如果要描述身边的每个物体,包括所有的角度、光照变化、运动和其他上百个要素,即便是咿呀学语的婴儿级别的识别,也需要难以想象的庞大数据。

科学家正在研究的是让智能手机和其他的设备能够理解并迅速识别出处在摄像头视场里的物体。如图 8-5 所示,车载智能后视镜正在自动识别行人与导航路径。街景中的物体都被打上了用于描述物体的文本标签,而完成这一过程的处理器要比传统手机处理器快上 120 倍。随着近几年并行计算领域的进步,相关的屏障逐渐被移除。目前出现了关于模仿类似大脑机能研究和应用的爆发性增长。模式识别的过程正在获得数量级的加速,我们每天都在取得更多的进步。

图 8-5　智能识别

3. 复制大脑剩余部分——让计算机"去理解"

我们可以尝试复制大脑剩余部分,并让计算机"去理解",如图 8-6 所示。当然,光是"识别""描述"是不够的。一台系统能够识别苹果,包括在任何情况、任何角度、任何运动状态,甚至是否被咬等。但是,它仍然无法识别一个橘子,并且甚至都不能告诉人们什么是苹果、是否可以吃、尺寸如何或者具体的用途。

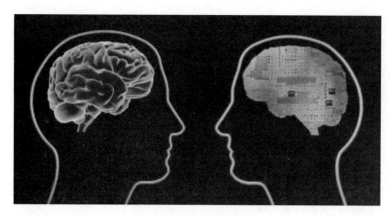

图 8-6 复制大脑剩余部分

对于人们来说,大脑的剩余部分由这些组成,包括长短期记忆、其他感官的输入、注意力和认知力、从世界中万亿级别的交互中收获的十亿计知识,这些知识将通过我们很难理解的方式被写入互联的神经。而要复制它,比起我们遇到过的任何事情都要更加复杂。

二、物体识别

物体识别主要指的是对三维世界的客体及环境的感知和认识,属于高级的计算机视觉范畴。它是以数字图像处理与识别为基础的结合人工智能、系统学等学科的研究方向,其研究成果被广泛应用在各种工业及探测机器人上。物体识别的主要技术及流程如下。

1. 图片的预处理

预处理几乎是所有计算机视觉算法的第一步,其动机是尽可能在不改变图像承载的本质信息的前提下,使得每张图像的表观特性(如颜色分布、整体明暗、尺寸大小等)尽可能一致,主要完成模式的采集、模数转换、滤波、消除模糊、减少噪声、纠正几何失真等操作。

2. 特征提取

特征提取是物体识别的第一步,也是识别方法的一个重要组成部分,好的图像特征使得不同的物体对象在高维特征空间中有着较好的分离性,从而能够有效地减轻识别算法后续步骤的负担,达到事半功倍的效果,下面对一些常用的特征提取方法进行介绍。

如图 8-7 所示,图像特征提就是提取出一幅图像中不同于其他图像的根本属性,以区别不同的图像。如灰度、亮度、纹理和形状等特征都是与图像的视觉外观相对应的;而还有一些则缺少自然的对应性,如颜色直方图、灰度直方图和空间频谱图等。基于图像特征进行物体识别实际上是根据提取到图像的特征来判断图像中物体属于什么类别。形状、纹理和颜色等特征是最常用的视觉特征,也是现阶段基于图像的物体识别技术中采用的主要特征。

图像的颜色特征描述了图像或图像区域的物体的表面性质,反映出的是图像的全局特征。一般来说,图像的颜色特征是基于像素点的特征,只要是属于图像或图像区域内的像素点都将会有贡献。典型的图像颜色特征提取方法有颜色直方图、颜色集和颜色矩。

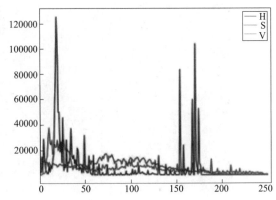

图 8-7 图像颜色提取

如图 8-8 所示的图像纹理特征提取,图像的纹理是与物体表面结构和材质有关的图像的内在特征,反映出来的是图像的全局特征。图像的纹理可以描述为:一个邻域内像素的灰度级发生变化的空间分布规律,包括表面组织结构、与周围环境关系等许多重要的图像信息。典型的图像纹理特征提取方法有统计方法、几何法、模型法和信号处理法。

图 8-8 图像颜色提取

如图 8-9 所示的图像形状特征提取,形状特征是反映出图像中物体最直接的视觉特征,大部分物体可以通过分辨其形状来进行判别。所以,在物体识别中,形状特征的正确提取显得非常重要。常用的图像形状特征提取方法有两种:基于轮廓的方法和基于区域的方法。

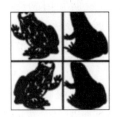

图 8-9 图像形状特征提取

空间特征是指图像中分割出来的多个目标之间的相互的空间位置或者相对方向关系，有相对位置信息，比如上下左右，也有绝对位置信息，常用的提取空间特征的方法的基本思想为对图像进行分割而提取出特征后，对这些特征建立索引。

3. 特征选择

再好的机器学习算法，没有良好的特征都是不行的；然而有了特征之后，机器学习算法便开始发挥自己的优势。在提取了所要的特征之后，接下来的一个可选步骤是特征选择。特别是在特征种类很多或者物体类别很多而需要找到各自的最适应特征的场合。严格来说，任何能够在被选出特征集上工作正常的模型都能在原特征集上工作正常，反过来进行了特征选择则可能会丢掉一些有用的特征；不过由于计算上的巨大开销，在把特征放进模型训练之前还得进行特征选择。

4. 建模

一般物体识别系统赖以成功的关键基础在于属于同一类的物体总是有一些地方是相同的。而给定特征集合、提取相同点、分辨不同点就成了模型要解决的问题。因此，可以说模型是整个识别系统的成败之所在。对于物体识别这个特定课题，模型主要建模的对象是特征与特征之间的空间结构关系；主要的选择准则，一是模型的假设是否适用于当前问题；二是模型所需的计算复杂度是否能够承受，或者是否有尽可能高效精确或者近似的算法。

5. 匹配

在得到训练结果之后（在描述、生成或者区分模型中常表现为一簇参数的取值，在其他模型中表现为一组特征的获得与存储），接下来的任务是运用目前的模型去识别新的图像属于哪一类物体，并且有可能的话，给出边界，将物体与图像的其他部分分割开。一般当模型取定后，匹配算法也就自然而然地出现。在描述模型中，通常是对每类物体建模，然后使用极大似然或是贝叶斯推理得到类别信息；生成模型大致与此相同，只是通常要先估出隐变量的值，或者将隐变量积分，这一步往往导致极大的计算负荷；区分模型则更为简单，将特征取值代入分类器即得结果。

6. 定位

在成功地识别出物体之后，对物体进行定位成为下一步工作。一些模型，如描述生成模型，或是基于部分的模型天生具有定位的能力，因为它们所要处理的对象就是特征的空间分布，而特征包方法相对较难定位，即使是能定位，准确程度也不如前者。不过近年来经过改进的特征包方法也可以做相当精确的定位。一部分是因为图像预分割及生成模型的引入，另一部分则归功于一些能够对特征包得到的特征进行重构的方法。

三、追踪器与数据手套输入设备

在虚拟现实应用中，追踪使用者的位置是很重要的。在过去，设计者只关心追踪器是不是能提供足够的更新率，然而现在却要考虑其他因素，包括静态准确度（static accuracy，测定物体位置的准确度）、动态准确度（dynamic accuracy，测定移动量的准确度）、实时相延迟

(phase lag)等。特别是时相延迟,由于现在的追踪器都有处理器进行运算,如果物体持续移动,输出结果将永远不等于目前位置。如果输出和目前位置差太多,使用者会感觉出不真实,甚至产生不快与头晕。此外,由于追踪器和头戴式显示器常一起使用,定位(registration,真实和回报的位置之对应关系)也很重要。如果我们看到的动作和实际的步调不一致,就会产生很多问题,如两人怎样也无法握手,因为他们看到的手和他们手的实际动作并不能配合。为了改善显示的及追踪到的动作不一致问题,现在也使用了预测技术,预先推测下一画面的位置。追踪器的原理与方式有下列几种。

1. 机械式

如图 8-10 所示,根据关节的转动角度,就可以计算受测物的位置。

图 8-10　虚拟现实设备

优点:低价位、低时间延迟(对头部位置追踪很重要),不用收发装置,所以不易受外界环境影响。

缺点:追踪范围很小,会磨损,对四肢运动产生机械的迟滞(inertia)。

2. 电磁式

由三个正交的发信器发出磁场,经由三组接收器接收,可由收发的信号变化计算出受测物的位置。

优点:体积小巧(适合装在头部、手上及笔尖),可将收发器组合,分时多任务,以得到更大的追踪区域。

缺点:易受无线电等电磁干扰,如果附近有像铁的磁性金属类物品,也会产生干扰。系统时间延迟约 100ms,较长。目前已经致力于减少延迟。

3. 光学式

将光源,如红外线放在受测物上,再由安放于四周的接收器(摄影机)接收,据以计算位置。

优点:追踪范围广大(取决于光强度及同相位程度)。

缺点:必须要光能照到,也就是光的路径中不能有障碍物。过于重,价格较昂贵。

4. 超音波式

一种常见的技术是由几个发声器发出声音(超音波),让几个麦克风接收。经由测定时间差来计算受测物距离。需要几组收发器才能得到完整的 3D 位置数据。另外一种较少见的技术是经由计算收发器信号的相位差测出受测物的位移。

优点:转换器容易取得,可以以低成本制作。

缺点:音速受外界温度、气压及湿度影响而有不同,音响式系统必须先考虑这些,否则会有很大误差。此外,声音碰到"硬表面"会产生回音,造成"鬼影"现象。收发器间也不可以有东西挡住。这使它的准确度及追踪范围都受限。

5. 惯性式及重力式

惯性式追踪器用陀螺仪测量三轴的转动量。陀螺仪过去用于飞机或飞弹的导引装置,现在也应用于一些防震(noshake)手提摄影机及无线遥控直升机。重力式追踪器则用地心引力加上单摆测量相对于地的旋转角度。

优点:无收/发装置。

缺点:陀螺仪难以和其他装置沟通,且会随时间偏移(每分钟几度),也需要做温度校正。不过新一代的"固态(solid-state)陀螺仪"(实为一种压电设备)可降低这些效应 2~3 倍。另外,重力式追踪器与陀螺仪皆无法准确得知平移的位置,但对旋转很敏感,只能提供旋转信息。

四、计算机图形学

计算机图形学(Computer Graphics,CG)是一种使用数学算法将二维或三维图形转化为计算机显示器的栅格形式的科学。简单地说,计算机图形学的主要研究内容就是研究如何在计算机中表示图形,以及利用计算机进行图形的计算、处理和显示的相关原理与算法。

计算机图形学的核心目标在于创建有效的视觉交流。在科学领域,图形学可以将科学成果通过可视化的方式展示给公众;在娱乐领域,如在 PC 游戏、手机游戏、3D 电影与电影特效中,计算机图形学发挥着越来越重要的作用;在创意或艺术创作、商业广告、产品设计等行业,图形学也起着重要的基础作用。

计算机图形学核心目标(视觉交流)可以分解为三个基本任务:表示、交互、绘制,即如何在计算机中"交互"地"表示""绘制"出丰富多彩的主、客观世界。

1. 表示

表示是指如何将主、客观世界放到计算机中去——二维、三维对象的表示与建模。

2. 绘制

绘制是指如何将计算机中的对象用一种直观形象的图形图像方式表现出来——二维、三维对象的绘制。

3. 交互

交互是指通过计算机输入、输出设备,以有效的方式实现"表示"与"绘制"的技术。

其中,"表示"是计算机图形学的"数据层",是物体或对象在计算机中的各种几何表示;"绘制"是计算机图形学的"视图层",指将图形学的数据显示、展现出来。"表示"是建模、输入,"绘制"是显示、输出。"交互"是计算机图形学的"控制层",它负责完成有效的对象输入与输出任务,解决与用户的交互问题。

五、谷歌眼镜

图 8-11 所示的谷歌眼镜是由谷歌公司于 2012 年 4 月发布的一款增强现实 AR 眼镜,它具有和智能手机一样的功能,可以通过声音控制拍照、视频通话和辨明方向,以及上网冲浪、

图 8-11 谷歌眼镜

处理文字信息和收发电子邮件等。

谷歌眼镜主要结构包括在眼镜前方悬置的一台摄像头和一个位于镜框右侧的宽条状的电脑处理器装置,配备的摄像头像素为 500 万,可拍摄 720P 视频。

谷歌眼镜的技术原理是:谷歌眼镜利用的是光学反射投影原理(HUD),即微型投影仪先是将光投到一块反射屏上,而后通过一块凸透镜折射到人体眼球,实现所谓的"一级放大",在人眼前形成一个足够大的虚拟屏幕,可以显示简单的文本信息和各种数据。

谷歌眼镜实际上就是微型投影仪+摄像头+传感器+存储传输+操控设备的结合体。右眼的小镜片上包括一个微型投影仪和一个摄像头,投影仪用以显示数据,摄像头用来拍摄视频与图像,存储传输模块用于存储与输出数据,而操控设备可通过语音、触控和自动三种模式控制。

第三节　VR 与 AR 的研究方向

一、萨瑟兰:开启虚拟世界的窗口

VR 起源于 1965 年美国伊万·萨瑟兰(Ivan Sutherland)在 IFIP 会议上发表的题为 *The Ultimate Display*(终极的显示)的论文。论文中提出,人们可以把显示屏当作"一个通过它观看虚拟世界的窗口",以此开创了研究虚拟现实的先河。1968 年,萨瑟兰成功研究出头盔显示装置和头部及手部跟踪器。萨瑟兰被誉为"计算机图形学之父"。

萨瑟兰在 MIT 攻读博士学位期间,用了 3 年时间完成了研制 3 维的交互式图形系统,这个艰巨而复杂的任务,开发成功了著名的 Sketchpad 系统。Sketchpad 系统的工作原理是:光笔在计算机屏幕表面上移动时,通过一个光栅系统(grid system)测量笔在水平和垂直两个方向上的运动,从而在屏幕上重建由光笔移动所生成的线条。一旦线条出现在屏幕上,就可以被任意处理和操纵,包括拉长、缩短、旋转任一角度等,还可以互相连接起来表示任何物体,物体也可以旋转任意角度以显示其任意方位的形态。Sketchpad 中的许多创意是革命性的,为计算机仿真、飞行模拟器、CAD/CAM、电子游戏机等重要应用的发展打开了通路。它的影响一直延续至今。

1988 年,萨瑟兰获得图灵奖。除此以外,他还是美国工程院兹沃里金奖的第一位得主;1975 年系统、管理与控制论学会授予他"杰出成就奖";1986 年 IEEE 授予他皮奥尔奖;1994 年 ACM 还授予他软件系统奖。

二、麦克格里文:世界上第一个虚拟视觉环境

1984 年,加州大学伯克利分校的校友迈克尔·麦克格里文(Michael McGreevy)加入美

国宇航局埃姆斯研究中心(NASA's Ames Research Center),并为 Virtual Planetary Exploration Workstation(虚拟行星探索工作站)开启了一个名为虚拟视觉环境显示系统(Virtual Visual Environment Display system,VIVED)的项目,这是一种沉浸式环境,麦克格里文为它开发了一种头显设备。1986 年,该项目首次展示。整个系统被托管在小型计算机 DEC PDP-11 上,并连接着 Evans & Sutherland Picture System 2(一种交互式、动态的 3D 绘画系统)。

VIVED 被认为是世界上第一个虚拟现实环境。那时的虚拟现实基本上是早期计算机模拟系统的演变,比如由 Evans & Sutherland 开创的系统。其中的软件是交互式的,意味着它会根据用户的动作重新创建环境,即用户能够通过肢体动作与计算机交互。1984 年,麦克马斯特大学的一名学生 Steve Mann 开发了一款"透视式眼镜(see-through glasses)"——Eye Tap,比 AR 技术的出现早了 10 年。

导演詹姆斯·卡梅隆的电影《终结者》(1984)中,主角头上戴着的数据显示设备,同样领先于现实世界中的技术。同年,William Gibson 的反乌托邦小说《神经漫游者》(1984)出版,确立了"赛博朋克"作为一个科幻类别的地位。几年以后,Robert Zemeckis 的电影《谁陷害了兔子罗杰》(1988)将数字角色叠加在现实环境中,使人们对于未来将会被称为"增强现实"的技术产生了更大的兴趣。

第四节　VR 与 AR 在交通领域的应用

在交通运输行业,针对交通工程复杂程度不断提升、交通规划与设计开发协同、交通事故、安全生产事故频发等现状问题,虚拟现实作为新一代人机交互工具,已应用于交通运输行业相关领域。

一、VR 技术在交通规划中的应用

交通规划一直是对全新的可视化技术需求最为迫切的领域之一,虚拟现实技术已应用在交通规划的许多方面,并带来了切实且可观的利益。VR 技术在道路桥梁规划设计中得到了应用,在实际设计规划工作中,基于对各个方案的比较分析,能分析出其存在的缺陷,保证整个设计的规划和布局。在虚拟环境中,能对大跨径桥梁进行试验,分析其中的实物、重要结构等。在桥梁、道路规划设计工作中,基于虚拟现实技术的应用,都能为其展现出真实场景。在该环境下,能够观察出道路和桥梁的主要风格,探究风格和周边的环境是否适合,是否能够满足当前的环保要求。结合桥梁的变视点、变角度等动态化信息,也能给予多方面数据的采集和处理。尽管在复杂的地形地貌地区,也能实现线路的优化,确保复杂结构中非线性、空间、稳定等因素的计算,其勘察和设计工作提供自动化应用手段。尽管道路桥梁需要同时处理大量的三维模型与纹理数据,导致需要很强大的计算机性能作为后台支持,但随着近些年来计算机软硬件技术的提高,一些原有的技术瓶颈得到了解决,使虚拟现实的应用达到了前所未有的发展。

如图 8-12 所示,在城市交通规划中,利用虚拟 GIS(Geographic Information System,地理信

息系统)技术可以完成城市道路地形图及相关信息的录入,实现空间数据和属性数据的采集,建立三维地形模型,并构建出一个与客观世界相一致的虚拟环境,以便用户能够逼真地感知它的存在。因此,GIS 与交通规划的结合是今后交通分析软件的发展方向。

图 8-12　交通规划应用效果

二、VR 技术在自动驾驶中的应用

模拟驾驶技术最早应用于在军事领域,主要应用于飞行模拟训练、宇宙飞船操作训练等系统中。汽车虚拟驾驶模拟器的研制与开发始于 20 世纪初。新的汽车驾驶培训人员,使用汽车驾驶培训模拟器来熟悉驾驶技能,这在发达国家早已被广泛推广。如图 8-13 所示,随着虚拟现实技术快速发展,汽车驾驶模拟器如今早已成为探索汽车性能,研究驾驶员、汽车、道路这三方面之间关系的主要工具。瑞典的 VDI 公司出资建立了汽车驾驶模拟器实验室,用于车辆制造和交通安全环境改善的探索与开发。美国的通用汽车公司,也开始进行开发型汽车驾驶模拟器的研制工作。该公司迄今为止已经开发出了第三代产品,通用汽车研制的汽车驾驶模拟器的各项性能指标均领先于世界水平。日本的杰瑞汽车研究所也建成了带有体感模拟系统的汽车驾驶模拟器。

图 8-13　虚拟仿真驾驶

在我国虚拟驾驶应用汽车自动驾驶领域,利用虚拟驾驶技术对自动驾驶仿真测试的意义、功能需求、测试方法和作用、技术架构、软件现状、评价体系等方面进行分析,为自动驾驶仿真技术今后的发展提供了细致的参考依据。腾讯公司的自动驾驶虚拟仿真平台成为自动驾驶车辆研发测试的基础设施,并逐步深度融入自动驾驶车辆的开发流程、标准制定、技术评价过程中。目前自动驾驶仿真已经被行业广泛接受。例如美国自动驾驶领军企业 Waymo 旗下的仿真平台 Carcraft 每天在虚拟道路上行驶约 2000 万 mile,相当于在真实世界中行驶 10 年。截至 2020 年 5 月,Waymo 已经模拟行驶了 150 亿 mile,相比之下,去年 6 月的数据是 100 亿 mile。

三、VR 技术在交通安全施工中的应用

在交通工程建设领域,利用 VR 技术开展安全生产教育,感受真实"事故"体验效果,让受训人员记忆深刻,深入人心。如图 8-14 所示,通过虚拟现实技术为交通工程建设企业的安全生产培训提供了一条先进、直观的新途径。

图 8-14　虚拟安全生产体验课程

可以说,VR 技术的价值在于使培训中的互动更为自然和真实,为培训人员提供了"临在感",让他们身临其境感受"事故"伤害,减少了人们对各类高压设备、锋利的工具以及从高处不慎坠落的顾虑,而这些在传统培训中都是普遍存在的。在虚拟的厂区内,工作人员可随时查询和执行作业。如果遇到疑问,也能随时调取每台设备的参数和互动式的操作手册,为后期的实操作业提供扎实的培训经验。不仅如此,VR 培训还允许员工在"危险"环境中反复练习、不断尝试,而这在传统培训中是不可能的。这种特有的安全性和可重复性减轻了学习压力,使学员更自信。

如图 8-15 所示,浙江省交通工程建设集团多个项目部建立多家 VR 安全生产体验馆。通过 VR、AR、3D 技术,结合 VR 设备、电动机械,模拟基础施工阶段、桥梁、隧道施工三大作业场景中高处坠落、坍塌伤害六大危险场景,使体验者身临其境地体验了消防安全、火灾逃生、现场用电、电梯坠落等虚拟作业及事故场景。通过场景化模拟演练,全方位地为体验者

普及了安全知识、防范与应急处理措施,让体验者以边学习边体验的方式加深记忆,深刻体会安全生产的重要性,进而达到培训、演练一步到位的效果。VR 体验馆通过身临其境的模拟体验,让安全生产教育变得"立体化"。

图 8-15　项目部安全生产体验馆
图片来源:浙江省交通工程建设集团。

四、VR 技术与 BIM 技术的在交通工程中的融合应用

近年来,BIM 技术逐步在建筑工程领域普及推广。针对建筑信息模型(Building Information Model,BIM)技术的应用和发展,住房和城乡建设部在 2015 年 6 月发布的《关于推进建筑信息模型应用的指导意见》中,对 BIM 这一概念进行了新的诠释。

BIM 是在计算机辅助设计(Computer Aided Design,CAD)等技术基础上发展起来的多维模型信息集成技术,是对建筑工程物理特征和功能特性信息的数字化承载和可视化表达。换言之,就是用数字信息为项目各个参与者提供各环节的"模拟和分析"。

BIM 打破了传统 CAD 二维图板的工作流程和方式,实现在三维空间进行工程设计和协同工作。新的数据形式和工作流程,势必会带来工作方式的转变,VR 为 BIM 从二维到三维的感知和协同提供新的手段。"BIM + VR"有助于连通 BIM 模型与人的感知,实现更高的沟通效率和质量。

BIM + VR 技术已经越来越多地应用在交通工程中。交通工程通常具有量大面广线长、大面积地表模型、地质模型复杂、不规则路基、长距离的空间地理位置关系等特点,完全采用专家现场勘察进行方案对比评价成本高、难度大,缺少对交通基础设施设计的直观感知与评价手段。"BIM + VR"连通人的感知、交通运行和基础设施的模型数据,提供多种虚拟现实感知手段,有助于实现以人为本的设计评价与协同工作。

1. 工程建设前中后期进行全景发布

利用全景拍摄、图像拼接、虚实融合、轻量化发布等关键技术,对交通工程关键点位建设前中后场景进行全景对比,支持工程 BIM 模型与实景采集图像的全景虚实融合,实现工程的前瞻感知与沉浸式评价。

2. 工程隐式结构的 3D 打印显示表达

对 BIM 模型的关键构件进行精细建模和 3D 打印,直观展示重要交通基础设施的内部结构、隐蔽工程等设计细节,实现隐式结构的显示表达,并支持对打印构件的施工组织与预拼装。

3. 设计成果全息展示

对交通基础设施控制性工程的施工工艺、工序、工法进行基于 BIM 的动态模拟,并以全息成像的形式进行直观展示,供多人协同共享与施工组织方案讨论。

4. 虚拟驾驶设计合理性评价

如图 8-16 所示,基于 BIM 模型研发虚拟驾驶系统,实现驾驶人第一视角的视距检查和工程设计合理性评价,提前发现线状工程存在的设计不足和安全隐患,给出基于驾驶人行车体验的设计优化建议,降低安全风险。

5. 虚拟飞行景观分析

研发虚拟飞行系统,提供飞行视角的工程沿线地形和景观 BIM 模型感知方式,基于 MYO 控制臂环的自然交互设计,实现对基础设施与周边环境相符性的自由飞行查看与中观评价。

图 8-16 虚拟驾驶设计合理性评价

6. 虚拟骑行分析

如图 8-17 所示,研发基于 BIM 的混合现实虚拟骑行系统,提供自行车道等慢行系统骑行体验平台,实现在虚拟场景中对不同选线方案的景观骑行感知和慢行系统设计对比,辅助业主方前瞻未来场景、优化设计方案,提升交旅融合的宣传效果。

7. 虚拟步行交安设施细节分析

如图 8-18 所示的虚拟步行系统,实现在 BIM 场景中以步行的方式自由漫游,以更自然的方式直观感知和评价交安设施、标志标线标牌、景观设计、交通诱导设施、交通无障碍设施等细节设计,提升工程设计的人性化与合理性。

图 8-17 虚拟骑行分析

图 8-18 基于 VR 蛋椅的交通无障碍设施评价

8. 基于 AR 技术的施工交底

利用 AR 技术将 BIM 模型和施工标注信息增强到二维施工图纸上,通过手机扫一扫,支持 BIM 模型、施工过程动画、信息辅助标注的增强显示与实时交互,实现施工人员从二维图纸到三维 BIM 的感知延伸。

9. 交通运行仿真分析

对工程全线进行交通适用性仿真,对交通基础设施对区域交通的影响和客货通行效率进行分析评价,并将输出的仿真结果导入虚拟驾驶系统中,为用户提供数据驱动的交通运行场景感知与仿真分析。

除此之外,BIM + VR 还可以应用于施工现场虚实融合一体化安全监控、机电设施虚拟装配与远程辅助维修、BIM + VR + IoT + AI 的实景数字孪生应用等。

BIM 技术在我国交通工程中的应用已经广泛开展,在交通基础设施工程规划、设计和建设阶段,已经具备支撑工程实际应用的能力,BIM + VR 是 BIM 数据形式和工作方式转变的必然选择。全息成像、全景发布、3D 打印、虚拟驾驶、虚拟飞行、虚拟骑行、虚拟步行、AR 施工交底等 BIM + VR 的应用创新,有助于探索 BIM 在交通工程中正向设计与协同工作的应用方法,打破人、车、路之间的数据壁垒,实现人的感知、交通的运行和基础设施的智能化之间的连通,为 BIM 在交通工程中更好地应用提供案例参考和技术支持,在交通行业具有较好的示范作用。

第五节　VR 与 AR 的伦理与安全

一、VR 与 AR 的监管压力

VR 与 AR 的广泛使用,会产生监管上的巨大压力。

1. 容易诱导使人上瘾

由于 VR 与 AR 制品具有的体验感、参与度、冲击力等特点,更容易使人上瘾,从而拥有大量受众。很多人可能因失去自我控制,而产生其他个人和社会问题。

2. 影响未成年人成长

未成年人分辨是非的能力较低,意志力薄弱,一旦对 VR 与 AR 制品上瘾,不仅可能影响学业,而且可能会形成不健康的道德意识。

3. 有损产业健康发展

如果 VR 与 AR 与游戏业等结合过多、过大,给公众造成不良印象,会引发政府更为严密的监管和媒体、社会的谴责,导致该技术行业被打上负面标签,最终反而有损 VR 与 AR 行业的长远发展。

4. 对其他产业的冲击

如果 VR 与 AR 技术与演艺结合,可以产生更加生动的影视效果,而对人的演奏、歌唱、动作等可能要求更高,由于过度或者严苛的要求,就可能产生从事此类行业的人的积极性不高,冲击这些产业的发展。

二、VR 与 AR 使用的局限性

VR 与 AR 设备与使用中存在着以下局限性。

1. 价格昂贵

VR 与 AR 设备的价格对设备的普及是目前所面临的最大阻碍。实际上,如果 VR 与 AR 设备的价格过高且超过普通大众的承受能力,即使它有优秀的性能,也终究会拖慢它的普及速度。目前,市场上 VR 与 AR 产品的数量种类繁多,如 VR-Platform CAVE 等专用的沉浸式虚拟现实系统的价格能够高达数十万元。在飞行员的训练或军事演习上,如此价格是可以接受的,但是对于普通大众则显得过于昂贵,无法负担。

2. 心理反差

VR 与 AR 环境能为用户提供较好的沉浸式体验,丰富的三维立体建模对用户的视觉感官冲击极大。但是 VR 与 AR 内容较为呆板的交互性却与其逼真的视觉体验形成鲜明的反差,这种差别可能会给 VR 与 AR 设备的使用者带来较大的心理落差,影响 VR 与 AR 给使用者带来的沉浸式体验。

3. 空间错位

当前,许多显示性能出色的 VR 与 AR 设备依然需要通过有线的方式与 PC 端相连,例如,Oculus Rift 头戴式显示器需要与具有高性能图像卡的 PC 连接。连接过程中需要应用大量的线缆,使用者在使用 VR 与 AR 技术的过程中必须小心这些线缆,以免被线缆绊倒。Oculus Rift 的最大可追踪空间为 $2.5m \times 2.5m$,限制的空间范围过小,没有达到人们随时随地使用 VR 技术的要求,由此可见,VR 与 AR 操作的局限性明显。

4. 性能受限

虽然市场上销售廉价并基于智能手机的 VR 与 AR,但这些多使用手机本身的陀螺仪作为本身的姿态输入,且由于手机本身分辨率一直徘徊在 14PPD,远小于符合人类视觉需求的视网膜级别(60PPD)体验,大大降低了用户的体验感。这就是便携 VR 与 AR 的性能局限性。

三、VR 与 AR 的技术瓶颈

VR 与 AR 需要攻克的难点主要可以概括为下列几个方面。

1. 硬件瓶颈

目前的 CPU 和 GPU 无法支持 VR 所要求的计算能力,也不能保证硬件的计算速度和足够的磁盘空间、传输速度和耐力。

2. 图像技术瓶颈

此项不成熟的技术在面对特别是复杂的动态的图片、特殊的场景图形信息时,没有适当的识别准确率和较足够的精度以应对产品的推广。并且 VR 缺乏实时三维建模技术,精确定位技术误差大,未达到商用阶段。

3. 数据瓶颈

在现实的环境中,大量的数据规模才可能实现相对准确的图像视频识别,如街道、脸和服装等各种数据。目前,数据的采集、存储、传输、分析技术都有难以解决的问题,对输入数据本身进行净化和输入的项目规模巨大。

4. 感知延伸瓶颈

眼睛可以说是人类最重要的感觉器官,因为人们从外界接收的各种信息中80%以上是通过视觉获得的,但视觉并不是人类的唯一的感知通道。VR与AR技术创建的一个模拟环境,不能局限于视觉上的刺激,还应该有其他的概念,例如触觉、嗅觉等。

5. 减轻眩晕和人眼疲劳瓶颈

目前所有在售的VR与AR产品都给佩戴者带来了头晕和眼睛疲劳的麻烦,不同的佩戴者对VR与AR画面的忍耐时间是不同的,并且与许多因素有关,例如VR与AR的内容,一般来说,人们的耐受时间为5~20min,假如画面过度平缓,部分人群可以耐受数小时。

本章习题

1. 请简述VR与AR的发展过程。
2. 请问VR和AR都有哪些应用?
3. 请问你是如何理解计算机视觉这门学科的?
4. 物体识别的技术流程有哪6个过程?
5. 计算机图形学核心目标是3个,它们的关系是怎样的?
6. 请了解谷歌眼镜技术的发展过程,你认为它为什么要中止大规模销售?
7. 你如何理解钱学森提出的"灵镜技术""大成智慧"这两个用词?请了解"元宇宙"的核心技术是什么。
8. 请问VR与AR面临哪些监管上的压力?它们在使用中有哪些局限性?
9. 请分析我国当前VR与AR产业中可能面临的瓶颈有哪些。

第九章 信息检索与推荐

信息检索(Information Retrieval,IR)是指信息的表示、存储、组织和访问。信息检索是计算机科学的一大领域,主要研究如何为用户访问他们感兴趣的信息提供便利,即:信息检索涉及对文档、网页、联机目录、结构化和半结构化记录及多媒体对象等信息的表示、存储、组织,以便于用户访问他们感兴趣的信息。在范围上,信息检索的发展已经远超出了其早期目标——对文档进行索引并从中寻找有用的内容。如今,信息检索的研究包括用户建模、Web搜索、文本分析、系统构架、用户界面、数据可视化、过滤和语言处理等技术。

推荐系统(Recommendation System,RS)是指信息过滤技术,从海量项目(项目是推荐系统所推荐内容的统称,包括商品、新闻、微博、音乐等产品及服务)中找到用户感兴趣的部分并将其推荐给用户。这在用户没有明确需求或者项目数量过于巨大、凌乱时,能很好地为用户服务,解决信息过载问题。推荐系统是在互联网快速发展(特别是移动互联网)之后的产物。以"信息推送"为服务模式的信息推荐系统,是当前解决信息过载问题的主要手段。推荐系统本质上是在用户需求不明确的情况下,从海量的信息中为用户寻找其感兴趣的信息的技术手段。

第一节 IR 与 RS 的技术发展

一、IR 的技术发展历程

信息检索源于图书馆的参考咨询和文献索引工作,从 19 世纪下半叶开始发展,到 20 世纪 40 年代,索引和检索已成为图书馆独立工具和用户服务项目。随着 1946 年世界上第一台计算机的问世,计算机技术逐步走进信息检索领域,并与信息检索理论紧密结合起来,脱机批量情报检索系统、联机实时情报检索系统相继研制成功并且商业化。20 世纪 60—80 年代,在信息处理技术、通信技术、计算机和数据技术的推动下,信息检索在教育、军事和商业等领域高速发展,得到了广泛应用。近年来,随着网络信息的剧增和用户队伍的不断壮大,以及人工智能、自然语言处理等多项技术高速发展并不断成熟,传统的搜索引擎已不能适应信息技术的高速发展,新一代智能搜索引擎应运而生,作为一种高效的搜索引擎技术在当今网络信息时代引起了人们的高度关注。

1. 手工检索阶段

手工检索是一种传统的检索方法,即以手工翻检的方式,利用工具书(包括图书、期刊、目录卡片等)来检索信息的一种检索手段。手工信息检索发展于 19 世纪末。专业化的信息检索产生于参考咨询工作。到 20 世纪 40 年代,咨询工作的内容包含事实性咨询、编目书目、文摘、专题文献检索、提供文献代译。检索逐渐从单纯的经验工作向科学化方向发展。

2. 脱机批量处理检索阶段

1954 年,美国海军机械试验中心使用 IBM701 型机,初步建成了计算机情报检索系统,预示着以计算机检索系统为代表的信息检索自动化时代的到来。这一阶段主要以脱机检索方式开展检索服务,其特点是不对一个检索提问立即作出回答,而是集中大批提问后进行处理,且处理时间较长,人机不能对话,因此,检索效率往往不够理想。

3. 联机检索阶段

1965 年,美国系统发展公司成功研制 ORBIT 联机情报检索软件,开始了联机情报检索系统阶段。与此同时,美国洛克公司成功研制了著名的 Dialog 检索系统。20 世纪 70 年代,卫星通信技术、微型计算机以及数据库的同步发展,使用户可以冲破时间和空间的障碍,实现国际联机检索,计算机检索技术从脱机阶段进入联机信息检索时期。远程实时检索多种数据库是联机检索的主要优点。联机检索是联机数据库集中管理,具有完备的数据库联机检索功能,联机检索是科技信息工作、计算机、通信技术结合的产物。

4. 网络化联机检索阶段

20 世纪 90 年代是联机检索发展进步的一个重要转折时期。随着互联网的迅速发展及超文本技术的出现,基于客户/服务器的检索软件的开发,实现了将原来的主机系统转移到服务器上,联机检索进入了一个新时期。1991 年,思维机公司、明尼苏达大学欧洲高能粒子协会分别推出了因特网上的检索工具 WAS、Gopher 和 WWW。WWW 因其集文本、图像、声音等多媒体信息于一体的巨大优点,已占信息服务的主导地位,基于 Web 的搜索引擎成为最重要的信息检索工具。

5. 智能化检索阶段

随着人工智能的快速发展、普及,信息检索将在人机交流方面更深入发展,提供更便捷的检索方式。在输出方面,人工智能可以在用户检索信息时对数据进行过滤和查询,并对网络内容进行管理,确保检索安全、高效。在输入方面,文字、图片、视频、语音等的检索都有很大的发展,智能搜索引擎应运而生。智能搜索引擎是目前搜索引擎的发展趋势,除提供传统的全网快速检索、相关度排序等基本功能外,还提供用户角色登记、用户兴趣自动识别、内容语义理解、智能化信息过滤和推送等功能,为用户提供一个真正智能化、个性化的网络搜索工具。目前百度、搜狐等搜索引擎,淘宝、京东等电子商务平台,抖音、酷狗音乐、高德地图、美团等互联网应用在图片、语音、视频检索方面都有典型应用,给人们的生活提供了极大便利。

二、RS 的技术发展历程

RS 成为一个相对独立的研究方向一般被认为始自 1994 年美国明尼苏达大学 GroupLens 研究组推出的 GroupLens 系统(Resnick)。该系统有两大重要贡献:一是首次提出了基于协同过滤（Collaborative Filtering,CF）来完成推荐任务的思想，二是为推荐问题建立了一个形式化的模型。基于该模型的协同过滤推荐引领了之后 RS 几十年的发展方向。

RS 的演变始终伴随着网络的发展。第一代信息 RS 使用传统网站从以下三个来源收集信息：来自购买或使用过的产品的基础内容数据；用户记录中收集的人口统计数据；从用户的项目偏好中收集的基于记忆的数据。第二代 RS 收集社交信息，例如朋友、关注者、跟随者等。第三代 RS 收集网上集成设备提供的信息。

1995 年 3 月，卡耐基·梅隆大学的 Robert Armstrong 等人在美国人工智能协会提出了个性化导航系统 Web Watcher；斯坦福大学的 Marko Balabanovic 等人在同一会议上推出了个性化推荐系统 LIRA。1997 年，AT&T 实验室提出了基于协作过滤的个性化推荐系统 PHOAKS 和 Referral Web。2000 年，NEC 研究院的 Kurt 等人为搜索引擎 CiteSeer 增加了个性化推荐功能。

2003 年，Google 开创了 AdWords 盈利模式，通过用户搜索的关键词来提供相关的广告。从 2007 年开始，Google 为 AdWords 添加了个性化元素，不仅关注单次搜索的关键词，而且对用户一段时间内的推荐历史进行记录和分析，据此了解用户的喜好和需求，更为精确地呈现相关的广告内容。

2009 年 7 月，国内首个推荐系统科研团队——北京百分点信息科技有限公司成立，该团队专注于推荐引擎技术与解决方案，在其推荐引擎技术与数据平台汇集了国内外百余家知名电子商务网站与资讯类网站，并通过这些 B2C 网站每天为数以万计的消费者提供实时智能的商品推荐。

2012 年 8 月，字节跳动的第一款旗舰应用——今日头条上线。今日头条融入了推荐算法，是一款以大数据和机器学习能力为驱动力的应用程序，可以根据人们的个性化偏好为他们提供量身定制的信息源，而且无须人工管理。今日头条获得了巨大的成功，日活用户数达到了 1 亿多人。2017 年末，字节跳动的一款突破性产品——抖音爆火，抖音的用户留存率高达 80%。抖音的成功很大程度上依赖推荐算法，它消除了对社交关系的需求，依赖内容管理和推荐混合的推送系统转变为完全由推荐驱动的推送系统。

作为一种人机交互系统，RS 已经广泛应用于社会生活的各个方面。从最开始的帮助过滤邮件到现在的个性化商品推荐，RS 渗入了我们生活的方方面面。无论是新闻、视频，还是购物、旅行，RS 都以某种方式帮助处理信息的过载，以及解读用户的兴趣。推荐系统的技术发展也从最初传统的协同过滤、矩阵分解发展到了现在的强化学习、深度学习。

三、IR 与 RS 的关系

IR 与 RS 都是用户获取信息的手段，两种方式大量并存，两者之间的关系是互补的。搜索引擎满足了用户有明确目的时的主动查找需求，而 RS 能够在用户没有明确目的的时候帮助他们发现感兴趣的新内容。在实际生活中有很多互联网产品不仅提供搜索功能，还会根据用户的喜好进行推荐，例如音乐、新闻、电商、视频等。

IR 与 RS 也有一定的区别，可以分为以下几个方面：

（1）主动与被动的不同。IR 是一个非常主动的行动，用户的需求比较明确。在信息检索提供的结果里,能通过用户浏览和点击来判断是否满足了用户需求。而 RS 接受信息是被动的,需求也都是模糊而不明确的。

(2)个性化程度的高低。信息检索虽然有一定程度的个性化,但是整体上个性化运作的空间是比较小的,因为当需求非常明确时,找到结果的好坏通常没有太多个性化的差异。RS 在个性化方面的运作空间要大很多,虽然推荐的种类有很多,但是个性化对于 RS 非常重要,以至于把 RS 称为"个性化推荐"甚至"智能推荐"。

(3)需求时间上的先后。信息检索在设计信息检索排序算法里,需要想尽办法让最好的结果排在最前面,"好"的搜索算法是需要让用户获取信息的效率更高、停留时间更短。推荐系统恰恰相反,用户获取推荐结果的过程可以是持续的、长期的,衡量推荐系统是否足够好,往往要依据是否能让用户停留更多的时间。对用户兴趣的挖掘越深入,越"懂"用户,推荐的成功率越高,用户也越愿意留在产品里。

(4)评价方法上的差异。信息检索通常基于 Cranfield 评价体系,整体上是将优质结果尽可能排到检索结果的最前面,让用户以最少的点击次数、最快的速度找到内容是评价的核心。而推荐系统的评价要宽泛很多,既可以用诸如 MAP(Mean Average Precision)的常见量化方法评价,也可以从业务角度进行侧面评价。

第二节　IR 与 RS 的技术原理

一、IR 的工作原理

搜索引擎是信息检索最重要的工具,下面以搜索引擎为例解析信息检索的工作原理。其工作过程大体可以分成三阶段:爬取过程、索引过程、检索和排序过程。框架如图 9-1 所示。

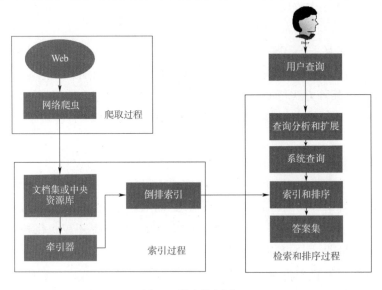

图 9-1　信息检索框架

1. 爬取过程

利用能够从互联网上自动收集网页的蜘蛛系统程序,自动访问互联网,并沿着任何网页中所有 URL 爬到其他网页,重复这个过程,并把爬过的所有网页收集回来。

搜索引擎蜘蛛每遇到一个新文档,都要搜索其页面的链接网页。搜索引擎的服务器遍布世界各地,每台服务器都会派出多只蜘蛛同时去抓取网页。在抓取网页的时候,搜索引擎会建立两张不同的表,一张表记录已经访问过的网站,一张表记录没有访问过的网站。当蜘蛛抓取某个外部链接页面 URL(Uniform Resource Incater,统一资源定位系统)时,需要把该网站的 URL 下载回来分析,当蜘蛛全部分析完这个 URL 后,就会将这个 URL 存入相应的表中。如果这时有另外的蜘蛛从其他的网站或页面又发现了这个 URL,就会和已访问列表进行对照,如果已经访问过了,蜘蛛就会自动丢弃该 URL,不再访问。

2. 索引过程

面对海量的原始网页数据库,搜索引擎必须对蜘蛛抓取的原始 web 页面进行预处理,才能让用户在搜索时快速便捷地找到搜索结果。

网页预处理最主要的过程,就是为网页建立全文索引,然后开始分析网页,最后建立倒排文件(也称反向索引)。经过搜索引擎的分析处理,web 页面就不再是原始网页,而是能反映页面主题内容的、以词为单位的文档。

数据索引中,结构最复杂的就是建立索引库,而索引又分为文档索引和关键词索引。每个网页唯一的 docID 号是有文档索引分配的,每个 wordID 出现的次数、位置、大小格式都可以根据 docID 号在网页中检索出来,最终形成 wordID 的数据列表。

倒排索引是最简单、实用的。在单词对应的倒排列表中,除了记录文档编号之外,单词频率信息也会被记录进去,便于以后计算查询和文档的相似度。

倒排索引形成过程如下:

(1) 搜索引擎用分词系统将文档自动切分成单词序列;

(2) 对每个单词赋予唯一的单词编号;

(3) 记录包含这个单词的文档。

3. 检索与排序过程

当用户在搜索引擎中输入一个关键词,点击"搜索"按钮之后,搜索引擎程序就会开始对搜索词进行分词处理,然后根据情况判断是否需要启动整合搜索,再找出错别字以及拼写错误,以及去掉停止词。接着,搜索引擎程序会从索引数据库中,找出包含目标关键词的相关网页,最后按格式返回到搜索结果页面。

搜索结果排序是查询服务的核心,它决定了搜索引擎的质量以及用户满意度。实际上,搜索结果排序的因素有很多,但最主要的是网页内容的相关性。影响相关性的主要因素包括如下五个方面:关键词常用程度、词频及密度、关键词位置及形式、关键词距离和链接分析及页面权重。

二、RS 的工作原理

RS 的推广落地，Netflix 功不可没，Netflix 官方发布的三层推荐系统架构对很多公司的 RS 落地具有巨大的参考价值，时至今日，该框架仍为主流。下面以 Netflix 经典推荐系统为例介绍信息推荐系统的工作原理，如图 9-2 所示。

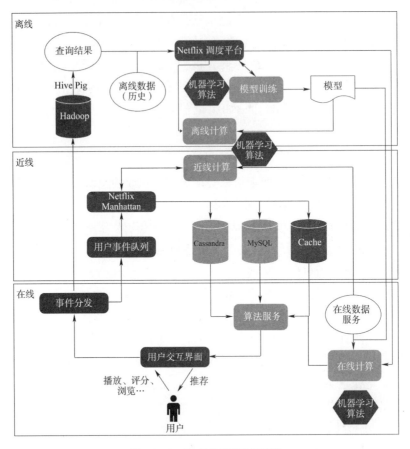

图 9-2　Netflix 经典推荐系统框架

"啤酒与尿布"的故事

年轻爸爸去超市购买尿布时，经常会买点啤酒犒劳自己。因此，超市将这两种商品进行了捆绑销售，最终获得了更好的销量。这个故事背后的理论依据就是"推荐算法"，因为尿布和啤酒经常出现在同一个购物车中，那么向购买尿布的年轻爸爸推荐啤酒确实有一定道理。

Netflix 的推荐系统从上至下依次分为离线、近线、在线三部分。

1. 离线

存储离线数据，利用大数据查询工具进行数据查询和处理，离线模型训练。离线部分对于数据数量和算法复杂度限制很少，以批量方式完成数据处理，但是数据处理的实时性非常差，无法做到数据和模型的即使更新。

Netflix 框架推出时还是 hive、pig 等工具的天下,现在 spark 是主流,但也有越来越多的离线任务被合并到近线任务之中,当前的离线和近线的界限日渐模糊了。

2. 近线

基于数据消息队列,利用一些流计算平台进行数据的准实时处理。它居于离线和在线之间,既可以分钟级别甚至秒级的延时来准实时地处理数据,也有一定的数据批量处理能力。

可以说,近线是近几年大数据架构发展的重中之重了。当时 Netflix 开发了自己的流处理框架 Manhattan,但现在已经是 Flink 一统天下的时候,Netflix 内部的 Flink 平台每天会运行上千个不同的流处理任务,涵盖了特征实时计算、数据监控、BI、模型实时训练等。越来越多的离线任务被替代。

3. 在线

在线部分的主要任务是进行用户请求的实时处理、模型的在线服务。在线部分需要更快地响应最近的事件和用户交互,因此对于延迟的要求比较苛刻,一般都要求在 100ms 以内完成所有处理,这会限制所用算法的复杂性和可处理的数据量。

正是在线部分极高的响应延迟要求和相比离线、近线较弱的数据处理能力,要求在线部分采用不同的高效的模型服务方法去支持个性化推荐服务。

第三节 IR 与 RS 的研究方向

一、IR 与 RS 的前沿技术

1. 深度排序模型

排序问题是信息检索和推荐系统等领域的核心问题之一,例如,搜索引擎需要将网页搜索结果按照与用户的检索目的的符合程度进行排序;推荐系统需要把候选物品按照用户可能感兴趣的程度进行排序,排序结果的精准度和合理性会直接影响检索和推荐的质量。

近年来,深度学习成为学术研究的热点方向,取得了一系列研究成果。深度学习算法模型与逻辑回归模型、支持向量机以及决策树类算法等传统机器学习算法模型相比,主要区别体现在深度学习模型的网络结构包含更多更深的层级,并且明确强调特征表示学习的重要性。

深度排序模型(Deep Ranking Model)基于神经网络模型,却比简单的神经模型更为复杂,所处理的问题也更为复杂多样。最简单的为多层感知机模型,深度指的是隐层的数量,具有一个隐层的神经网络成为浅层神经网络,具有两层和两层以上的神经网络模型就可以称为深层神经网络模型,也称为深度学习模型。

深度排序模型中比较有代表性的是神经搜索系统。神经搜索系统特指使用非结构化数据搜索非结构化数据,包括两个关键要素:深度学习模型及向量索引,这两点也是神经搜索系统和传统搜索系统的区别,如图9-3所示。

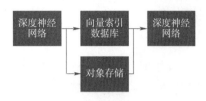

图9-3 神经搜索系统

2.语言模型

语言模型在应用于信息检索之前,已经在语音识别、机器翻译及中文分词中得到了成功应用,具有准确性高、容易训练、容易维护等优点。

语言模型建模方法大致分为两类:一种是完全依赖大规模文本数据,进行统计建模;另一种是基于以乔姆斯基的形式语言为基础的确定性语言模型,该建模方法更加注重对语法的分析。

从基本思路来说,其他检索模型都是从查询到文档进行考虑,即给定用户查询如何找出相关文档。然而,语言模型正相反,是一种逆向思维方式,即由文档到查询进行考虑,为每个文档建立不同的语言模型,判断由文档生成查询的概率是多少,根据这个概率大小进行排序,作为最终搜索结果。

应用于 IR 后,语言模型和文档紧密联系,当输入查询词后,文档依据查询似然概率或者文档在该语言模型下能产生该查询的概率进行排序。但语言模型面临数据稀疏问题,即查询词不在文档中出现,整个生成概率将为 0,所以语言模型引入了数据平滑,避免零概率出现。常见的平滑方式有两种:Jelinek-Mercer 平滑方法与 Dirichlet 先验的贝叶斯平滑方法。

3.多媒体模型

随着计算机视觉、模式识别、机器学习等技术的进步,逐步发展出多媒体内容自动标注方法,用于大规模数据的管理与检索。

多媒体信息检索(Multimedia Information Retrieval,MIR)是计算机科学的研究学科,是指从多媒体数据源中提取语义信息。数据来源可以是直接可感知的媒体,比如音频、图像和视频,也可以是间接可感知的来源,比如文本、语义描述、生物信号以及不可感知的来源。多媒体检索的基本流程如图9-4所示。

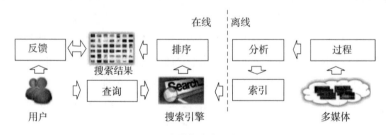

图9-4 多媒体检索基本流程

多媒体检索的研究可以分为三大类,即媒体内容特征提取技术、媒体内容表示技术和媒体内容分类技术等。

4.跨语言检索模型

跨语言信息检索(Cross-language Information Retrieval,CLIR)是指用户以一种语言提问,检出另一种或几种语言描述的信息资源的信息检索技术和方法。在跨语言检索中主要涉及的关键技术有计算机信息检索技术、机器翻译技术和歧义消解技术。计算机信息检索技术完成提问与文档之间的匹配,机器翻译技术完成不同语言之间的语义对等,歧义消解技术则解决翻译过程中的多义和歧义问题。

5. 协同过滤推荐

协同过滤推荐技术是推荐系统中最为成功的技术之一,被广泛用于预测用户兴趣偏好的应用领域。协同过滤推荐技术之所以得到广泛的应用,主要得益于它对推荐对象没有特殊的要求,能处理非结构化的复杂对象,如音乐、电影。基于协同过滤的推荐系统是从用户的角度来进行相应推荐的,而且是自动的,即用户获得的推荐是系统从购买模式或浏览行为等隐式获得的,不需要用户努力地找到适合自己兴趣的推荐信息,如填写一些调查表格等。协同过滤可以发现用户潜在的但自己尚未发现的兴趣偏好。这些优点使得它几乎适用于所有领域。

当前最常用的协同过滤推荐算法是基于用户的协同过滤和基于项目的协同过滤算法。

1) 基于用户的协同过滤

基于用户的协同过滤,根据所有用户对物品或者信息的偏好,发现与当前用户口味和偏好相似的"邻居"用户群,在一般的应用中是采用计算"K-邻居"的算法。然后,基于这 K 个邻居的历史偏好信息,为当前用户进行推荐,如图9-5所示。

2) 基于项目的协同过滤

基于项目的协同过滤使用所有用户对物品或者信息的偏好,发现物品和物品之间的相似度,然后根据用户的历史偏好信息,将类似的物品推荐给用户,如图9-6所示。

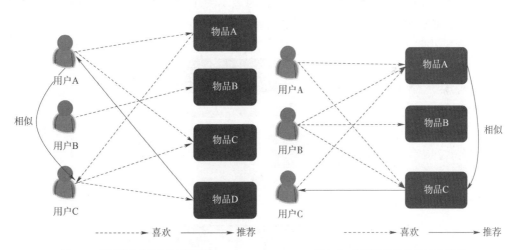

图9-5 基于用户的协同过滤原理　　　　图9-6 基于物品的协同过滤原理

6. 可解释性推荐

作为人工智能领域的一个重要分支,可解释推荐系统(explainable recommendation)被广泛运用到生活的各个领域中。根据不同的实际应用场景,推荐系统的解释有不同的形式,如基于协同的解释、基于内容的解释、基于知识和自然语言的解释和基于人口统计的解释。

可解释性推荐是解决原因问题的个性化推荐算法,它们不仅为用户提供建议,还提供解释,使用户或系统设计人员了解推荐此类项目的原因。通过这种方式,它有助于提高推荐系统的有效性、效率、说服力和用户满意度。近年来,在现实世界的系统中已经采用了大量可解释的推荐方法,特别是基于模型的可解释推荐算法。

为了突出整个推荐系统研究中可解释推荐的位置,我们将大多数现有的个性化推荐研究分类作为广泛的概念分类。具体而言,许多推荐研究任务可以被分类为解决"5W"问题——何时、何地、谁、什么、为什么,以及"5W"通常对应于时间感知推荐、基于位置的推荐、社会推荐、应用意识推荐和可解释的推荐。

7. 深度推荐模型

将深度学习融入推荐系统中,研究如何整合海量的多源异构数据,构建更加贴合用户偏好需求的用户模型,以提高推荐系统的性能和用户满意度,成为基于深度学习推荐系统的主要任务。

深度学习由于能够适应于大规模数据处理,目前被广泛应用于协同过滤推荐问题中。基于深度学习的协同过滤方法主要是将用户的评分向量或项目的被评分向量作为输入,利用深度学习模型学习用户或项目的隐表示,然后利用逐点损失(point-wise loss)和成对损失(pair-wise loss)等类型的损失函数构建目标优化函数对深度学习模型的参数进行优化,最后利用学习到的隐表示进行项目推荐。

基于深度学习的推荐系统通常将各类用户和项目相关的数据作为输入,利用深度学习模型学习到用户和项目的隐表示,并基于这种隐表示为用户产生项目推荐。基于深度学习的推荐系统的基本的架构如图9-7所示,包含输入层、模型层和输出层。

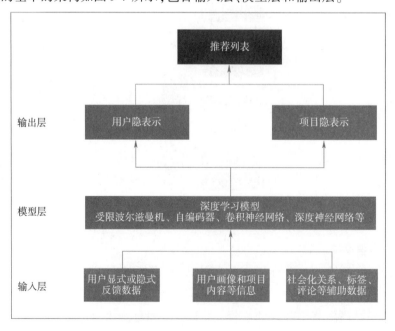

图9-7 基于深度学习的推荐系统

当前,深度学习在推荐系统研究中的应用可以分为五个方向:深度学习在基于内容的推荐系统中的应用、深度学习在协同过滤中的应用、深度学习在混合推荐系统中的应用、深度学习在基于社会网络的推荐系统中的应用和深度学习在情景感知的推荐系统中的应用。

二、IR 与 RS 的华人科学家

1. 何向南:聚焦个性化推荐为信息过载精准施策

何向南,教授、博导,中国科学技术大学大数据学院副院长,青年国家创新人才。研究领域:信息检索、推荐系统、数据挖掘、机器学习、因果推理等,成果丰硕,在 CCFA 类会议和期刊发表论文 100 余篇,如会议 SIGIR、WWW、KDD、ACM Multimedia 等和期刊 IEEE TKDE、ACM TOIS 等,谷歌学术引用 18000 余次,研究成果在多个商业公司的线上系统获得应用,取得积极效果。曾获 SIGIR 2021、WWW 2018、SIGIR 2016 最佳论文提名奖等。2020 年获得阿里巴巴达摩院青橙奖,2021 年 Elsevier 中国高被引学者,2022 年 AI 2000 人工智能最具影响力学者"信息检索与推荐"领域排名第一。担任多个期刊的编委/副主编,如 IEEE Transactions on Knowledge and Data Engineering(TKDE)、ACM Transactions on Information Systems(TOIS)、AI Open 等。主持多项国家级项目,如基金委面上项目、重点项目、科技部重点研发计划课题等。

可推理个性化推荐是何向南主持的国家自然科学基金委的重点项目。个性化推荐是一种主动信息过滤技术,旨在为用户提供精准的个性化产品及服务,在众多领域有非常广泛的应用,比如淘宝上的商品推荐;在线教育中对学生因材施教,根据学生答题情况,判断他们哪些知识点比较薄弱,有针对性地推荐题目;在金融投资领域,分析用户有兴趣的投资领域,提供个性化的投资建议。

2. 蔡达成:多媒体信息检索和推荐

蔡达成,新加坡国立大学计算机学院首任院长、新加坡国立大学-清华大学下一代极限搜索中心主任、中国科学院计算技术研究所客座研究员。主要研究兴趣包括非结构化数据分析、多媒体信息检索、推荐和对话系统以及在电子商务和金融科技领域的新兴应用。带领的媒体检索实验室长期参加 TREC-QA 问题回答和 TRECVID 视频检索的国际权威评测并取得优异成绩;获得 2022 年 AI 2000 最具影响力学者奖多媒体荣誉奖、2022 年 AI 2000 信息检索与推荐最具影响力学者奖、2022 年 AI 2000 最具影响力学者奖 AAAI/IJCAI 荣誉奖、2007 年亚太多媒体大会、2010 年美国计算机协会多媒体大会和 2011 年国际多媒体建模大会最佳论文奖。

蔡教授在国际学术领域十分活跃。他组织了一系列计算机图形学、多媒体和文本处理国际会议,担任顶级国际会议 ACM Multimedia 2005、ACM SIGIR 2008 和知名国际会议 CIVR 2005、ACM Web Science 2015 的会议主席,ACM SIGIR 2011 程序委员会主席;担任 ACM Trans. on Information Systems、IEEE Trans. on Multimedia、The Visual Computer、Multimedia Tools and Applications 等国际期刊副主编(Associate Editor)。蔡教授是国际多媒体检索会议(ICMR)、国际多媒体建模会议(International Multimedia Modeling Conference)的指导委员会主席及国际计算机图形学协会(Computer Graphics Society)指导委员会委员;欧盟大型系列

科研计划的国际评审委员。在工业界,蔡教授是 CITPM 和 COMIT 主席和多个新加坡上市公司的独立董事,两家创业公司创始人。

三、抖音:智能个性化推荐系统

字节跳动人工智能实验室成立于 2016 年,旨在针对人工智能相关领域的长期性和开放性问题进行探索,帮助公司实现对未来发展的构想。其独立研发的"今日头条"客户端,通过海量信息采集、深度数据挖掘和用户行为分析,为用户智能推荐个性化信息,开创了一种全新的新闻阅读模式。

2016 年,字节跳动孵化的一款音乐创意短视频社交软件——抖音上线,是一个面向全年龄的短视频社区平台,用户可以通过这款软件选择歌曲,拍摄音乐作品形成自己的作品。字节跳动将头条最核心的推荐算法优势用到了抖音上,一开始就在产品层面加入算法推荐模型保证内容分发效率。

抖音智能个性化推荐算法

短视频发布后一般会经历以下四步:双重审核、冷启动、数据加权和叠加推荐,过程如图 9-8 所示。

1. 双重审核

当用户发布视频后,一般会先经过机器审核,通过 AI 模型识别你的作品和文案是否存在违规行为,如果疑似存在,就会被其拦截;同时系统会抽取视频中的画面、关键帧,与抖音大数据库中已存在的海量作品进行匹配消重。

针对机器审核筛选出疑似违规作品,以及容易出现违规领域的作品,抖音审核人员进行逐个细致审核。如果确定违规,将根据违规账号进行删除视频、降权通告、封禁账号等处罚。

2. 冷启动

通过双重审核的作品,系统将会分配给你一个初始流量池。

3. 数据加权

系统会根据冷启动曝光数据,结合你的账号分值来分析是否给你的视频加权,比如完播率、点赞、关注、评论、转发、转粉、游览深度等。

4. 叠加推荐

对于数据良好的短视频,系统会进行叠加推荐,包括推荐到下一级流量池,或者经由人工审核进入热门推荐。

部分视频作品如果在初期数据平平,但后来突然爆发,这可能有两种原因:

(1)系统会重新挖掘数据库里的"优质老内容",并给它更多的曝光;

(2)当你的某个作品在获得大量曝光时,可能会带来大量用户进入你的个人主页,翻看你之前的作品。如果你的某一个作品,能够获得足够多的关注(类似前面的多个维度),系统也会把这些作品重新放入推荐池。

第九章 信息检索与推荐

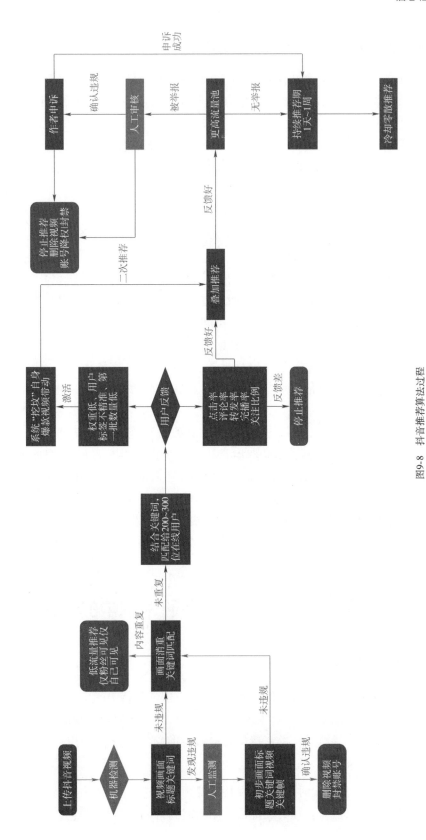

图9-8 抖音推荐算法过程

四、百度：智能搜索打造智能化移动生态

智能搜索需要实现结果的个性化、垂直化展示，并拥有充足的内容和服务生态用以衔接用户的搜索需求。落实到技术层面，就需要 AI 技术与搜索引擎深度融合，并不断优化算法，以期实现"千人千面"。

回望百度搜索的 20 余年，前 10 年是基于搜索引擎的技术投入，演化出语音、图像、知识图谱、自然语言处理等人工智能技术。近 10 年间，百度在深度学习、对话式人工智能操作系统等 AI 技术的进展，成为搜索进化的驱动力。

百度 AI 技术赋能下的智能搜索，告别了提供单一产品形态的阶段，其外延和内涵不断扩大，正成为一种新型交互方式，连接人们和信息、服务等各种解决方案，进而为人们衔接智能化的生活。

具体到实际应用中，百度智能搜索不仅对信息进行定位推送，帮助用户高效获取信息，同时也基于移动生态，提供一站式服务。比如通过百度搜索电影名称，不仅会查找到影评演员等基本信息，还可以在智能小程序上实现一键购买。

智能小程序，是自 2019 年起全面接入百度搜索生态的重要产品之一。区别于传统的小程序启动方式，即用户需要输入准确的小程序名称或者找到小程序页面，智能小程序与具体的服务场景进行联通，降低过去需要多次跳转耽误的时间成本，以便及时满足用户需求。

"智能搜索+智能推荐"双引擎的叠加，使得服务力和连通效率都得到了大幅提升。"智能搜索+智能推荐"成为人们主动获取信息和服务最高效的连接方式，服务了百度移动生态 10 亿用户。但要想发挥出智能搜索的最大优势，还需要更多像智能小程序一样的、用户肉眼可见、触手可及的内容产品生态，以承接技术的转化，打造智能移动生态。

伴随媒介的进化，智能搜索不再局限于 PC、手机，更是将生活的全域调用进搜索的生态中。届时，将通过智能音箱、智能汽车、智能家居等交互设备，为产业、社会以至于人们的日常生活带来巨大变革。

第四节　IR 与 RS 在交通领域中的应用

一、智能导航与线路推荐

智能导航与推荐系统是综合应用信息管理、认知心理学与行为学、人工智能等多学科理论与技术而构造的智能信息系统，能自主识别用户需求，并引导用户实现高效率的信息检索与获取。目前主流的智能导航系统都支持信息检索与推荐功能，主要应用场景如下。

1. 时间检索智能精准预估

实时出行路况预测，预测实时路况与耗时，准确预估到达时间；未来出行路况预测，根据预测未来路况与耗时，设置到达时间，反推最佳出发时间，提前规划行程；公交车辆到站信息

及拥挤度精准展示,实时上下车提醒,守护安心出行;预估拥堵消散用时,拥堵趋势精准预测,拥堵消散时间一目了然。

2. 推荐精准可信赖

路线精准规划,根据未来预测路况,推荐更优通行路线,避堵效果全面升级;业界首创智能定位,卫星导航信号弱,启动智能定位;沉浸式导航,三维实景建模与精准定位匹配,在易偏航路段,提供全程动态导航体验;车道级导航,全程最佳车道推荐,导航界面个性化切换,道路事件车道级提示;结合目的地信息和状态,智能推荐停车点;道路颠簸提示,融合轨迹图像的颠簸挖掘,辅助用户路线决策,提供更舒适的出行体验;路况信息实时分享,第一时间获取事件进展;智能驾车出行建议,长途出行早计划,途中状况行前预知,安全高效出发。

3. 覆盖出行全场景

新能源导航,结合充电偏好及续驶里程,智能规划充电路线,充电桩信息一目了然,有效解决里程焦虑;跨城公共出行,满足用户多样性诉求,帮助用户高效决策,打造跨城门到门出行体验;打车一键比价,更快出发,同时呼叫全网车型,价格透明,打车更快;货车导航支持货车高、重、临时调整,并推出挑战模式,供驾驶员贡献、分享优质路线,新增省钱路线偏好,降低货运成本;骑步行导航,根据交通信号灯少、不走天桥等需求进行路线推荐。

百度地图第二代车道级导航:智能推荐最优车道,提前规避道路风险,百度地图联合中国移动,通过"北斗+5G"赋能,实现了亚米级高精度定位,并融合自身 AI 能力,打造极致精准的高精度车道级导航服务,为用户带来更直观、易懂、人性化的导航体验。

作为新一代人工智能地图,百度地图不断探索 AI 前沿技术应用,致力于打造自主创新核心能力,如今已具备业内领先的高精度路网数据采集能力。百度地图已达成数据加工环节 96% AI 化、道路覆盖里程达 1100 万 km 等新成就,是最早完成从传统道路到车道级导航能力突破的导航产品,真正定义了车道级导航。

二、道路交通治理

通过对现场人、车运动情况进行判断分析,合理调整交通信号灯放行时间,并能有效减少行人闯红灯情况发生,智能信号灯能够有效疏解交通压力,减少城市道路交通的拥堵指数。车联网也正在成为智慧交通体系的有力补充。从人工智能和交通运输管理出发,可以将车联网定义为由车辆位置、速度和路线等基本信息所组成的巨大交互网络。利用 GPS、传感器、RFID 等设备,可以实现对车辆自身情况和状态信息采集;利用互联网技术,这些车辆车信息可以传输至交通管理中心。交通管理中心利用大数据技术对车辆信息进行分析和处理,合理安排信号灯周期,为车辆的提供最佳行车路线、及时汇报路况和安排信号灯周期。通过车路协同,实现车辆与车辆、车辆与道路之间的动态实时信息交互,并在此基础上实现车辆主动安全控制以及道路协同管理,从而实现人车路三者之间的有效协同,保障交通安全,提高道路通行效率,形成的可靠、安全和高效率的道路交通系统。

车联网中心系统平台可以采集、分析和推送信息,这些信息推送给车联网的智慧节点,同时给交通出行管理者提供精准数据,当有违法车辆经过执法者所在区域时,通过汇聚覆盖范围内的信息,采用人工智能技术对数据进行分析处理,实现执法自动化。

智慧交通通过高新技术汇集交通信息,提供实时交通数据下的交通信息服务。对交通管理运输、公众出行等交通领域全方面以及交通建设管理全过程进行管控,充分保障交通安全、发挥交通基础设施效能、提升交通系统运行效率和管理水平,为通畅的公众出行和可持续的经济发展服务。

三、智能停车服务

基于人工智能的无感支付停车场或自动停车服务已实现,相比于传统人力寻找车位再手动停车,人工智能可以在第一时间为驾驶员找到空停车位,再结合 AGV(Automated Guided Vehicle,自动导引小车)等机器人装备,可以实现自动停车服务。同时在取车和结算方面,无感支付形式也让车主无须再像从前一样麻烦,车辆由机器人运来后可直接开走,通过出口时便能自动支付结算,使用起来十分简单、便捷。

车辆检索与推荐是智能停车服务中的重要一环,车辆的图片在不同场景下会出现曝光过度或者曝光不足,或者车辆的尺度发生很大变化,导致传统方法提取的特征会发生变化,因此检索率很不稳定。深度学习能够很好地获取较为较稳定的特征,搜索的相似目标更精确,前 5 名的搜索率在 95% 以上。在人脸识别项目中,由于光线、姿态和表情等因素引起人脸变化,目前很多应用都是固定场景、固定姿态,采用深度学习算法后,不仅固定场景的人脸识别率从 89% 提升到 99%,而且对姿态和光线也有了一定的放松。

自主泊车功能在车辆到达目的地之前,已经知道附近有哪些停车场,以及它们的空位情况,并推荐最佳停车场。一旦选定停车场甚至停车位,那个车位就会被锁定。进入停车场后,导航系统会从室外导航切换为室内导航,自动找到车位。停好车后,车辆自动开始充电、计费。办完事,反向寻车功能,又会快速找到车辆。

以"e 约停"为例,这是捷停车和母公司捷顺科技共同提供技术支持的医院预约停车系统。该系统以盘活存量、做大增量、需求调控为核心思路,以按号预约、增量配给、错峰调剂、价格杠杆、按需分配、鼓励绿行、信用管控为实施手段,将医院及周边停车场打包为一个整体供市民进行预约,将周边商场、写字楼的错峰停车资源配置给就医市民。这套医院预约停车方案还在就诊车辆的停车前、中、后各个场景上进行了细节打磨,服务流程更人性化。比如:将医院和周边停车场整体纳入预约系统,增加停车资源;挂号时间前 1h 内,预约车辆可通过预约车通道快进快出;医院可标记危重科室,已挂号车主可优先预约到医院停车场车位;车辆预约后如有违约行为的,会视情况限制其使用预约功能等。

第五节　IR 与 RS 的伦理与安全

在人工智能和大数据时代,信息检索与推荐发展迅速,这一过程中产生了海量的数据,其中涉及大量的个人信息,包括搜索行为、个性化推荐内容、个人画像等。大家在享受信息检索与推荐所带来的便利时,也面临着个人隐私泄露可能会造成的风险或隐患,精准诈骗、广告骚扰等现象屡见不鲜。

数据有益,数据的使用也要做到无害,在提倡重视科学伦理道德的当下,大数据时代的个人隐私保护必须得到重视。中共中央办公厅、国务院办公厅印发的《关于加强科技伦理治理的意见》当中也明确提出,科技活动要尊重人格尊严和个人隐私,保障科技活动参与者的知情权和选择权。

信息安全"黑洞门"已经到了触目惊心的地步,网站攻击与漏洞利用正在向批量化、规模化方向发展,用户隐私和权益遭到侵害,特别是一些重要数据甚至流向他国,不仅是个人和企业,信息安全威胁已经上升至国家安全层面。

加强科学伦理道德建设,在法规、技术、管理、意识等诸多方面都应该加以重视,坚持体系化的共治思维,构建起多层次、多维度的个人信息保护体系,监管部门、各种App下载平台的运营方和个人用户三者之间要形成合力,以确保App能够按照国家网络安全法律法规的规定合理地获取和用户个人信息。

一、强化个人信息保护意识

通过宣传教育等方式,引导公民提高个人信息安全保护意识,避免轻信或轻易将身份证号、手机号码、银行卡号、家庭住址等重要的个人信息提供给无关人员,积极防范各类信息泄露和诈骗犯罪。

用户自身也应当提升个人的信息保护意识,避免在各种公共网络和社交媒体上透露出自己的隐私信息,如在网站或App上使用真实照片作为头像、分享个人的工作生活动态或展示自己的地理位置、在各种账号上填写详细的个人信息、登录账号的密码设置得过于简单、在发帖聊天时无意间泄露个人信息等。

二、严格个人隐私安全保护

更加严格的个人隐私保护已经是大势所趋。平台运营方若能切实保障好用户的隐私安全,用户在获得了更佳的体验与感受以后,平台就能吸引更多的用户来关注与使用,从而实现平台与用户双方共赢的良性发展局面。以往那种单纯依靠数据驱动盈利的模式已经逐渐走不通了,这将倒逼企业逐渐调整发展思路,未来拥有更多技术创新优势的企业才会有更强的市场竞争力。

数据为王的时代渐成过去,"技术+数据"为王的时代正迎面而来。站在科技进步与技术创新的角度来讲,在监管从严的大环境下,随着各项法律法规制度的出台与后期的逐步完善,在确保个人信息安全的基础上,互联网企业尤其是大型企业的数据垄断优势将会受到进一步地限制和削弱。App下载平台的运营方作为责任的主体机构,应当对App在涉及个人隐私方面的风险权限需求进行严格的审核把关,以确保平台能动态剔除掉涉及个人隐私风险过高的应用,运营方除了在App下载界面对程序申请的权限、收集用户信息的类型进行标注与说明以外,对有超出服务范围申请权限的App应不予上架或及时下架。

三、加强个人和重要数据保护

大数据时代的隐私保护,已经受到了世界各国的高度重视。中国、美国、欧盟等国家和地区都出台了各种法律法规,来加强个人隐私数据的保护。

2021年9月1日开始实施的《中华人民共和国数据安全法》明确了个人信息和重要数据的收集、数据处理使用和安全监督管理的相关标准;2020年3月,国家标准《信息安全技术个人信息安全规范》(GB/T 35273—2020)正式发布。这些法律、标准的公布,为隐私保护的执行奠定了一定的法理依据,但要形成一套完整的法律体系依然任重道远。采集主体资格无法定、数据权属不清晰、数据使用无边界、行业标准不完善、管理责任不明确、执法监管不到位等多个方面的"空白"仍待填补。相关监管部门依靠技术手段,逐步加大了对各平台和App所有者的监管力度,及时发现并查处涉及个人隐私方面的违规行为,同时要变事后处罚为事前约束,持续推动与信息安全相关的各行业都能向着规范有序的方向发展。

本章习题

1. 简述信息检索(IR)与推荐系统(RS)的发展历程。
2. 信息检索与推荐系统的关系如何?请结合实例说明。
3. 目前常用的信息检索与推荐系统模型有哪些?其基本原理是怎样的?
4. 人工智能检索与推荐系统的关键技术有哪些?
5. 请了解百度、抖音在信息检索与推荐上有哪些领先技术?它们的前景如何?
6. 如何推进信息检索与推荐系统的伦理道德建设?

第十章 机器学习与深度学习

机器学习(Machine Learning,ML)是一门多领域交叉学科,涉及概率论、统计学、逼近论、凸分析、算法复杂度理论等多门学科,它专门研究计算机怎样模拟或实现人类的学习行为,以获取新的知识或技能,重新组织已有的知识结构使之不断改善自身的性能。

机器学习是计算机科学的子领域,也是人工智能的核心内容和主要实现方式。汤姆·米切尔(Tom Mitchell)在1997年出版的《机器学习》一书中指出,机器学习这门学科所关注的是计算机程序如何随着经验积累,自动提高性能。他同时给出了形式化的描述:对于某类任务 T 和性能度量 P,如果一个计算机程序在 T 上以 P 衡量的性能随着经验 E 而自我完善,那么就称这个计算机程序在从经验 E 学习。机器学习主要的理论基础涉及概率论、数理统计、线性代数、数学分析、数值逼近、最优化理论和计算复杂理论等,其核心要素是数据、算法和模型。

深度学习(Deep Learning,DL)是机器学习领域中一个新的研究方向。深度学习是学习样本数据的内在规律和表示层次,这些学习过程中获得的信息对诸如文字、图像和声音等数据的解释有很大的帮助。它的最终目标是让机器能够像人一样具有分析学习能力,能够识别文字、图像和声音等数据。深度学习是一个复杂的机器学习算法,在语音和图像识别方面取得的效果远超过先前相关技术。

目前在很多行业中,都有企业应用机器学习技术,从而获取更深刻的洞察,为企业经营或日常生活提供帮助,提升产品服务水平。机器学习已经广泛应用于数据挖掘、搜索引擎、电子商务、自动驾驶、图像识别、量化投资、自然语言处理、计算机视觉、医学诊断、信用卡欺诈检测、证券金融市场分析、游戏和机器人等领域,机器学习相关技术的进步促进了人工智能在各个领域的发展。

第一节 ML 与 DL 的发展历程

机器学习是一门不断发展的学科,虽然只是在最近几年才成为一门独立学科,但机器学习的起源可以追溯到20世纪50年代以来人工智能的符号演算、逻辑推理、自动机模型、启发式搜索、模糊数学、专家系统以及神经网络的反向传播 BP 算法等。虽然这些技术在当时并没有被冠以机器学习之名,但时至今日它们依然是机器学习的理论基石。从学科发展过程的角度思考机器学习,有助于理解目前层出不穷的各类机器学习算法。

萨缪尔跳棋程序

1952 年,阿瑟·萨缪尔(Arthur Samuel)在 IBM 公司研制了一个西洋跳棋程序,这个程序具有自学习能力,可通过对大量棋局的分析逐渐辨识出当前局面下的"好棋"和"坏棋",从而不断提高弈棋水平,并很快就下赢了萨缪尔自己。1956 年,萨缪尔应约翰·麦卡锡(John McCarthy)之邀,在标志着人工智能学科诞生的达特茅斯会议上介绍这项工作。萨缪尔发明了"机器学习"这个词,将其定义为"不进行显式编程地赋予计算机能力的研究领域"。他的文章 Some studies in machine learning using the game of checkers 于 1959 年在 IBM Journal 正式发表后,爱德华·费根鲍姆(Edward Feigenbaum,"知识工程之父",1994 年图灵奖得主)为编写其巨著 Computers and Thought,在 1961 年邀请萨缪尔提供一个该程序最好的对弈实例。于是,萨缪尔借机向康涅狄格州的跳棋冠军、当时全美排名第四的棋手发起了挑战,结果萨缪尔程序获胜,在当时引起轰动。

事实上,萨缪尔跳棋程序不仅在人工智能领域产生了重大影响,还影响到整个计算机科学的发展,早期计算机科学研究认为,计算机不可能完成事先没有显式编程好的任务,而萨缪尔跳棋程序否证了这个假设。另外,这个程序是最早在计算机上执行非数值计算任务的程序之一,其逻辑指令设计思想极大地影响了 IBM 计算机的指令集,并很快被其他计算机的设计者采用。

机器学习的大致演变过程见表 10-1。

机器学习的技术发展历程 表 10-1

发展阶段	年份(年)	主要成果	代表人物
人工智能起源	1936	自动机模型理论	阿兰·图灵(Alan Turing)
	1943	MP 模型	沃伦·麦卡洛克(Warren McCulloch)、沃特·皮茨(Walter Pitts)
	1951	符号演算	冯·诺伊曼(John von Neumann)
	1950	逻辑主义	克劳德·香农(Claude Shannon)
	1956	人工智能	约翰·麦卡锡(John McCarthy)、马文·明斯基(Marvin Minsky)、克劳德·香农(Claude Shannon)
人工智能初期	1958	LISP	约翰·麦卡锡(John McCarthy)
	1962	感知器收敛理论	弗兰克·罗森布拉特(Frank Rosenblatt)
	1972	通用问题求解(GPS)	艾伦·纽厄尔(Allen Newell)、赫伯特·西蒙(Herbert Simon)
	1975	框架知识表示	马文·明斯基(Marvin Minsky)
进化计算	1965	进化策略	英格·雷森博格(Ingo Rechenberg)
	1975	遗传算法	约翰·亨利·霍兰德(John Henry Holland)
	1992	基因计算	约翰·柯扎(John Koza)
专家系统和知识工程	1965	模糊逻辑、模糊集	拉特飞·扎德(Lotfi Zadeh)
	1969	DENDRA、MYCIN	费根鲍姆(Feigenbaum)、布坎南(Buchanan)、莱德伯格(Lederberg)
	1979	ROSPECTOR	杜达(Duda)

第十章 机器学习与深度学习

续上表

发展阶段	年份(年)	主要成果	代表人物
神经网络	1982	Hopfield 网络	霍普菲尔德(Hopfield)
	1982	自组织网络	图沃·科霍宁(Teuvo Kohonen)
	1986	BP 算法	鲁姆哈特(Rumelhart)、麦克利兰(McClelland)
	1989	卷积神经网络	乐康(LeCun)
	1998	LeNet	乐康(LeCun)
	1997	循环神经网络 RNN	塞普·霍普里特(Sepp Hochreiter)、尤尔根·施密德胡伯(Jurgen Schmidhuber)
分类算法	1986	决策树 ID3 算法	罗斯·昆兰(Ross Quinlan)
	1988	Boosting 算法	弗罗因德(Freund)、米迦勒·卡恩斯(Michael Kearns)
	1993	C4.5 算法	罗斯·昆兰(Ross Quinlan)
	1995	AdaBoost 算法	弗罗因德(Freund)、罗伯特·夏普(Robert Schapire)
	1995	支持向量机	科林纳·科尔特斯(Corinna Cortes)、万普尼克(Vapnik)
	2001	随机森林	里奥·布雷曼(Leo Breiman)、阿黛勒·卡特勒(Adele Cutler)
深度学习	2006	深度信念网络	杰弗里·希尔顿(Geoffrey Hinton)
	2012	谷歌大脑	吴恩达(Andrew Ng)
	2014	生成对抗网络 GAN	伊恩·古德费洛(Ian Goodfellow)

机器学习的发展分为知识推理期、知识工程期、浅层学习(Shallow Learning)和深度学习(Deep Learning)几个阶段。知识推理期起始于 20 世纪 50 年代中期,这时候的人工智能主要通过专家系统赋予计算机逻辑推理能力,赫伯特·西蒙(Herbert Simon)和艾伦·纽厄尔(Allen Newell)实现的自动定理证明系统 Logic Theorist 证明了逻辑学家拉赛尔(Russell)和怀特黑德(Whitehead)编写的《数学原理》中的 52 条定理,并且其中一条定理比原作者所写更加巧妙。从 20 世纪 70 年代开始,人工智能进入知识工程期,费根鲍姆(E. A. Feigenbaum)作为知识工程之父在 1994 年获得了图灵奖。由于人工无法将所有知识都总结出来教给计算机系统,所以这一阶段的人工智能面临知识获取的瓶颈。

实际上,在 20 世纪 50 年代,就已经有机器学习的相关研究,代表性工作主要是罗森布拉特(F. Rosenblatt)基于神经感知科学提出的计算机神经网络,即感知器,在随后的 10 年中,浅层学习的神经网络曾经风靡一时,特别是马文·明斯基提出了著名的 XOR 问题和感知器线性不可分的问题。由于计算机的运算能力有限,多层网络训练困难,通常都是只有一层隐含层的浅层模型,虽然各种各样的浅层机器学习模型相继被提出,对理论分析和应用方面都产生了较大的影响,但是理论分析的难度和训练方法需要很多经验和技巧。随着邻等算法的相继提出,浅层模型在模型理解、准确率、模型训练等方面被超越,机器学习的发展几乎处于停滞状态。

2006 年,希尔顿(Hinton)发表了深度信念网络论文,本戈欧(Bengio)等人发表了论文

Greedy Layer-Wise Training of Deep Networks,乐康(LeCun)团队发表了论文 *Efficient Learning of Sparse Representations with an Energy-Based Model*,2011年,美籍华裔吴恩达在谷歌成立了Google Brain项目,这个项目利用谷歌的分布式计算框架计算和学习大规模人工神经网络。这些事件标志着人工智能正式进入了深层网络的实践阶段,同时,云计算和GPU并行计算为深度学习的发展提供了基础保障,特别是最近几年,机器学习在各个领域都取得了突飞猛进的发展。

新的机器学习算法面临的主要问题更加复杂,机器学习的应用领域从广度向深度发展,这对模型训练和应用都提出了更高的要求。随着人工智能的发展,冯·诺依曼式的有限状态机的理论基础越来越难以应对目前神经网络中层数的要求,这些都对机器学习提出了挑战。

第二节　ML与DL的技术原理

一、机器学习的常用算法

机器学习算法是一类从数据中自动分析获得规律,并利用规律对未知数据进行预测的方法。

1. 按学习方式分类

根据学习的方式不同,机器学习算法可分为监督学习、无监督学习、强化学习。某些机器学习算法可能同时属于不同的分类,如深度学习算法可能存在于监督学习,也可能用于强化学习,在实践过程中可依据实际需要进行选择。

(1)监督学习。监督学习从有标记的训练数据中学习一个模型,然后根据这个模型对未知样本进行预测。其中,模型的输入是某一样本的特征,函数的输出是这一样本对应的标签。常见的监督学习算法包括回归分析和统计分类。监督学习包括分类和数字预测两大类别,前者包括逻辑回归、决策树、随机森林、支持向量机、朴素贝叶斯等,后者包括线性回归、KNN、Gradient Boosting和AdaBoost等。此外,KNN算法不仅可以用于分类,也可以作为回归模型,通过找到与之相近的K个邻居,将他们的平均值作为预测值。

(2)无监督学习。无监督学习又称为非监督式学习,它的输入样本并不需要标记,而是自动从样本中学习特征实现预测。常见的无监督学习算法有聚类和关联分析等,在人工神经网络中,自组织映射(SOM)和适应性共振理论(ART)是最常用的无监督学习。

(3)强化学习。强化学习是通过观察来学习做成什么样的动作。每个动作都会对环境有所影响,学习对象根据观察到的周围环境的反馈来作出判断。强化学习强调如何基于环境而行动,以取得最大化的预期利益。其灵感来源于心理学中的行为主义理论,即有机体如何在环境给予的奖励或惩罚的刺激下,逐步形成对刺激的预期,产生能获得最大利益的习惯性行为。

2.按学习任务分类

根据机器学习的任务分类,机器学习算法可以分为分类、聚类、回归、降维四大常见机器学习任务。

(1)分类算法。分类算法是应用分类规则对记录进行目标映射,将其划分到不同的分类中,构建具有泛化能力的算法模型,即构建映射规则来预测未知样本的类别。分类算法包括预测和描述两种,经过训练集学习的预测模型在遇到未知记录时,应用规则对其进行类别划分,而描述型的分类主要是对现有数据集中特征进行解释并进行区分,例如对动植物的各项特征进行描述,并进行标记分类,由这些特征来决定其属于哪一类目。

主要的分类算法包括决策树、支持向量机、最近邻(K-NearestNeighbor,KNN)算法、贝叶斯网络(Bayes Network)和神经网络等。

(2)聚类算法。聚类是基于无监督学习的分析模型,不需要对原始数据进行标记,按照数据的内在结构特征进行聚集形成簇群,从而实现数据的分离。聚类与分类的主要区别是其并不关心数据是什么类别,而是把相似的数据聚集起来形成某一类簇。

在聚类的过程中,首先选择有效特征构成向量,然后按照欧氏距离或其他距离函数进行相似度计算,并划分聚类,通过对聚类结果进行评估,逐渐迭代生成新的聚类。聚类应用领域广泛,可以用于发现不同的企业客户群体特征、消费者行为分析、市场细分、交易数据分析、动植物种群分类、医疗领域的疾病诊断、环境质量检测等,还可用于互联网和电商领域的客户分析、行为特征分类等。在数据分析过程中,可以先用聚类对数据进行探索,发现其中蕴含的类别特点,然后再用分类等方法分析每一类的特征。

聚类方法可分为基于层次的聚类(Hierarchical Method)、基于划分的聚类(Partitioning Method,PAM)、基于密度的聚类、基于约束的聚类、基于网络的聚类等。

(3)回归分析。回归分析是一种研究自变量和因变量之间关系的预测模型,用于分析当自变量发生变化时因变量的变化值,要求自变量相互独立。回归分析可分为线性回归、逻辑回归、多项式回归、岭回归、LASSO 回归等类别。

(4)降维算法。降维是指在某些限定条件下,降低随机变量个数,得到一组"不相关"主变量的过程。换言之,降维其更深层次的意义在于对有效信息的提取和对无用信息的摒弃。数据降维算法是机器学习算法中的大家族,与分类、聚类、回归等算法不同,它的目标是将向量投影到低维空间,以达到某种目的,如可视化。降维算法也有很多,如主成分分析(PCA)、线性判别分析(LDA)、多维标度分析(MDS)、局部线性嵌入算法(LLE)等。

二、机器学习的一般流程

机器学习的一般流程包括确定分析目标、收集数据、整理数据、预处理数据、训练模型、评估模型、优化模型、上线部署等。首先要从业务的角度分析,然后提取相关的数据进行探查,发现其中的问题,再依据各算法的特点选择合适的模型进行实验验证,评估各模型的结果,最终选择合适的模型进行应用。

1. 定义分析目标

应用机器学习解决实际问题,首先要明确目标任务,这是机器学习算法选择的关键。只有明确了要解决的问题和业务需求,才可能基于现有数据设计或选择算法。例如,在监督式学习中对定性问题可用分类算法,对定量分析可用回归方法。在无监督式学习中,如果有样本细分则可应用聚类算法,如需找出各数据项之间的内在联系,可应用关联分析。

2. 收集数据

数据要有代表性并尽量覆盖本领域,否则容易出现过拟合或欠拟合。对于分类问题,如果样本数据不平衡、不同类别的样本数量比例过大,都会影响模型的准确性。此外,还要对数据的量级进行评估,包括样本量和特征数,可以估算出数据以及分析对内存的消耗,判断训练过程中内存是否过大,否则需要改进算法或使用一些降维技术,或者使用分布式机器学习技术。

3. 整理预处理

获得数据以后,不必急于创建模型,可先对数据进行一些探索,了解数据的大致结构、数据统计信息、数据噪声以及数据分布等。在此过程中,为了更好地查看数据情况,可使用数据可视方法或数据质量评价对数据质量进行评估。

通过数据探索后,可能发现不少问题,如缺失数据、数据不规范、数据分布不均衡、数据异常数据冗余等。这些问题都会影响数据质量。为此,需要对数据进行预处理,这部分工作在机器学中非常重要,特别是在生产环境中的机器学习,数据往往是原始、未加工和处理过的,数据预处理常常占据整个机器学习过程的大部分时间。归一化、离散化、缺失值处理、去除共线性等,是学习的常用预处理方法。

4. 数据建模

应用特征选择方法,可以从数据中提取出合适的特征,并将其应用于模型中得到较好的结果。筛选出显著特征需要理解业务,并对数据进行分析。特征选择是否合适,往往会直接影模型的结果,对于好的特征,使用简单的算法也能得出良好、稳定的结果。特征选择时可应用特征有效性分析技术,如相关系数、卡方检验、平均互信息、条件熵、后验概率和逻辑回归权重等方法。

训练模型前,一般会把数据集分为训练集和测试集,或对训练集再细分为训练集和验证集,从而对模型的泛化能力进行评估。

模型本身并没有优劣。在模型选择时,一般不存在对任何情况都表现很好的算法,这又称为"没有免费的午餐"原则。因此,在实际选择时,一般会用几种不同方法来进行模型训练,然后比较它们的性能,从中选择最优的一个。不同的模型使用不同的性能衡量指标。

5. 模型训练

在模型训练过程中,需要对模型超参进行调优,如果对算法原理理解不够透彻,往往无法快速定位能决定模型优劣的模型参数,所以在训练过程中,对机器学习算法原理的要求较高,理解越深入,就越容易发现问题的原因,从而确定合理的调优方案。

6. 模型评估

使用训练数据构建模型后,需使用测试数据对模型进行测试和评估,测试模型对新数据的泛化能力。如果测试结果不理想,则分析原因并进行模型优化,如采用手工调节参数等方法。如果出现过拟合,特别是在回归类问题中,则可以考虑正则化方法来降低模型的泛化误差。可以对模型进行诊断以确定模型调优的方向与思路,过拟合、欠拟合判断是模型诊断中重要的一步。常见的方法有交叉验证、绘制学习曲线等。过拟合的基本调优思路是增加数据量,降低模型复杂度。欠拟合的基本调优思路是提高特征数量和质量,增加模型复杂度。

误差分析是通过观察产生误差的样本,分析误差产生的原因,一般的分析流程是依次验证数据质量、算法选择、特征选择、参数设置等,其中对数据质量的检查最容易忽视,常常在反复调整参数很久后才发现数据预处理没有做好。一般情况下,模型调整后,需要重新训练和评估,所以机器学习的模型建立过程就是不断地尝试,并最终达到最优状态,从这一点看,机器学习具有一定的艺术性。

在工程实现上,提升算法准确度可以通过特征清洗和预处理等方式,也可以通过模型集成的方式。一般情况下,直接调参的工作不会很多。毕竟大量数据训练起来很慢,而且效果难以保证。

7. 模型应用

模型应用主要与工程实现的相关性比较大。工程上是结果导向,模型在线上运行的效果直接决定模型的好坏,不单纯包括其准确程度、误差等情况,还包括其运行的速度(时间复杂度)、资源消耗程度(空间复杂度)、稳定性是否可接受等方面。

三、机器学习与数据挖掘

目前人工智能很热门,但是很多人容易将人工智能与机器学习混淆。此外,数据挖掘、人工智能和机器学习之间的关系也容易被混淆。从本质上看,数据科学的目标是通过处理各种数据促进人们的决策,机器学习的主要任务是使机器模仿人类的学习,从而获得知识。而人工智能借助机器学习和推理最终是形成具体的智能行为。机器学习与其他领域之间的关系如图10-1所示。

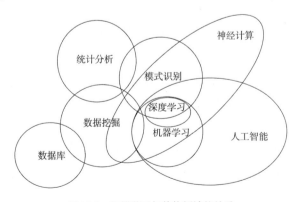

图10-1 机器学习与其他领域的关系

人工智能是让机器的行为看起来像人所表现出的智能行为一样,即为机器赋予人的智能。人工智能的先驱们希望机器具有与人类似的能力:感知、语言、思考、学习、行动等。最近几年人工智能风靡全球的主要原因就是,随着机器学习的发展,人们发现机器具有了一定的感知(图像识别)和学习等方面的能力,很容易认为目前已经达到了人工智能发展过程中的奇点。实际上,人工智能包括计算智能、感知智能和认知智能等层次,目前人工智能还介于前两者之间。

由于目前人工智能与人类智能相比较,二者实现的原理并不相同,特别是人脑对于信息的存储和加工过程尚未被研究清楚,与目前主流的深度学习理论存在较大的基础差异。因此,目前人工智能所处的阶段还在"弱人工智能"(Narrow AI)阶段,距离"强人工智能"(General AI)阶段还有较长的路要走。例如,目前人类对于知识的获取和推理并不需要大量的数据进行反复迭代学习,只需要看一眼自行车的照片就能大致区分出各式各样的自行车。因此,要达到强人工智能的阶段可能要在计算机基础理论方面进行创新,实现类人脑的结构设计。

通常来说,人工智能是使机器具备类似人类的智能性,人工智能的典型系统包括以下几个方面:①博弈游戏(如深蓝、Alpha Go、Alpha Zero 等);②机器人相关控制理论(运动规划、控制机器人行走等);③机器翻译;④语音识别;⑤计算机视觉系统;⑥自然语言处理(自动程序)。

数据挖掘使用机器学习、统计学和数据库等方法在相对大量的数据集中发现模式和知识,它涉及数据预处理、模型与推断、可视化等。

数据挖掘包括以下几类常见任务。

1. 异常检测

异常检测(anomaly detection)是对不符合预期模式的样本、事件进行识别。异常也被称为离群值、偏差和例外等。异常检测常用于入侵检测、银行欺诈、疾病检测、故障检测等。

2. 关联分析

关联规则学习(association rule learning)是在数据库中发现变量之间的关系(强规则)。例如,在购物篮分析中,发现规则{面包,牛奶}→{酸奶},表明如果顾客同时购买了面包和牛奶,很有可能也会买酸奶,利用这些规则可以进行营销。

3. 聚类

聚类是一种探索性分析,在未知数据结构的情况下,根据相似性把样本分为不同的簇或子集,不同簇的样本具有很大的差异性,从而发现数据的类别与结构。

4. 分类

分类是根据已知样本的某些特征判断一个新样本属于哪种类别。通过特征选择和学习,建立判别函数以对样本进行分类。

5. 回归

回归是一种统计分析方法,用于了解两个或多个变量之间的相关关系,回归的目标是找出误差最小的拟合函数作为模型,用特定的自变量来预测因变量的值。

数据挖掘在大数据相关技术的支持下,随着数据存储(非关系型 NoSQL 数据库)、分布式数据计算(Hadoop/Spark 等)、数据可视化等技术的发展,数据挖掘对事务的理解能力越来越强,如此多的数据堆积在一起,增加了对算法的要求,所以数据挖掘一方面要尽可能获取更多、更有价值、更全面的数据,并从这些数据中提取价值。

数据挖掘在商务智能方面的应用较多,特别是在决策辅助、流程优化、精准营销等方面。广告公司可以使用用户的浏览历史、访问记录、点击记录和购买信息等数据,对广告进行精准推广。用舆情分析,特别是情感分析可以提取公众意见来驱动市场决策。例如,在电影推广时对社交评论进行监控,寻找与目标观众产生共鸣的元素,然后调整媒体宣传策略迎合观众口味,吸引更多人群。

机器学习是人工智能的一个分支,作为人工智能的核心技术和实现手段,通过机器学习的方法解决人工智能面对的问题。机器学习是通过一些让计算机可以自动"学习"的算法,从数据中分析获得规律,然后利用规律对新样本进行预测。

机器学习是人工智能的重要支撑技术,其中深度学习就是一个典型例子。深度学习的典型应用是选择数据训练模型,然后用模型作出预测。例如,博弈游戏系统(Deep Blue)重于探索和优化未来的解空间(Solution Space),而深度学习则是在博弈游戏算法(例如 Alpha Go)的开发上付诸努力,取得了世人瞩目的成就。Alpha Go 4∶1 击败围棋世界冠军李世石。

机器学习和人工智能的关系

以自动驾驶汽车研发为例,要实现自动驾驶,就需要对交通标志进行识别。首先,应用机器学习算法对交通标志进行学习,数据集中包括数百万张交通标志图片,使用卷积神经网络进行训练并生成模型。然后,自动驾驶系统使用摄像头,让模型实时识别交通标志,并不断进行验证、测试和调优,最终达到较高的识别精度。

当汽车识别出交通标志时,针对不同的标志进行不同的操作。例如,遇到停车标志时,自动驾驶系统需要综合车速和车距来决定何时制动,制动过早或过晚都会危及行车安全。除此之外,人工智能技术还需要应用控制理论处理不同的道路状况下制动策略,通过综合这些机器学习模型来产生自动化的行为。

数据挖掘和机器学习的关系越来越密切。例如,通过分析企业的经营数据,发现某一类客户在消费行为上与其他用户存在明显区别,并通过可视化图表显示,这是数据挖掘和机器学习的工作,它输出的是某种信息和知识。企业决策人员可根据这些输出人为改变经营策略,而人工智能是用机器自动决策来代替人工行为,从而实现机器智能。

数据挖掘是从大量的业务数据中挖掘隐藏的、有用的、正确的知识,促进决策的执行。数据挖掘的很多算法都来自机器学习和统计学,其中统计学关注理论研究并用于数据分析实践形成独立的学科,机器学习中有些算法借鉴了统计学理论,并在实际应用中进行优化,实现数据挖掘目标。机器学习的演化计算深度学习等方法近年来也逐渐跳出实验室,从实际的数据中学习模式,解决实际问题。数据挖掘和机器学习的交集越来越大,机器学习成为数据挖掘的重要支撑技术。

第三节 ML 与 DL 的研究方向

一、辛顿：GLOM

杰弗里·辛顿(Geoffrey Hinton)，1970年剑桥大学获得实验心理学学士学位，1978年爱丁堡大学获得人工智能博士学位。谷歌副总裁兼工程研究员、Vector研究所首席科学顾问、多伦多大学荣誉教授、伦敦大学学院(UCL)盖茨比计算神经科学中心的创立者。他是深度学习的积极推动者，被誉为"深度学习之父"。辛顿因在深度学习方面的贡献与约书亚·班吉欧和杨立昆一同被授予了2018年的图灵奖。

辛顿对人工神经网络的热情可以追溯到20世纪70年代早期。到1986年，他已经在该领域取得了极大的进展：尽管最初的网络仅由几层负责输入与输出的神经元层构成，但辛顿和同事们还是提出了更高级的多层网络技术。然而，计算能力和数据容量赶上并利用好深度架构却花费了26年的时间。

2012年，辛顿因在深度学习领域取得突破而名利双收，他与两名学生一起开发了一种多层神经网络，该神经网络可被训练识别大型图像数据集中的物体。神经网络学会了去反复提升分类以及识别各种物体的方法。该系统表现出了出乎意料的精准度。深度学习引发了最新的人工智能革命，并改变了整个计算机视觉领域。辛顿认为，深度学习几乎可以完全复制人类的智能。尽管该领域取得了较快的发展，但重大挑战依然存在。在面对陌生的数据集或环境时，神经网络会显得相对脆弱和不够灵活。自动驾驶汽车和文本语言生成器让人印象深刻，但它们也会出错。人工智能视觉系统也会犯糊涂：系统可以从侧方视角识别出咖啡杯，但如果没有经过训练，就无法从俯视视角认出它；再加上一些像素的变换，熊猫可能会被错认成鸵鸟，甚至是校车。

最近，辛顿结合当下神经网络的最新进展提出了一种名为GLOM的具有可解释特性的神经网络架构，并给出了如何显式构建神经网络中的层次表示。

GLOM由大量被称为微柱(minicolumn)的基本单元组成。每一个微柱便是一个局部空间的自编码器，微柱内部被分为不同的层级(level)，每个层级响应图像中特定的模式。层级之间包含自底向上以及从上向下的信息传播(编码与解码)。在每个微柱中，不同层级之间共享权重。每个级别对信息进行嵌入(embedding)，这些嵌入体现了局部-整体的关系，例如，在出现人的图像中，微柱中从低级别到高级别的嵌入向量可能代表了鼻孔、鼻子、脸部、个人。由此，网络可实现对目标进行局部-整体关系的构建：每个层级负责物体不同的层次表示。随着层级逐渐向上，其能够表示更加复杂的信息特征。

GLOM解决了视觉感知系统领域的两个重大难题：从物体以及它们的自然部分角度认识整个场景，以及从新的视角认识事物(GLOM侧重于视觉，但辛顿希望它还能够应用于语言领域)。以辛顿的脸作为例子，疲惫但充满活力的双眼、嘴、耳朵以及显眼的鼻子，都笼罩在较为干净的灰色中。从显眼的鼻子可以看出，即使第一次见到辛顿的照片，也可以轻易地认出他。在辛顿看来,这两个因素——部分与整体的关系以及视角,对人类的视觉系统至关重要。他说:"如果 GLOM 能够运行,那么它将比现在的神经网络更像人类那样去感知事物。"然而,对于计算机来说,将部分融入整体是一个难题,因为有时候部分的概念是模棱两可的。一个圆圈可能是一只眼睛、一个甜甜圈或者一个车轮。

正如辛顿所解释的那样,第一代人工智能视觉系统主要通过部分与整体的几何关系、部分之间与部分与整体之间的空间方向来识别物体。而第二代系统则依靠深度学习使用神经网络训练大量的数据,辛顿在 GLOM 中将两个方法各自的优势结合在了一起。

二、IBM 深蓝:剪枝算法

棋类游戏一直是人工智能所要攻克的领域。起初,由于机器下棋的水平远达不到人类普通棋手的水平,所以比赛一般都是在机器之间进行。1989 年,卡内基梅隆大学的团队开发出的下棋机"深思"(Deep Thought),成为第 1 个国际象棋的计算机特级大师。此后这个团队加入 IBM,成为后来"深蓝"(Deep Blue)的核心团队。1997 年 5 月,在美国纽约举行的一场 6 局的比赛中,"深蓝"战胜了卡斯帕罗夫,从而成为历史上第 1 个战胜人类国际象棋大师的计算机。与卡斯帕罗夫对战的"深蓝"有 2 个操作台,包括 30 台计算机(路机),其中用到了 480 个定制的国际象棋芯片。因此,可以将"深蓝"视为通过高速交换网络连接的 IBM RS/6000 处理器或工作站的集合。加上丰富的象棋知识、残局、改进的开局库以及在特级大师的仔细检验下进行了 1 年的测试,最终版本的"深蓝"棋力非常之强。

IBM 的深蓝战胜国际象棋大师卡斯帕罗夫很大程度上要归功于 α-β 剪枝算法。人类棋手的这种思考方法可以用一个"极小极大过程"来描述,其中"极小"是指因为对方的正确应对,使己方收益最小;而"极大"是指假设对方让自己收益最小的前提下,通过己方走棋使自己收益最大。

如图 10-2 所示,其中方框表示轮到我方走棋,圆圈表示轮到对方走棋。最上面的方框表示当前棋局状态。从当前状态开始向下搜索 4 步,最下方的数字给出了 4 步之后的棋局得分,数字越大表示对我方越有利,数字越小表示对对方越有利(在深蓝系统中,这些得分来自于国际象棋大师总结的相关知识)。有了这棵搜索树,就可以自底向上倒推每个节点的得分。如何倒推呢?显然,在双方都不犯错的情况下,我方会选择得分更高的走法,对方会选择得分最低的走法。基于这一原则,圆圈节点的分值是其所有子节点的最小分值,而方框节点是所有子节点的最大分值,由此可自底向上得到所有节点的分值。当搜索深度增加,极小-极大过程将产生规模庞大的搜索树,出现"组合爆炸"问题。据深蓝开发者估算,如果不做改进的话,即便每次走棋只往前考虑十步左右,每步棋也需要"思考"17 年。如何解决这一问题呢?我们先看看人类棋手是如何处理的。众所周知,有经验的棋手在思考可能的走法时,并不是对每种可能性都平权考虑,而是根据自己的经验选择几种可能的走法进行尝试。计算机可以借鉴这一思路,在搜索的过程中减掉一些不必要的路径分支,以提高搜索的效率,这一方案称为剪枝。利用极小-极大过程的特点(我方选择最大子节点,对方选择最小子节点),可以设计剪枝算法,在保证决策不变的前提下,去掉大量不必要的搜索路径。α-β

剪枝算法正是这样一种算法。

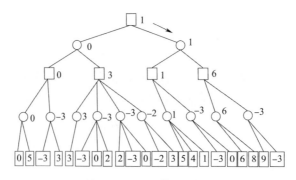

图 10-2 "深蓝"算法示意图

α-β 剪枝算法的由来

1947 年,图灵编写了一个国际象棋的程序,但是由于计算机在当时是稀缺资源,使得这个程序没有机会在计算机上运行。与此同时,信息理论的创始人香农(C. E. Shannon)等提出了双人对弈的最小最大算法(Minimax),并于 1950 年发表了理论研究论文 *Programming a computer for playing chess*(《计算机下棋程序》),开创了理论研究机器下棋的先河。在文中,棋盘被定义为一个二维数组,每个棋子都被赋予一个子程序,用于对棋子可能走法的计算,当子程序计算出所有可能的走法后,就会得到一个评估函数,用每个棋子的可能走法就可以形成一个博弈树。对于一个完全信息的博弈系统,如果能穷举完整的博弈树,那 Minimax 算法就可以计算出最优的策略。由于复杂游戏的博弈树增长是指数形式的,因此要穷举完整的博弈树非常困难。约翰·麦卡锡(J. McCarth)提出了著名的 α-β 剪枝技术,为有效控制博弈树的规模提供了依据。随后,卡内基梅隆大学的纽厄尔(A. Newell)、司马贺(H. Simon)等很快在实战中实现了这一技术。

可以看出,"深蓝"能战胜国际象棋大师,主要是基于两点:第一是丰富的国际象棋知识,尤其是对这些知识的深入理解;第二是强大的算力与合适的算法相配合,剪枝算法大幅降低了对残局的搜索空间。这种设计思路即使是在 20 年后的围棋下棋机 Alpha Go 中也仍然存在。

三、Alpha Go:深度学习 + 强化学习

国际象棋之后,研究人员便把目标锁定在围棋上。国际象棋的搜索宽度大概是 30,搜索深度大概是 80,整个搜索空间大约为 10^{50};而围棋的搜索宽度大概为 250,搜索深度大概是 150,搜索空间在 10^{170} 以上,比宇宙中的粒子数 10^{80} 还多。由于搜索空间太大,只依赖评估函数和剪枝搜索算法在有限的时间内无法完成对整个空间的搜索。因此,"深蓝"所使用的搜索方法对于围棋则近乎失效。很长时间以来,人们认为围棋是人工智能不可逾越的一道坎。人类为迈过"围棋"这道坎,足足准备了 20 年。

2016 年 3 月,谷歌旗下 Deep Mind 公司开发的人工智能机器人 Alpha Go 与围棋职业九

段棋手李世石进行围棋人机大战,最终 Alpha Go 以 4∶1 的总比分获胜。仅一年之后,Alpha Go 再次突飞猛进,2017 年 5 月,世界第一围棋棋手柯洁在我国乌镇与 Alpha Go 展开较量,而最后的结果是柯洁连败三局,柯洁承认,他失声痛哭"是因为觉得机器下得太完美"。

Alpha Go 到底是在一个什么样的系统下才能拥有如此强大的能力?实际上,Alpha Go 的胜利是"深度学习+强化学习"的一个重要的案例。

Alpha Go 利用 CNN+蒙特卡罗搜索树算法,而这一算法就是卷积神经网络模型的一个重要例证。卷积神经网络的输入是一组二维图,然后系统将输入量送入到卷积层进行特征提取,最后进行输出,根据卷积特征提取过后得到的信息与预先得到的信息进行对比,完成分类。卷积层内主要需要完成三种运算,分别为卷积、非线性激活函数和最大值池化。根据所需要完成的任务的不同,卷积神经网络结构中可以有多个卷积层,而每个卷积层都需要完成这三种运算。

1. Alpha Go 的深度学习

深度学习基本都是基于神经网络来完成的,而随着神经网络由最开始的三层神经网络渐渐发展到后来的多层神经网络,其内部节点的个数会越来越多,也就需要更多的数据来对该智能系统进行训练,数据集逐渐变得庞大。在这种情况下,如果只依靠传统的深度学习模型往往会无法完成想要实现的工作,往往需要很长的时间才得到训练后的收敛,无法满足大规模神经网络的需求。针对上述问题,有两种优化方法:一是数据并行优化方法。当系统需要大量训练时,我们可以选取数据并行的手段使得模型的训练速度加快,数据并行就是将需要训练的数据分成好几个部分,同时采取多个深度学习模型来进行工作,如此一来,每部分的数据都同时完成训练过程,提高了训练效率。二是模型并行优化方法。除了用数据并行的方法来解决大数据集,提高训练速度的方法之外,还与一种手段就是对模型进行划分,较大的模型经过划分之后成多个分片,然后同时进行训练。每一个训练单元之间能够进行合作,最后完成整个模型的训练任务。

2. Alpha Go 的强化学习

强化学习的名称原本是从心理学中命名而来的,强化学习的基本模式就是"交互-试错",意思就是智能系统不断与外界进行交互,然后对每一次的交互结果进行处理,最后智能系统得到有效策略。强化学习的过程就类似于人脑学习的过程。随着人工智能技术的不断进步,强化学习已经包括多方面的内容,其各种算法被更加广泛地利用。

强化学习算法有基于值函数的学习方法和基于策略搜索的强化学习算法,其中,前者往往在寻找确定性最优解中利用广泛,而 Alpha Go 最优策略却是根据棋盘局势的不同实时改变着的,其每一次的最优结果往往是随机的,因此,基于值函数的强化学习算法无法满足这一要求。因此,在 Alpha Go 的学习算法中采用的是第二种强化学习算法,即基于策略搜索的强化学习算法。该算法的主要思想是将每一个策略以参数结果的形式表现出来,在学习的过程中,对参数不断进行更改,从而得到最优值。根据基于策略搜索的强化学习算法的应用对象不同,还可以优化为基于梯度的强化学习算法。

四、DARPA：学习内省控制 LINC

2021年8月，美国国防部高等研究计划局（DARPA）启动了"学习内省控制"（LINC）项目，推动军事系统适应突发状况。"学习内省控制"（LINC）项目，旨在开发基于机器学习的内省技术，使系统在遭遇不确定性或意外事件时，能够调整其控制规则，并在确保连续运行的同时，将这些新情况传达给人类或人工智能操作员。该项目包括三个研究领域：

一是攻克当前机器学习模型与技术中阻碍系统自适应的技术难点，开发能够感知环境变化并仅使用自带的传感器和驱动器，即可重构控制规则的系统。

二是改进系统和操作人员态势感知共享与引导的方式，将研究领域开发的首个动态模型产生的信息进行有效翻译，并传达给操作人员，使其掌握系统最新运行状态以及安全操作的提示。

三是重点进行技术测试与评估。

第四节　ML 与 DL 在交通领域中的应用

当前，机器学习已经与普通人的生活密切相关。例如在天气预报、能源勘探、环境监测等方面，有效地利用机器学习技术对卫星和传感器发回的数据进行分析，是提高预报和检测准确性的重要途径；在商业营销中，有效地利用机器学习技术对销售数据、客户信息进行分析，不仅可帮助商家优化库存降低成本，还有助于针对用户群设计特殊营销策略。众所周知，百度、谷歌等互联网搜索引擎已开始改变人类的生活方式，例如很多人已习惯于在出行前通过互联网搜索来了解目的地信息，寻找合适的酒店、餐馆等。机器学习在交通领域也有很多的应用案例。

一、宝马自动驾驶汽车

汽车制造是成本极高的劳动密集型产业，每年在研发、制造以及市场营销上的投资额达数百万美元。这能够带来数十亿美元的收入，但在高速运转的复杂流程中的任何阶段出现错误，都可能带来极大的损失，尤其是在车辆上路前还未发现这些错误的话，损失可能更加严重。除此之外，全球每年有超过10万人死于道路交通事故，其中大部分是驾驶人的失误造成的。正在开发的自动驾驶汽车可以解决这种威胁人类生命的隐患问题，但是首先必须对它们进行训练，使其"了解"如何驾驶以及与如何与其他自动驾驶或由人驾驶的车辆"互动"。

2016年，宝马与IBM合作，将4台宝马i8汽车通过Bluemix云服务连接至IBM沃森的认知计算平台，目的是希望汽车通过学习增进对于驾驶人行为的理解，从而使系统更加贴合个人偏好。通过将其收集的所有数据上传至云上，系统能够建立一个庞大的用户行为数据库，然后利用机器学习来预测其他驾驶人的需求和偏好。

经过测试，该系统于2017年在德国向宝马互联驾驶应用程序（BMW's Connected Drive App）的用户开放，如何使用该系统的示例包括更快、更准确地诊断车辆故障，以及使愿意与保险公司共享其驾驶数据的用户享受更为便宜的保险费用。

第十章 机器学习与深度学习

宝马的另一项合作是与英特尔进行的,后者近期收购了计算机视觉公司 Mobileye。计算机视觉是汽车能够自动驾驶的关键,从本质上讲,正是计算机视觉技术通过分析车载摄像头数据使得汽车能够"看见",从而对外界环境作出反应。计算机视觉技术在抓取图像后使用机器学习进行分类,可以让汽车在毫秒内对出现在路上的汽车甚至行人作出正确的反应。通过分析来自视频源的一系列图像,它不仅能够确定这个物体是什么,还能知道它有多远、朝哪个方向移动、以什么速度移动。

这些都是人类的大脑在进化过程中习得的,并在潜意识里完成的。在有限的参数范畴内,人类能高效地完成这一过程。然而,在一个从骑马和手推车到速度达 100km/h 的汽车只用了 100 多年的时间里,自然进化的速度远落后于技术进步的速度。因此,大量的人员伤亡是由于驾驶人低估了速度、高估了距离或仅是缺乏注意力造成的。计算机驱动的汽车不会犯同样的错误。其中一个挑战是,开发自动驾驶系统需要大量数据来训练车辆,以应对它们在道路上可能遇到的各种情况。宝马 iVentures 的黄萨曼(Sam Huang)说,自动驾驶系统可能必须经过约 60 亿 mile(约 97 亿 km)的行驶才能得到充分训练。宝马的解决方案是,并不一定要在"现实世界"中行驶完所需里程。为此,它投资 1 亿欧元(约合人民币 7.9 亿元),在德国慕尼黑建立了世界上最先进的驾驶模拟中心。宝马将其描述为"将道路引入实验室",这将使它们能够更快速、更便宜、更安全地收集数据以训练自动驾驶汽车。

宝马正通过英特尔与 Mobileye 合作开发的计算机视觉技术来训练自动驾驶汽车在城市和农村道路上行驶,它还与 IBM 的沃森认知计算平台和 Bluemix 云平台合作,收集和分析驾驶人数据,包括使用沃森的自然语言处理能力来解释和响应语音命令。GPS 数据是通过 Here 位置数据服务提供的,该服务是宝马收购诺基亚后与大众和戴姆勒共同拥有的,这让宝马能够了解自己的汽车位置以及行驶情况。数据收集来自车载摄像头以及机器数据(例如使用的制动力)和刮水器、前照灯、安全气囊等外围系统。在宝马的制造和生产业务中,数据收集跨越设计、生产、物流、分销和服务部门,在这个过程中,宝马与 Teradata 合作,完成了自动化操作决策。宝马的系统可以追踪任何零部件从生产、安装到出售的行程,以帮助提升物流效率,确保每个部分在正确的时间出现在需要的位置。宝马公司的生产线使用的是预测性维护策略,这意味着磨损的机械部件在损坏之前就能够被替换,从而进一步提高了效率。

二、百度自动驾驶平台

百度作为全球领先的互联网公司,同时也是全球为数不多的提供 AI 芯片、软件架构和应用程序等全栈 AI 技术的公司之一。百度于 2010 年开始在人工智能领域探索,是中国最早布局人工智能的互联网巨头;其搜索业务带来的庞大客户群体的数据,有助于公司开展人工智能 AI 业务,从而更好地为用户提供使用体验。截至 2020 年 10 月,百度拥有 2682 个 AI 专利,专利数量高于华为和腾讯,是中国 AI 专利最多的企业,百度 AI 平台也拥有超过 265 万名开发者,是中国最大的开放式 AI 平台。于 2013 年由李彦宏成立的百度深度学习研究院,经过 8 年的发展,业务逐步覆盖"自动驾驶、智能车联、智能交通"三大领域。图 10-3 展示了百度智能驾驶相关业务的发展历程。

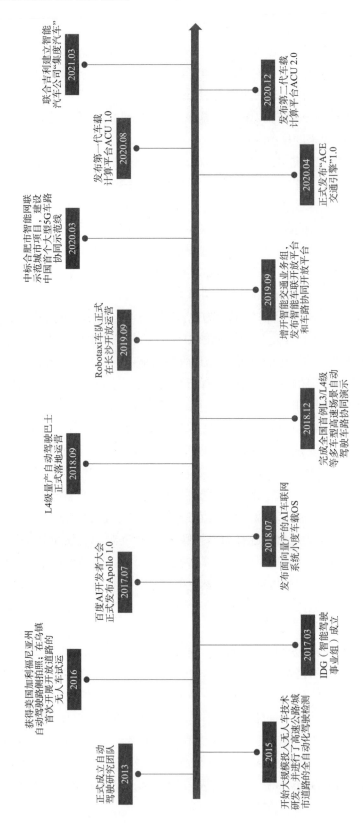

图10-3 百度智能驾驶相关业务发展历程

2017年，百度发布了一项名为"Apollo"（阿波罗）的新计划，向汽车领域的合作伙伴提供一个开放、完整、安全的自动驾驶平台，帮助他们结合车辆和硬件系统，快速搭建一套属于自己的完整的自动驾驶系统。百度开放此项计划旨在建立一个以合作为中心的生态体系，发挥百度在人工智能领域的技术优势，促进自动驾驶技术的发展和普及。而将这个计划命名为"Apollo"计划，就是借用了阿波罗登月计划的含义。

图10-4展示了百度Apollo 6.0的平台架构，主要包括自动驾驶开放平台、智能车联开放平台、车路协同开放平台三大部分，并且还将开放环境感知、路径规划、车辆控制、车载操作系统等功能的代码或能力，并且提供完整的开发测试工具。同时会在车辆和传感器等领域选择协同度和兼容性最好的合作伙伴，推荐给接入Apollo平台的第三方合作伙伴使用，进一步降低无人车的研发门槛。百度集团总裁兼首席运营官陆奇对此也表示，百度把自己所拥有的最强、最成熟、最安全的自动驾驶技术开放给业界，旨在建立一个以合作为中心的生态体系，发挥百度在人工智能领域的技术优势，为合作伙伴赋能，共同促进自动驾驶技术的发展和普及。百度Apollo自动驾驶平台基于QNX内核，自研ACU计算平台 + Cyber RT中间件 + 自动驾驶算法，提供一整套自动驾驶解决方案。通过车路协同技术，Apollo自动驾驶平台能为OEM、政府、合作伙伴等在智能信控、智能公交、自动驾驶、智能停车、智能货运、智能车联等多个场景实现应用。

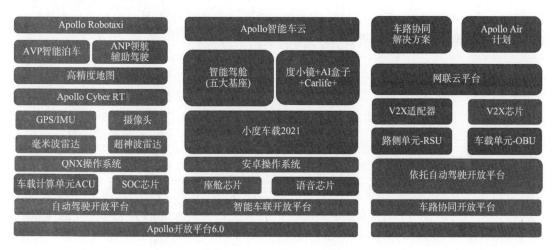

图10-4　百度Apollo 6.0平台架构

第五节　ML与DL的伦理与安全

机器学习模型存在的一个问题是"过度拟合"（overfit），数据科学中过度拟合模型被解释为一个从训练集（training set）中得到了高方差（variance）和低偏差（bias），导致其在测试数据（testing set）中得到低泛化（generalization）的模型，也即计算机过度依赖于训练数据，在数据中发现了不代表现实世界中的特异性。过度拟合可能会导致机器"忘记"变量之间的统计学意义上的相关性并不一定意味着因果关系。相反，"欠拟合"（underfit）发生在模型不够复杂、未能从训练数据中获得信息,使其无法发现输入和输出数据之间的内在联系的情况下。对数据的过度关注会导致过度拟合,对数据的忽视又会导致欠拟合,找到最佳平衡点至关重要。因此,人类的理解和判断会在机器学习中发挥重要的作用。由于人类偏见的存在,可能会影响到训练数据集的选择、学习过程模型和方法的使用以及学习结果输出的解释等。因此,人类需要对输入数据的性质、数据的学习和处理过程以及最终的输出有基本的认识。

一、ML 模型应用的偏见与风险

Mitchell(1980)最早提出机器学习中"偏差、偏见"(bias)的概念,意指从经验中进行概括以预测新实例的标准。然而,今天机器学习中的"偏差、偏见"主要是指算法可能导致的"非预期或潜在的有害属性"。例如,亚马逊的人工智能招聘系统存在性别偏见,在某些职位上更加偏向男性;Google Photos 和亚马逊的 Rekognition 在图像分类中存在性别和种族偏见;一款广泛使用的刑事累犯预测工具 COMPAS 被发现产生了带有种族偏见的结果,它对黑人被告的累犯预测显著高于白人被告。

对于企业而言,机器学习既是管理风险的工具,也是大量新风险的来源。因此,企业在采用机器学习模型、技术和工具时,应该识别各种机器学习技术内在的风险,以及业务部门在具体技术应用过程中所面临的风险,例如训练数据质量低下和编程问题,以及数据隐私法规和客户期望等外部压力。与机器学习技术相关的主要风险如下。

1. 算法歧视风险

机器学习算法能够识别数据中的模式,并将其编写在预测、规则和决策中。如果这些模式恰好反映了现有歧视状况,那么机器学习算法很可能会放大这种歧视,进而得出强化现有偏见模式的结果。

2. 过高估计机器学习技术能力的风险

机器学习等技术受到热捧,因此其现有能力很容易被夸大。鉴于机器学习系统本身无法理解所执行的任务,而是依赖于训练数据,因此,这种技术并非万无一失。如果机器学习系统的输入数据存在歧视、不够完整或质量欠佳,那么其结果的可靠性就会受到影响。

3. 编程错误风险

任何计算机程序都无法避免出错,机器学习也是如此。当存在错误时,算法将无法按照预期运行并有可能得出误导性结果。

4. 网络攻击风险

企图盗取个人数据或某公司机密信息的黑客可能会从目标公司的机器学习等智能系统下手。如果这些黑客控制了制定重要决策的算法,如驾驶汽车或控制机器人的算法,网络攻击的后果将不堪设想。

5. 法律责任风险

目前,还鲜有管理机器学习和人工智能技术的立法,使得相关技术应用存在一定的法律责任风险。

6. 信营风险

机器学习等智能系统需要处理大量高度敏感数据,并负责在众多领域(包括信用、教育、就业和医疗)制定与个人息息相关的重大决策。因此,如果机器学习等智能系统存在歧视、容易出错、遭到黑客攻击或使用目的不道德,相关组织的信誉将会受到极大影响。

二、ML 模型应用中偏见的应对策略

偏见可能发生在机器学习的任何阶段。Suresh 和 Guttag 将机器学习项目的典型生命周期总结为六个阶段:数据收集、数据准备、模型开发、模型评估、模型后处理和模型部署。基于机器学习全生命周期的六个阶段,可以进一步将机器学习中的偏见分为历史偏见、表示偏见、测量偏见、聚合偏见、评估偏见和部署偏见。

为了解决机器学习中的偏见问题,Munoko、Brown-Liburd 和 Vasarhelyi 采用两个面向未来的伦理框架,研究人工智能方审计应用所面临的伦理问题。Appelbaum、Issa 和 Strauss 提出了一个通用的框架,为人员在利用人工智能技术对工程应用时提供伦理遵循,以合理保证人工智能应用不存在潜在的偏见和不公平的结果。此外,新兴的公平机器学习领域提出了反分类(anti-classification)、分类均等(classification parity)和校准(calibration)等标准,以确保基于机器学习算法的决策是公平的。其中,反分类要求"诸如种族、性别等受保护的属性不被明确用于决策";分类均等要求"在受保护属性所定义的组之间,预测性能的通用测度指标(如假阳性率和假阴性率)相等",校准意味着"以风险估计为条件,结果独立于受保护的属性"。除此之外,建立简约、透明、可解释的机器学习模型也是解决偏见问题的重要路径。会计和审计的从业人员以及相关监管部门也致力于建立透明、可解释的机器学习模型,开发准确、可解释的算法,一些商业工具可以用来检测和防止机器学习模型的偏见,如谷歌的 What-If Tool(WIT)和 IBM 的 AI Fairness 360。然而,关于人工智能算法的透明度和披露也可能导致意想不到的后果,例如算法被黑客攻击的脆弱性增加,以及更容易受到法律诉讼或监管行动的影响,从而产生"透明度悖论"问题。

本章习题

1. 请了解机器学习专家吴恩达学习和研究经历,谈谈你的感受。

2. 机器学习的算法经历了数十年的发展和演进,请在列出算法中任选取一种,阐述它的实现原理和过程。

3. 谈谈机器学习与数据挖掘有什么差别?

4. 请你了解 AlphaGo 的发展过程,它在各阶段有什么样的技术突破?柯洁战败很难过,你是怎么理解的?

5. 请你了解"深度学习之父"辛顿在人工智能中的重要贡献,这些贡献对于交通人工智能有什么作用?

6. 支持向量机、神经网络是常用的两种机器学习算法,请对比其异同,并结合具体场景说明你认为哪种算法更为适用。

7. 请了解机器学习在无人机领域的应用。

8. 请问机器学习可以代替你的学习吗?当面对机器学习可能带来的风险和伦理问题时,谈谈我们在日常生活中可以采取哪些措施进行防范。

第十一章 知识图谱

知识图谱(Knowledge Graph,KG),在图书情报界称为知识域可视化或知识领域映射地图,是显示知识发展进程与结构关系的一系列各种不同的图形,用可视化技术描述知识资源及其载体,挖掘、分析、构建、绘制和显示知识及它们之间的相互联系。

知识图谱,是通过将应用数学、图形学、信息可视化技术、信息科学等学科的理论与方法与计量学引文分析、共现分析等方法结合,并利用可视化的图谱形象地展示学科的核心结构、发展历史、前沿领域以及整体知识架构达到多学科融合目的的现代理论。

哥尼斯堡七桥

数学家欧拉(Leonhard Euler)在1736年访问普鲁士的哥尼斯堡(现俄罗斯加里宁格勒)时,他发现有一条河穿过,河上有两个小岛,有七座桥把两个岛与河岸联系起来(图11-1)。当地的市民正从事一项非常有趣的消遣活动,有个人提出一个问题:一个步行者怎样才能不重复、不遗漏地一次走完七座桥,最后回到出发点。

29岁的欧拉向圣彼得堡科学院递交了《哥尼斯堡的七座桥》的论文,在解答问题的同时,开创了数学的一个新的分支——图论与几何拓扑,也由此展开了数学史上的新历程。

欧拉把每一块陆地考虑成一个点,连接两块陆地的桥以线表示。用点 A、B、C、D 表示哥尼斯堡城的四个地区 C(岛区)、B(北区)、D(东区)、A(南区);七座桥看成这四个点的连线,用1,2,3,4,5,6,7七个数字表示(图11-2)。

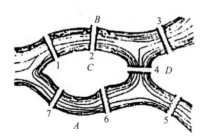　　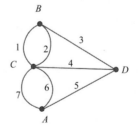

图11-1　哥尼斯堡的七座桥　　　　图11-2　四地七桥的连线

他把它转化成一个几何问题——"一笔画"问题,他不仅解决了此问题,且给出了连通图可以"一笔画"的充要条件是:奇点的数目不是0个就是2个(连到一点的数目如果是奇数条,就称为奇点;如果是偶数条,就称为偶点。要想一笔画成,必须中间点均是偶点,也就是有来路必有另一条去路,奇点只可能在两端。因此,任何图能一笔画成,奇点要么没有,要么在两端)。

欧拉推论出此种走法是不可能的。他的论点是这样的,除了起点以外,每一次当一个人由一座桥进入一块陆地(或点)时,他(或她)同时也由另一座桥离开此点。所以每行经一点时,计算两座桥(或线),从起点离开的线与最后回到始点的线亦计算两座桥,因此每一个陆地与其他陆地连接的桥数必为偶数。

从一开始的 Google 搜索,到现在的聊天机器人、大数据风控、证券投资、智能医疗、自适应教育、推荐系统,无一不跟知识图谱相关,它在技术领域的热度也在逐年上升。知识图谱的概念由谷歌于 2012 年正式提出,旨在实现更智能的搜索引擎,并且于 2013 年以后开始在学术界和业界普及。目前,随着智能信息服务应用的不断发展,知识图谱已被广泛应用于智能搜搜、智能问答、个性推荐、情报分析、反欺诈等领域。另外,通过知识图谱能够将 Web 上的信息、数据以及链接关系聚集为知识,使信息资源更易于计算、理解以及评价,并且形成一套 Web 语义知识库。知识图谱以其强大的语义处理能力与开放互联能力,可为万维网上的知识互联奠定扎实的基础,使 Web3.0 提出的"知识之网"愿景成为可能。

第一节 KG 的技术发展

一、KG 的发展历程

知识图谱的概念是 Google 于 2012 年正式提出的,但是知识图谱的发展却可以追溯到 1960 年的语义网络,中间经历了一系列的演变。

语义网络是由 Quillian 于 20 世纪 60 年代提出的知识表达模式,采用相互连接的节点和边来表示知识,节点表示对象、概念,边表示节点之间的关系。本体论(Ontology)一词源于哲学领域,且一直以来存在着许多不同的用法。在计算机科学领域,其核心意思是指一种模型,用于描述由一套对象类型(概念或者说类)、属性以及关系类型所构成的世界。AI 研究人员认为,他们可以把本体创建成为计算模型,从而成就特定类型的自动推理。

20 世纪 80 年代出现了一批基于此的专家系统,比如 WordNet 和 Cyc 项目。WordNet 不同于通常意义的字典,它包含了语义信息,WordNet 根据词条的意义将它们分组,每一个具有相同意义的字条组称为一个 synset(同义词集合)。WordNet 为每一个 synset 提供了简短、概要的定义,并记录不同 synset 之间的语义关系。1989 年,Time Berners-Lee 发明了万维网,实现了文本间的链接。万维网通过超文本标记语言(HTML)把信息组织成为图文并茂的超文本,利用链接从一个站点跳到另个站点,这样一来彻底摆脱了以前查询工具只能按特定路径一步步地查找信息的限制。随着语义网技术的不断发展,它的技术栈越来越庞大,以至于过于复杂没人看得懂,导致绝大多数的企业、开发者很难理解,无从下手。

2006 年,Tim Berners Lee 提出与其要求大家现在把数据搞得很漂亮,不如让大家把数据公开出来。只要数据能够公开出来,数据能够连在一起,我们就会建立一个生态。他称这套想法为"链接数据"。在关联数据的定义上,他定义了几层什么是好的链接数据:第一是在网上,一颗星;二是机器能够自动读,这就有两颗星;三是尽可能用一个公有的格式,不要是某个公司私有的,这样能够促进公开交换,做到这点就有三颗星;因为是 W3C 提出来的,必须用 RDF,用 RDF 就有四颗星;如果 RDF 有 ID,把它连在一起就是五颗星。这就是 Tim Berners Lee 提出的链接数据的五星标准。

2012 年,谷歌发布了知识图谱,用于改善搜索的质量。知识图谱除了显示其他网站的链接列表,还提供结构化及详细的关于主题的信息。其目标是,用户将能够使用此功能提供的信息来解决他们查询的问题,而不必导航到其他网站并自己汇总信息。

2018 年,清华大学和阿里巴巴提出了认知图谱的概念,随后部分学者将其应用于"多跳阅读理解问题"(multi-hop/complex question)中。传统方法中,"开放领域问答"(open-domain question answering)往往依靠大规模的知识图谱。

二、KG 的应用领域

知识图谱于 2013 年以后开始在学术界和业界普及,并在智能问答、情报分析、反欺诈等应用中发挥着重要作用。

1. 语义搜索

知识图谱是语义搜索的大脑。传统搜索引擎基于用户输入的关键词检索后台数据库中的 Web 网页,将包含搜索关键词的网页的链接反馈给用户。语义搜索(也称为语义检索)则首先将用户输入的关键词映射至知识图谱中的一个或一组实体或概念,然后根据知识图谱中的概念层次结构进行解析和推理,向用户返回丰富的相关知识。谷歌提出语义搜索后,国内百度的"知心"与搜狗的"知立方"也致力于利用知识图谱技术提升用户的搜索体验。

2. 智能问答

智能问答指用户以自然语言提问的形式提出信息查询需求,系统依据对问题的分析,从各种数据资源中自动找出准确的答案。问答系统是一种信息检索的高级模式,能提升效率、降低人工参与成本。问答系统将知识图谱看作一个大型知识库,首先对用户使用自然语言提出的问题进行语义分析和语法分析,进而将其转化成对知识图谱的查询,最后在知识图谱中查询答案。除百度外,目前还有许多问答平台引入了知识图谱技术,如华盛顿大学的 Paralex 系统、亚马逊的自然语言助手 Evi、苹果智能语音助手 Siri 和"出门问问"手机应用等。

3. 个性化推荐

个性化推荐是指基于用户画像,不同的用户会看到不同的推荐结果,它有着重要的商业价值。电子商务网站是运用个性化推荐最典型的应用,能通过行业知识图谱的丰富知识帮助实现精准营销与推荐。如:基于商品间的关联信息以及从网页抽取的相关信息构建知识图谱,当用户输入关键词查看商品时,基于知识图谱向用户推荐可能需要的相关知识,包括商品结果、使用建议、搭配等,通过"你还可能感兴趣的有""猜您喜欢"或者是"其他人还在搜"进行相关的个性化推荐。

4.金融领域

知识图谱的推理能力和可解释性,在金融场景中具有天然的优势。应用机器学习算法和知识图谱的智能风控系统在风险识别能力和大规模运算方面具有突出优势,逐渐成为金融领域风控反欺诈的主要手段。在金融领域,知识图谱可以应用于小微企业信贷、消费信贷、信用卡申请等反欺诈业务,还可以用来识别会计造假。基本原理简单理解是:"物以类聚,人以群分"。如"同一个 Wi-Fi 下多个企业借款客户",或者"同一个设备注册多个企业账号申请借款",均有可能与欺诈相关。因此,信贷欺诈的识别问题可以转化为客户知识图谱挖掘或社交网络分析问题,即把企业工商信息、新闻动态、股东关系、股权变更、司法诉讼等整合到反欺诈知识图谱里,经过分析和预测,挖掘识别欺诈案件,如利用影子公司贷款等。

5.医疗领域

基于医学知识图谱的语义搜索目前被用于医学百科知识、临床指南/文献、医学健康资讯、医疗保健信息等内容的推荐。医学知识较其他领域相比,专业性更强,非专业人士很难通过自主理解一堆资源文档,来精准地找到相关问题的答案。因此,基于医学知识图谱的知识库问答可以帮助患者更加快捷、便利地获得问题的答案,适用于医学知识科普、智能导诊、自诊等领域。临床决策支持(Clinical Decision Support,CDS)是指运用相关的、系统的临床知识和患者基本信息及病情信息,向临床医务工作者提供加强医疗相关的决策和行动的信息,提高医疗质量和医疗服务水平。具有临床决策支持功能的系统,称为临床决策支持系统(Clinical Decision Support System,CDSS),一般由知识库、推理机和人机交互接口三个部分组成,其中知识库是核心。

医学知识图谱中包含丰富的医学基础知识,可以作为 CDSS 知识库中的重要组成部分,它为 CDSS 的推荐结果提供了可解释的依据,能够协助系统从辅助诊断、治疗方案推荐、合理用药检测等方面为临床医务人员提供决策支持。知识图谱可应用于药物研发的知识的聚类分析,帮助提出新的可以被验证的假说,从而加速药物研发的过程,降低研发成本。

利用知识图谱的形式可以直观地表示流行病调查中的人员分布、人员活动轨迹、发病时间等信息,基于图展示出的信息可以更方便地用于病例之间相关性的分析,从而更快地分析和梳理出感染源头。另外,对流行病发生的脉络进行分析,通过找到多个事件存在的因果关系,构建流行病相关事件知识图谱,帮助发现潜在的公共威胁,从源头上预防和降低舆情风险。

6.教育领域

教学是学校最重要的活动。知识图谱在教学中的应用可以被看作人工智能在教育领域的关键应用。在教学活动中,知识图谱可以协助教师提高备课的效率和质量,帮助老师批改作业和批阅试卷,把老师从繁重的体力劳动中解放出来,做更有创造性和更高价值的工作。

知识图谱在教育领域的应用

1. 知识图谱构建智能教材系统

以知识图谱构建的智能教材系统可以很好地解决这个问题,它使得教材知识体系的更新和维护变得简单易行。我们知道,一本教材的结构是由目录、章、节和段落组成,而每一段落所表达的知识和信息都是具体的和明确的。我们顺着教材的结构,用三元组的方法将其中的实体和关系抽取出来,进而根据每个三元组之间的内在联系"画"出一张知识图谱网络,这个知识图谱的网络可以任何一个节点为顶点调整网络结构、节点及其关系。这样,我们就可以根据不同的用途,灵活方便地使用知识图谱教材了。

知识图谱教材可以帮助老师备课、生成题库(作业和试题),帮助老师批改作业和试卷,分析学生学习成绩等。由于它的应用实现是建立在深度学习的基础上的,知识的生成、更新和维护都可以自动完成,并按照教师设定的目标和功能帮助教师处理教学活动中许多重复的体力劳动,从而减轻了教师的工作负担。

2. 知识图谱辅助试题库的生成

在知识图谱教材的基础上,我们可以设计并自动生成一个题库。这个题库可以用于学生的练习和作业,也可以用于生成考试试卷。与传统题库不同的是,传统电子题库一般只能做填空题、选择题和判断题,而知识图谱生成的题库则可以有更大的弹性和扩展性,论述题、分析题、实验实训题以及实操性的题目都可以完成。

3. 知识图谱辅助教师备课

备课是教师工作量巨大的一项工作,也是十分艰辛的事情。在知识图谱教材的基础上,我们可以根据教师的教学任务和目标,设计和开发教师的备课模板。这个模板也是以知识图谱为基础进行设计和开发的。将知识图谱结构的教材、备课素材库、题库等与备课模板相结合,可以快速生成一个教学教案。这个教学案中可以根据教学计划设定每一个教学场景和教学活动的用时,提前预演模拟教学过程,包括与学生的互动节点等。这个教学方案还可以与智慧教室关联起来,在智慧教室的环境中,所有的教学活动和过程都被完整地记录下来。然后,采用深度学习加知识图谱的技术对教学活动中产生的新知识信息进行抽取,形成新的样本数据,不断丰富教材、题库和课件库。

4. 知识图谱辅助作业和试卷批改

批改作业是教师又一繁重的工作,其中大多数的工作是重复性劳动,创造性的价值较低,但它又是教学活动中必不可少的工作。以知识图谱教材和题库作为基础,作业批改和试卷批改都可以交由智能机器人系统完成。在智能题库的基础上,教师可以根据教学计划和目标,在作业系统里设计和布置作业。这些作业经由学生完成并提交给智能作业批改系统之后,系统可以立即自动给出学生作业的批改结果,并根据批改的结果给学生批语和指导。由于作业批改系统是建立在深度学习平台之上的,系统可以持续不断累积学生作业的数据,作为供平台进行学习和训练的样本,因此,系统的数据样本越丰富,过程越持久,对老师的教学经验和风格的了解越多,作业批改的准确率就会越高。

5.知识图谱学生学习状况分析

孔子提出因材施教的教育理念后，达成这一理想就成为一代接一代的教育工作不懈努力的目标。将知识图谱应用于教学之中，为我们实现这一理想又向前跨越了一大步。采用知识图谱技术，可以对每一个学生的学习状况进行"透视"，分析出学习成绩与性格、兴趣爱好、学习方式、学习环境、家庭背景等方面的联系，帮助老师根据不同学生的基础和情况制定差异化的教学计划。完整的知识图谱可以勾画出每一个学生的成长历程。

第二节　KG的基本原理

一、KG的构建方式

知识图谱是结构化的语义知识库，用于迅速描述物理世界中的概念及其相互关系。通过对错综复杂的文档的数据进行有效的加工、处理、整合，转化为简单、清晰的"实体、关系、实体"的三元组，最后聚合大量知识，从而实现知识的快速响应和推理。

知识图谱有自顶向下和自底向上两种构建方式。

（1）自顶向下构建。

所谓自顶向下构建是借助百科类网站等结构化数据源，从高质量数据中心提取本体和模式信息，加入到知识库中。

（2）自底向上构建。

所谓自底向上构建，则是借助一定的技术手段，从公开采集的数据中心提取出资源模式，选择其中置信度较高的新模式，经人工审核之后，加入到知识库中。

如图11-3所示，如果两个节点之间存在关系，它们就会被一条无向边连接在一起，那么这个节点，我们就称为实体（Entity）；它们之间的这条边，就称为关系（Relationship）。知识图谱的基本单位，便是由"实体""关系""实体"构成的三元组，这也是知识图谱的核心。实体指的是具有可区别性且独立存在的某种事物，实体是知识图谱中的最基本元素，不同的实体间存在不同的关系，如图中的"银行""借款人"等。关系是连接不同的实体，指代实体之间的联系。通过关系节点把知识图谱中的节点连接起来，进而形成一张大图，如图中的"借款""居住地"等。

知识图谱构建必须用到统计分析方法，其中维度降低技术是其关键技术，用于将高维空间的目标投影到低维空间，包括主成分分析和流形非线性分析。

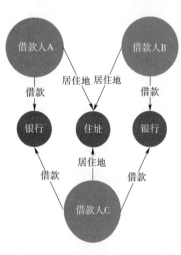

图11-3　知识图谱实例

(1) 主成分分析。

要准确描述向量,首先要确定一组基,然后给出在基所在的各个直线上的投影值。给定样本均值:

$$\bar{x} = \frac{1}{n}\sum_{i=1}^{N} x_i \tag{11-1}$$

样本方差:

$$S^2 = \frac{1}{n-1}\sum_{i=1}^{n}(x_i - \bar{x})^2 \tag{11-2}$$

则样本 X 和样本 Y 的协方差为:

$$\text{Cov}(X,Y) = E\{[X - E(X)][Y - E(Y)]\} \tag{11-3}$$

协方差为正时,说明 X 和 Y 是正相关关系;协方差为负时,说明 X 和 Y 是负相关关系;协方差为 0 时,说明 X 和 Y 相互独立。

设原始数据矩阵 X 对应的协方差矩阵为 C,而 P 是一组基按行组成的矩阵,设 $Y = PX$,则 Y 为 X 对 P 做基变换后的数据。设 Y 的协方差矩阵为 D,则:

$$D = \frac{1}{m}YY^\mathrm{T} = \frac{1}{m}(PX)(PX)^\mathrm{T} = \frac{1}{m}PXX^\mathrm{T}P^\mathrm{T} = P\left(\frac{1}{m}XX^\mathrm{T}\right)P^\mathrm{T} = PCP^\mathrm{T} \tag{11-4}$$

因此,主成分分析关键就是寻找一个矩阵 P,满足 PCP^T 是一个对角矩阵,并且对角元素按从大到小依次排列,那么 P 的前 K 行就是要寻找的基,用 P 的前 K 行组成的矩阵乘以 X,就使得 X 从 N 维降到了 K 维。

(2) 流形非线性分析。

流形非线性分析也叫作 T-SNE 分析,是一种非线性的降维技术,非常适合在二维或三维的低维空间中嵌入高维数据进行可视化,该算法实施分为三个步骤。

① 步骤 1。

随机邻近嵌入首先通过将数据点之间的高维欧几里得距离转换为表示相似性的条件概率。数据点 x_i 与数据点 x_j 的相似性是条件概率 $p_{j|i}$,该条件概率表示如果领域被选择与在以 x_i 为中心的正态分布的概率密度成比例,x_i 将选择 x_j 作为其邻域的概率:

$$p_{j|i} = \frac{\exp(-\|x_i - x_j\|^2/2\sigma_i^2)}{\sum_{k \neq i}(-\|x_i - x_k\|^2/2\sigma_i^2)} \tag{11-5}$$

式中:σ_i——以数据点 x_i 为中心的正态分布的方差。

点之间的相似性是:如果在以 x_i 为中心的高斯下与邻域的概率密度成比例地选取邻域,则 x_i 会选择 x_j 作为其邻居的条件概率。

② 步骤 2。

对于低维数据点 y_i 和 y_j 的高维对应点 x_i 和 x_j,可以计算类似的条件概率,其由 $q_{j|i}$ 表示。

$$q_{j|i} = \frac{\exp(-\|y_i - y_j\|^2)}{\sum_{k \neq i}\exp(-\|y_i - y_k\|^2)} \tag{11-6}$$

需要注意的是，$p_{i|i}$ 和 $p_{j|j}$ 被设置为零，是因为我们只想对成对的相似性进行建模。简单来说，步骤1和步骤2计算一对点之间的相似性的条件概率。逻辑上，条件概率 $p_{j|i}$ 和 $q_{j|i}$ 必须相等，以便把具有相似性的不同维空间中的数据点进行完美表示。即 $p_{j|i}$ 和 $q_{j|i}$ 之间的差异必须为零，以便在高维和低维中完美复制图。

③步骤3。

为了最小化测量条件概率差值的总和，在全体数据点中使用梯度下降法使所有数据点的K-L散度总和减少到最小。但是，由于K-L散度本质上是不对称的，可以使用对称版本的损失函数，使用简单的梯度，并在低维空间中采用长尾分布。设 X 服从标准正态分布 $N(0,1)$，Y 服从 $X^2(n)$ 分布，则 $Z = \dfrac{X}{\sqrt{Y/n}}$ 的分布称为自由度为 n 的 t 分布，记为 $Z \sim t(n)$，其概率密度函数为：

$$f_Z(x) = \frac{\Gamma\left(\dfrac{n+1}{2}\right)}{\sqrt{n\pi}\,\Gamma\left(\dfrac{n}{2}\right)}\left(1 + \frac{x^2}{2}\right)^{-\frac{n+1}{2}} \tag{11-7}$$

设 $X_1, X_2, \cdots, X_n \sim N(0,1)$，令 $X = \sum_{i=1}^{n} X_i^2$，则称 X 是自由度为 n 的 X^2 变量，其分布称为自由度为 n 的 X^2 分布，记为 $X \sim X_n^2$，其概率密度函数为：

$$gn(x) = \begin{cases} \dfrac{1}{2^{\frac{n}{2}}\Gamma\left(\dfrac{n}{2}\right)} x^{\frac{n}{2}-1} e^{-\frac{x}{2}} & (x > 0) \\ 0 & (x \leq 0) \end{cases} \tag{11-8}$$

与主成分分析（PCA）不同，T-SNE是一种非线性约简技术，这意味着它可以很好地处理任何多项式或非线性数据。T-SNE能够保留局部和全局结构，而PCA则尝试将高维投影到低维，以解释数据中的大部分方差。因此，它只关心全局结构。

二、KG 的数据类型

知识图谱的构建过程就是从不同来源、不同结构的数据中进行知识提取，形成知识存入到知识图谱，针对数据进行信息抽取。

知识图谱的原始数据类型一般来说有三类，也指三类原始数据：

(1) 结构化数据，如关系数据库；

(2) 半结构数据，如 XML、JSON、百科；

(3) 非结构化数据，如图片、音频、视频、文本。

存储上面这三类数据类型，一般有两种选择：

(1) 通过 RDF 即资源描述框架这样的规范存储格式来进行存储；

(2) 使用图数据库来进行存储，常用的有 Neo4J 等。

RDF 结构如图 11-4 所示。

```
<RDF>
  <Description about="http://www.w3school.com.cn/RDF">
    <author>David</author>
    <homepage>http://www.w3school.com.cn</homepage>
  </Description>
</RDF>
```

图 11-4　RDF 结构 HTML 代码

关系型数据库通过外键记录两个表或者多个表之间的引用关系,在进行关联查询时通过外键在主表中寻找对应的主键记录进行数据搜索与匹配计算操作,关联查询时将会耗费大量系统计算资源,尤其是在多表关联查询场景下查询效率极低。关系型数据库中多对多关系需要使用中间表,查询效率进一步下降。

图数据库使用图论存储节点和节点之间的关系,而每个节点的都包含对应的关系列表,用于存放该节点与其他节点的关系。节点之间的关联挖掘分析直接基于图论进行搜索分析,在复杂数据挖掘分析效率上远高于关系型数据库。

三、KG 的更新迭代

知识图谱的整体架构与更新迭代流程如图 11-5 所示,其中虚线框内的部分为知识图谱的构建过程,同时也是知识图谱更新迭代的过程。

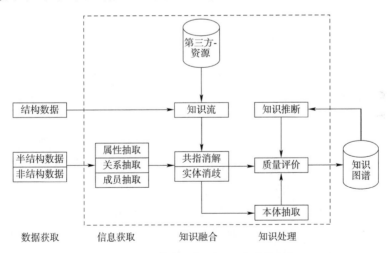

图 11-5　知识图谱整体架构与更新迭代流程

图中虚线框左边是 3 种输入数据结构:结构化数据、半结构化数据、非结构化数据。这些数据可以来自任何地方,只要它对要构建的这个知识图谱有帮助。

虚线框内的是整个的知识图谱的构建过程,其中主要包含了 3 个阶段:信息抽取、知识融合、知识加工。

虚线框右边的是生成的知识图谱,而且这个技术架构是循环往复、迭代更新的过程。知识图谱不是一次性生成的,是慢慢积累的过程。

1. 信息抽取

信息抽取是从各种类型的数据源中提取出实体、属性以及实体间的相互关系,在此基础上形成本体化的知识表达。信息抽取是知识图谱构建的第一步,其中的关键问题是如何从异构数据源中自动抽取信息得到候选指示单元。信息抽取是一种自动化地从半结构化和无结构数据中抽取实体、关系以及实体属性等结构化信息的技术。信息抽取涉及的关键技术包括实体抽取、关系抽取和属性抽取。

1) 实体抽取

实体抽取又称命名实体识别,是指从文本数据集中自动识别出命名实体。实体抽取的质量(准确率和召回率)对后续的知识获取效率和质量影响极大,因此,是信息抽取中最为基础和关键的部分。2012 年 Ling 等人归纳出 112 种实体类别,并基于条件随机场 CRF 进行实体边界识别,最后采用自适应感知计算法实现了对实体的自动分类,取得了不错的效果。在面向开放领域的实体识别和分类研究中,不需要(也不可能)为每个领域或者每个实体类别建立单独的语料库作为训练集。因此,该领域面临的主要挑战是如何从给定的少量实体实例中自动发现具有区分力的模型。一种思路是根据已知的实体实例进行特征建模,利用该模型处理海量数据集得到新的命名实体列表,然后针对新实体建模,迭代地生成实体标注语料库。另一种思路是利用搜索引擎的服务器日志,实现并不给出实体分类等信息,而是基于实体的语义特征从搜索日志中识别出命名实体,然后采用聚类算法对识别出的实体对象进行聚类。

2) 关系抽取

文本语料经过实体抽取,得到的是一系列离散的命名实体。为了得到语义信息,还需要从相关的语料中提取出实体之间的关联,通过关联将实体联系起来,才能够形成网状的知识结构。研究关系抽取技术的目的,就是解决如何从文本语料中抽取实体间的关系这一基本问题。

3) 属性抽取

属性抽取的目标是从不同信息源中采集特定实体的属性信息。例如针对某个公众任务,可以从网络公开信息中得到其昵称、生日、国籍、教育背景等信息。属性抽取技术能够从多种数据来源中汇集这些信息,实现对实体属性的完整勾画。将实体的属性视作实体与属性值之间的一种名词性关系,将属性抽取任务转化为关系抽取任务。基于规则和启发式算法,抽取结构化数据。基于百科类网站的半结构化数据,通过自动抽取生成训练语料,用于训练实体属性标注模型,然后将其应用于对非结构化数据的实体属性抽取。采用数据挖掘的方法直接从文本中挖掘实体属性和属性值之间的关系模式,据此实现对属性名和属性值在文本中的定位。

2. 知识融合

知识融合是指在获得新知识之后,需要对其进行整合,以消除矛盾和歧义。比如,某些实体可能有多种表达，某个特定成为也许对应于多个不同的实体等。

通过信息抽取，我们就从原始的非结构化和半结构数据中心获取到了实体、关系以及实体的属性信息。如果我们将接下来的过程比喻成拼图，那么这些信息就是拼图碎片，散乱无章，甚至还有从其他拼图里跑来的碎片、本身就是用来干扰我们拼图的错误碎片。拼图碎片（信息）之间的关系是扁平化的，缺乏层次性和逻辑性，拼图中还存大量冗杂和错误的拼图碎片，如何解决这一问题，就是在知识融合这一步里我们需要做的了。知识融合包括两部分内容：实体链接和知识合并。

1）实体链接

实体链接是指对于从文本中抽取得到的实体对象，将其连接到知识库中对应的正确实体对象的操作。其基本思想是首先根据给定的实体指称项，从知识库中选出一组候选实体对象，然后通过相似度计算将指称项链接到正确的实体对象。实体链接的流程是：从文本中通过实体抽取得到实体指称项，进行实体消歧和共指消解，判断知识库中的同名实体是否与之代表不同的含义以及知识库中是否存在其他命名实体与之表示相同的含义。在确认知识库中对应的正确实体对象之后，将该实体指称链接到知识库中对应实体。实体消歧是指专门用于解决同名实体产生歧义问题的技术，通过实体消歧，就可以根据当前的语境，准确建立实体链接，实体消歧主要采用聚类法。其实，实体链接也可以看作基于上下文的分类问题，类似于词性消歧和词义消歧。共指消解是指主要用于解决多个指称对应统一实体对象的问题，在一次会话中，多个指称可能指向的是同一实体对象，利用共指消解技术，可以将这些指称项关联到正确的实体对象，由于该问题在信息检索和自然语言处理等领域具有特殊的重要性，因此，吸引了大量的研究努力。共指消解也称对象对齐、实体匹配和实体同义。

2）知识合并

在构建知识图谱时，可以从第三方知识库产品或已有结构化数据获取知识输入。常见的知识合并需求有两个，一个是合并外部知识库，另一个是合并关系数据库。将外部知识库融合到本地知识库需要处理两个层面的问题：数据层的统合，包括实体的指称、属性、关系以及所属类别等，主要的问题是如何避免实例以及关系的冲突问题，造成不必要的冗余。通过模式层的融合，将新得到的本体融入已有的本体库中，然后是合并关系数据库，在知识图谱构建过程中，一个重要的高质量知识来源是企业或者机构自己的关系数据库。为了将这些结构化的历史数据融到知识图谱中，可以采用资源描述框架（RDF）作为数据模型，业界和学术界将这一数据转换过程形象地称为RDB2RDF，其实质就是将关系数据库的数据换成RDF的三元组数据。

3. 知识加工

知识加工是对于经过融合的新知识，需要经过质量评估之后（这部分需要人工参与甄别），才能将合格的部分加入到知识库中，以确保知识库的质量。

前文中我们已经通过信息抽取从原始语料中提取出了实体、关系与属性等知识要素，并且经过知识融合，消除实体指称项与实体对象之间的歧义，得到一系列基本的事实表达。然而事实本身并不等于知识，要想最终获得结构化、网络化的知识体系，还需要经历知识加工的过程。知识加工主要包括3个方面内容:本体构建、知识推理和质量评估。

1) 本体构建

本体构建是为了实现独立于人工干预的信息操作,利用一些工具来建立本体的过程。

本体(Ontology)指具有明确的、形式化的、能共享的概念模型,如"人""事""物"等。本体可采用人工编辑的方式手动构建、可借助本体编辑软件,也可以数据驱动的自动化方式构建。因为人工方式工作量巨大,且很难找到符合要求的专家,因此,当前主流的全局本体库产品,都是从一些面向特定领域的现有本体库出发,采用自动构建技术逐步扩展得到的。

自动化本体构建工程包含三个阶段:实体并列关系相似度计算、实体上下位关系抽取、本体的生成。比如对图11-6所示例子,当知识图谱刚得到"阿里巴巴""腾讯""手机"这三个实体时,可能会认为它们之间并没有什么差别,但当它去计算三个实体之间的相似度后,就会发现"阿里巴巴"和"腾讯"可能更相似,而和手机差别更大一些。这就是第一步的作用,但这样下来,知识图谱实际上还是没有一个上下层的概念,它还是不知道"阿里巴巴"和手机根本就不隶属于一个类型,无法比较。因此,我们在实体上下位关系抽取这一步,就需要去完成这样的工作,从而生成第三步的本体。当三步结束后,这个知识图谱可能就会明白,"阿里巴巴"和"腾讯"其实都是公司这样一个实体下的细分实体,它们和手机并不是一类。

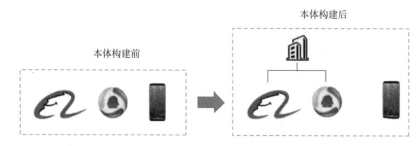

图11-6 本体构建对比

2) 知识推理

在我们完成了本体构建这一步后,一个知识图谱的雏形便已经搭建好了。但可能在这个时候,知识图谱之间大多数关系都是残缺的,缺失值非常严重,那么这个时候,我们就可以使用知识推理技术,去完成进一步的知识发现。我们可以发现:如果A是B的配偶,B是C的主席,C坐落于D,那么我们就可以认为,A生活在D这个城市。根据这一条规则,我们可以去挖掘一下在图里,是不是还有其他的路径满足这个条件,那么我们就可以将A和D关联起来。除此之外,我们还可以去思考,串联里有一环是B是C的主席,那么B是C的CEO、B是C的COO。

3) 质量评估

质量评估也是知识库构建技术的重要组成部分,这一部分存在的意义在于可以对知识的可信度进行量化,通过舍弃置信度较低的知识来保障知识库的质量。

4. 知识更新

从逻辑上看,知识库的更新包括概念层的更新和数据层的更新。概念层的更新是指新增数据后获得了新的概念,需要自动将新的概念添加到知识库的概念层中。数据层的更新主要是新增或更新实体、关系、属性值,对数据层进行更新需要考虑数据源的可靠性、数据的一致性等,并选择在各数据源中出现频率高的实事和属性加入知识库。知识图谱的内容更新有两种方式:全面更新和增量更新。

1)全面更新

全面更新指更新后的全部数据为输入,从零开始构建知识图谱。这种方法比较简单,但资源消耗大,而且需要耗费大量人力资源进行系统维护。

2)增量更新

增量更新是指以当前新增数据为输入,向现有知识图谱中添加新增知识,这种方式资源消耗小,但目前仍需要大量人工干预即定义规则,因此,实施起来十分困难。

第三节　KG 的研究方向

目前已有多款知识图谱商业平台被开发出来用于各个行业,商业图谱具体对比情况见表 11-1。

商业图谱现状　　　　　　　　　　　　　　　　表 11-1

软件名称	最新版本	是否开源	运行环境	有无手册	客户端差异	开发机构
Pajek	3.04	否	Windows	有	离线	Ljubljana
Citespace	3.1R3	是	所有系统	有	在线	Drexel
UCINET	6	否	Windows	有	离线	Analytic Technologies
Bibexcel	2012-6-13	否	Windows	有	离线	Umea
Gephi	0.8.1	是	所有系统	有	离线	美国人工智能协会
VOSviewer	1.5.1	否	所有系统	有	离线	Leiden 大学
Vantage-Point	7.1	否	Windows	有	离线	Search Technology
Network work-bench tool	1.0.0	是	所有系统	有	离线	Indiana
Sci2 Tool	V1.0	是	所有系统	有	离线	Indiana
In-PIRE	5.0	否	Windows	有	离线	西北太平洋国家实验室
SciMAT	V1.1.01	是	所有系统	有	离线	Granada 大学
Histcite	12.03.17	否	所有系统	有	在线	Thomson Reuters

知识图谱技术主要用于智能语义搜索、移动个人助理(Siri)以及深度问答系统(Watson),支撑这些应用的核心技术正是知识图谱技术。

知识图谱在我国研究与应用飞快

2005 年,刘则渊等引入了"科学知识图谱"的概念。2012 年 11 月,搜狗的"知立方"成功上线,是国内第一个被引入搜索引擎的中文知识图谱,其上线拉开了国内下一代搜索引擎的序幕。百度的"知心"于2013年2月上线，是百度基于其知识图谱推出的新一代搜索引擎技术。复旦大学GDM实验室开发的知识图谱主要被用于语义搜索、问答系统、中文分词、垂直搜索和电子书阅读等领域。其构建过程主要分为四个步骤：实体和概念抽取、实体评估、实体消解和关系抽取。

一、智能语义搜索技术的研究

在智能语义搜索中，当用户发起查询时，搜索引擎会借助知识图谱的帮助对用户查询的关键词进行解析和推理，进而将其映射到知识图谱中的一个或一组概念之上，然后根据知识图谱的概念层次结构，向用户返回图形化的知识结构，这就是我们在谷歌和百度的搜索结果中看到的知识卡片。

科学知识图谱是用来显示知识演化进程和知识结构的图形化与序列化的知识谱系。

1955年，加菲尔德提出可以将引文索引应用于检索文献的思想。1965年，普赖斯等人指出，引证网络类似于当代科学发展的"地形图"，并提出使用引文网络来研究当代科学发展脉络的方法。从20世纪70年代开始有不少工作研究语义网络与一阶谓词逻辑之间的关系，比如Simmons提供了一个算法将语义网络转化为谓词逻辑的形式，但是具有计算方面的优势，而Schubert则给出了如何用语义网络来表示一阶谓词逻辑中的连接词和量词。20世纪80年代，语义网络的理论更加完善，特别是基于语义网络的推理出现了很多工作，例如Fahlman对语义网络的研究开始转向具有严格逻辑语义的表示和推理。

20世纪80年代末至20世纪90年代语义网络的工作集中在对于概念之间关系的建模，提出了术语逻辑（terminological logic）以及描述逻辑。这一时期比较有代表性的工作是Brachman等人提出的CLASSIC语言和Horrock实现的FaCT推理机。1999年，图灵奖获得者Tim Berners-Lee爵士提出语义网的概念。

进入21世纪，语义网络有了一个新的应用场景，即语义Web。语义Web是由Web的创始人Tim Berners Lee及其合作者提出的。2012年，Google Knowledge Graph加入Google搜索，其知识图谱中的信息来自许多来源，包括CIA的世界概况、其收购的Freebase以及维基百科。YAGO也是开源知识图谱，被应用于IBM Waston问答系统；NELL则是卡耐基梅隆大学Tom Mitchell教授带领开展的知识自动学习。NELL项目开启了一个机器学习实现知识图谱构建的浪潮，在2012年时，该知识图谱已经包含超过570亿个对象，超过18亿个介绍，这些不同的对象之间还存在着丰富的链接关系。总部位于美国的TigerGraph公司开发的TigerGraph是一个企业级可扩展图分析平台，基于互联网数据进行高级分析和机器学习，对大规模并行处理，为具有数千万个实体/关系的查询提供了亚秒级的响应；它还可以对不断增长需求进行扩展，通过遍历10个或更多跃点并执行复杂分析的查询来获得更深入的见解，并提供GraphStudio可视化的分析软件，将图数据分析的所有阶段集成到一个易于使用的应用程序中。

二、深度问答系统技术研究

在深度问答应用中，系统同样会首先在知识图谱的帮助下对用户使用自然语言提出的问题进行语义分析和语法分析,进而将其转化成结构化形式的查询语句,然后在知识图谱中查询答案。比如,如果用户提问:"如何判断是否感染了埃博拉病毒?",则该查询有可能被等价变换为"埃博拉病毒的症状有哪些?",然后再进行推理变换,最终形成等价的三元组查询语句,如(埃博拉,症状)和(埃博拉,征兆)等。如果由于知识库不完善而无法通过推理解答用户的问题,深度问答系统还可以利用搜索引擎向用户反馈搜索结果,同时根据搜索结果更新知识库,从而为回答后续的提问提前作出准备。

三、AI 知识可视化研究

工业级知识图谱的应用,难点首先是知识的精准抽取与融合,多源异构数据的融合在实际应用场景中要复杂得多,而且数据质量也很难保证。可以根据各应用领域的特征有针对性地建立抽取及融合模型,也可以结合一些预训练模型进行分析。

此外,还需要一个更加高效和友好的可视化交互系统,辅助知识图谱的构建和校验,结合主动学习、对抗学习及小样本学习等方法,尽量减少人工的干预。构建可视化的 AI 知识辅助系统,隐式的收集标注知识等,结合图神经网络及认知符号推理,使得 AI 知识可视化在工业级图谱上发挥效能。

四、KG 与多媒介的融合

知识图谱的应用主要还是集中在文本分析方面,将文本数据扩展到图像、语音等不同模态,多模态知识图谱的表示、获取和推理是目前值得关注的方向,学术界和工业界也都有了一些探索性的研究。尽管存在诸多技术难点,但随着深度学习的发展和算法的不断迭代,知识图谱已普遍应用在了知识融合、语义搜索和推荐、问答和对话系统中,未来将会在决策推理、深度关联挖掘等场景中发挥重要作用。

五、中文知识图谱的研发

当前许多知识图谱平台和技术均只支持英文,因此,支持中文的知识图谱开发是一个研究的热点方向。关系数据库中的数据,准确性方面可以得到良好的保证,虽然数据模式方面比较贫乏,但其依然可作为知识图谱构建的起点,用于互联网中的开放链接数据和领域公开知识库,以及各个在线百科,一方面可以从中得到基本的数据模式,另一方面也可从中抽取大量数据层面的知识,尤其是实体信息。在非结构化的文本当中,主要用于填充数据层面的信息(属性的值)。

六、百度:跨模态深度阅读理解技术

人工智能加持搜索引擎使得人们不仅能读懂文字,还能听懂语音、看懂图片。机器认知世界的方式,也不仅局限在自然语言,还包括对语音、视觉等多模态信息的综合应用。百度研发的知识增强的跨模态深度语义理解技术,获得 2020 年国家技术发明二等奖。

该技术旨在通过构建大规模知识图谱,关联跨模态信息,通过知识增强的自然语言语义

表示方法,解决不同模态语义空间的融合表示难题,突破跨模态语义理解瓶颈,从而让机器能够像人一样,通过语言、听觉、视觉等获得对真实世界的统一认知,实现对复杂场景的理解。

王海峰是知识增强的跨模态语义理解技术第一完成人、百度首席技术官,他认为百度技术得益于百度10余年在人工智能技术,尤其在NLP领域的深厚积累,以及对技术和产业发展趋势的深刻理解。在人工智能技术的布局和发展中,百度始终把握技术发展趋势和产业发展趋势。由百度自主研发,突破跨模态语义理解技术瓶颈,对我国加强科技竞争力、加快产业智能化变革、保障核心技术自主可控等具有重大意义。

目前,知识增强的跨模态语义理解技术通过飞桨产业级深度学习开源开放平台、百度智能云等输出给制造、能源、电力、金融、医疗、媒体等各行各业,服务国家公共信用、应急管理、司法等领域,加速我国经济社会智能化升级。

第四节　KG在交通领域中的应用

一、KG在公交出行中的应用

交通作为海量个体在时间与空间维度上的移动现象,本质上是复杂的知识图谱,深度交叉挖掘每个交通个体在城市空间下的完整出行链路与人-车-路-环境及事件间的交叉关系,是精细化开展城市交通治理的前提。人-车-路-环境单元之间的关系从一阶向多阶转变,关系规模超过百万亿级别,检索、计算的时空复杂度超过关系数据库的应对极限。

以建立大规模城市交通知识图谱为例,针对城市人口规模在千万级别的城市,人与人之间、人与车之间、人与空间单元之间、车与路之间的将超过百万亿级别。利用图数据库Neo4j对城市公交线路、工作日公交刷卡数据进行建模分析,研究公交出行知识图谱的建立、挖掘分析、性能参数对比等,可以分析同乘人员、站点最大客流提取、关联查询识别、站点群公交出行量识别等公交出行行为。

1.公交出行场景知识图谱建立

1)基础数据

基础数据为公交线路信息表和公交刷卡记录表,其中公交线路信息表包含线路编号、线路方向、线路名称和站点序号等信息,公交刷卡记录表记录包括IC卡编号、车辆编号、公交线路编号、上车站点序号、上车站点序号等信息。

2)建模框架

根据公交人、车、站点之间的关联关系,建立如图11-7所示的公交知识图谱框架。

其中,实体包含公交车辆、公交站点、公交线路、IC卡(公交出行者)、刷卡记录;关系包含公交车辆-公交线路(属于)、公交线路-公交站点(经过)、IC卡-刷卡出行(出行)、公交站点-刷卡出行(上车)、公交站点-公交站点(相邻)、刷卡出行-公交站点(下车)。

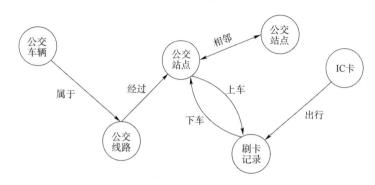

图 11-7　公交知识图谱元素关系

3) 节点建模

将原始数据的两张表转化为图数据库对应的节点,其中数据表中的一条记录对应图数据库中的一个节点,整个数据表对应图数据库中某一节点集合(标签)。

公交车辆实体:从刷卡记录表中提取 vehicle 标签(去重),单个节点仅包含车辆编号属性。

公交线路实体:从公交线路信息表中提取车辆线路标签,单个节点包含线路编号、线路名称、线路方向等属性。

公交站点实体:从公交线路信息表中提取站点标签,单个节点包含站点编号、站点名称、站点经纬度等属性。

刷卡记录实体:从刷卡记录表中提取刷卡标签,单个节点包含:刷卡记录编号、公交IC卡编号两个属性。

IC 卡标签实体:从公交刷卡记录表中提取 IC 卡标签(去重),单个节点仅包含 IC 卡编号属性。

4) 关系建模

根据基础数据中的两张表处理节点之间的对应关系。

公交车辆→公交线路(属于关系):从刷卡记录表中提取公交车辆与公交线路的属于关系(去重),关系匹配字段为车辆编号→线路。

公交线路→公交站点(经过关系):从公交线路信息表中描述了每条公交线路经过公交站点的关系,关系匹配字段为线路编号→站点编号,关系属性包含站点序号。

公交站点→刷卡记录(上车关系):从刷卡记录表中提取公交站点与刷卡记录的上车关系,匹配字段为站点编号→乘车记录编号,关系属性包含线路编号、上车站点编号、上车时间。

刷卡记录→公交站点(下车关系):从刷卡记录表中提取刷卡记录与公交站点的下车关系,匹配字段为乘车记录编号→站点编号,关系属性包含线路编号、下车站点序号、下车站点时间。

IC 卡→刷卡记录(出行关系):从刷卡记录表中提取 IC 卡与刷卡记录出行关系,匹配字段为 IC 卡编号→IC 卡编号。

公交站点→公交站点(相邻):从公交线路信息表中根据经纬度坐标记录公交站点的之间的相邻关系,匹配字段为公交站点编号→公交站点编号。

2. 公交出行场景挖掘

公交出行场景挖掘涵盖了同乘人员识别提取、最大公交客流提取识别、线路站点上下车客流提取、公交站点群公交运力挖掘、公交站点群客流挖掘。其中,同乘人员识别提取、最大公交客流提取识别、线路站点上下车客流提取为基础统计挖掘分析,公交站点群公交运力挖掘、公交站点群客流挖掘为多维关联挖掘,如图11-8所示。

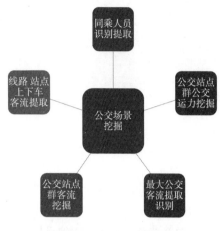

图11-8　公交场景挖掘内容

1)同乘人员识别提取

高峰期间的长距离同乘人员识别是常规公交线路优化、定制公交线路开通的重要参考依据。例如,在Neo4j中提取早高峰(7:30—11:00)、长距离(大于10个站)的同乘人员(同一站点上车、同一站点下车)情况,挖掘分析其出行情况。

2)站点间最大公交客流提取

站点间最大公交客流提取识别用于挖掘全市公交站点与站点之间的公交客流、识别全市公交出行走廊、最大公交站点出行OD挖掘,在Neo4j中查询分析。

3)线路站点上下车客流提取

线路站点上下车客流提取用于提取分析单条公交线路在途经各公交站点处的上下车客流,可快速挖掘提取公交线路的断面客流与满载率识别。在Neo4j中统计单条公交线路沿线公交站点上下车客流分析结果。

4)站点群出行量挖掘

面向公交优化分析,公交站点群之间的公交出行量是支撑预约巴士开通与线路优化的重要分析依据。其中,公交站点群是指500m范围内的公交站点间的出行量,其中公交站点群A与B之间的公交线路关联示意如图11-9所示。分析站点A与B互相邻近站点之间的公交出行量是片区公交优化的关键。

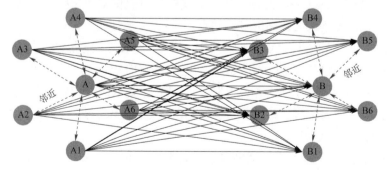

图11-9　知识图谱对站点群挖掘

5)站点群运力挖掘

公交站点群运力挖掘用于统计公交站周边邻近站点经过的各条公交线路拥有的车辆

数。其中公交站的邻近是指 500m 范围内的公交站点,通过统计公交站点群经过的公交车辆,对于评估以目标公交站点为中心的 500m 范围公交站群的运力评估,是片区级公交运力匹配计算的核心。运力分析如图 11-10 所示。

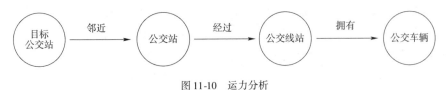

图 11-10　运力分析

二、KG 在航海业中的应用

知识图谱应用在航运语义支撑系统里,为辅助驾驶提供了良好的服务。上海海事大学开发完成了应用平台,它基于组件技术开发,支持 Web Service 开发接口。平台服务器集群采用 Ubuntu Server 12 及 Windows Server 2003 以上等支持多用户、多任务的操作系统,结构化数据可选择部署在 SQL Server 2005 及以上等数据库中。非结构化数据部署于 Couchbase、MongoDB 等高性能开源分布式 NoSQL 数据库。应用系统的开发及运行结构是基于后台数据库的三层架构,即 Web 服务器、应用服务器和数据库服务器。至少提供下述语料数据库之一:Chinese Dependency Treebank1.0,Chinese Dependency Treebank11.0 或 ACE 2005 Multi-lingual Training Corpus。支持对 TB 级 WEB 数据的快速降噪与去重。支持对 TB 级 WEB 结构化或非结构化数据的定制式智能提取。支持对 TB 级结构化数据的秒级检索结果呈现。

船舶航行行为知识图谱构建过程如图 11-11 所示。

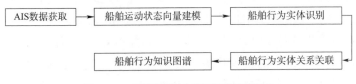

图 11-11　船舶航行行为知识图谱构建过程

第五节　KG 的伦理与安全

通过知识图谱,不仅可以将互联网的信息表达成更接近人类认知世界的形式,而且提供了一种更好的组织、管理和利用海量信息的方式。知识图谱是一个新概念,知识图谱是建立在多个学科领域研究成果基础之上的一门实用技术,堪称是信息检索、自然语言处理、万维网和人工智能等领域交汇处的理论研究热点和应用技术集大成者。但是,知识图谱构建的各关键环节都面临着一些巨大的困难和挑战。

知识图谱的重要性不仅在于它是一个全局知识库,是支撑智能搜索和深度问答等智能应用的基础,而且在于它是一把钥匙,能够打开人类的知识宝库,为许多相关学科领域开启新的发展机会。从这个意义上来看,知识图谱不仅是一项技术,更是一项战略资产。其所带来的伦理和安全问题值得反思。

一、KG 漏洞的防范

随着人工智能算法的广泛普及,人工智能算法的漏洞也引起了人们广泛的兴趣,特别是存在灰黑产业从业人员基于领域知识图谱构建攻击算法库,利用人工智能算法的漏洞,来实现非法的目的。攻击画像及风险评估是针对复杂的企业环境,利用采集到的日志或设备告警构建相关的威胁图谱,以图的形式来刻画攻击和攻击源,然后利用图的相关方法对攻击源和企业运行环境进行风险与威胁评估。企业为了应对网络威胁,通常会部署多个检测设备(如网络入侵检测系统 IDS/IPS、全流量检测和网络应用防护系统 WAF 等)。由于检测设备规则的敏感性,企业安全运营每天需要面临大量威胁告警关联分析,海量告警远超出了运营人员的事件排查能力。当前的攻击检测设备缺少对这种事件关联的分析能力,从而导致高误报问题,检测设备产生的告警日志通常是低级的、孤立的,安全运营人员需要丰富的安全知识和经验才能针对告警作出相关的研判,这进一步增加了企业安全运营的挑战。

二、KG 模型的加固

知识图谱本身也是人工智能算法的一种,也继承了人工智能算法鲁棒性较差的缺点。尽管知识图谱越来越成功和流行,但它的鲁棒性尚未得到充分分析,通过对抗攻击探索其漏洞,是有必要的。在著名的知识图谱数据集 Freebase 中,实体的数量超过 3000 万,而关系类型的数量只有 1345。这导致了这样一个事实,即每种关系类型的固有特征远比实体的稳定,并且很难通过少量修改来操纵。因此,黑客或者攻击者可以添加或删除事实来影响知识图谱的训练集,包括直接方案和间接方案。直接方案为直接操纵设计目标事实的实体嵌入,间接方案利用其他实体作为代理来实现攻击目标。直接攻击为投毒攻击,由打分函数对头实体向量求变化率,期望获得对实时合理性影响最大的扰动幅度,具体的打分函数根据嵌入模型的不同而不同。间接攻击下的投毒攻击是找到合适的传播路径,通过邻居节点确定扰动的影响,将其传播到目标实体,再对实体的事实增加扰动。获得最大扰动收益时,相邻点所受的扰动和方向,作为下次迭代时第一个参数对此实体扰动,继而确定下一个相邻点的扰动和方向。

本章习题

1. 请问知识图谱的发展主要经历了哪些环节?
2. 请问知识图谱主要有哪些用途?
3. 知识图谱的原始数据类型有哪三类?它们的特性是什么?
4. 完整的知识图谱更新迭代需要经过哪四个过程?请简要说明它们的技术原理。
5. 请了解百度在知识图谱中有哪些技术?有什么处于世界领先水平的技术?

第十二章 智能移动机器人

智能移动机器人(Intelligent Mobile Robot,IMR,或简称机器人)是一种能够在环境中移动的机器人,是一种能够半自主或全自主工作的智能机器。机器人能够通过编程和自动控制来执行诸如作业或移动等任务。国际标准化组织(International Organization for Standardization,ISO)对机器人定义是:机器人是一种能够被计算机控制并且可以实现多个功能的机器,可以独立进行作业。机器人具有感知、决策、执行等基本特征,可以辅助甚至替代人类完成危险、繁重、复杂的工作,提高工作效率与质量,服务人类生活,扩大或延伸人的活动及能力范围。

机器人,是一个集环境感知、动态决策与规划、行为控制与执行等多功能于一体的综合系统。它集中了传感器技术、信息处理、电子工程、计算机工程、自动化控制工程以及人工智能等多学科的研究成果,代表机电一体化的最高成就,是目前科学技术发展最活跃的领域之一。

目前,人们着手致力于对机器人的理论及技术研究,机器人技术得到很大的发展。越来越多的人参与了人工智能的研究,促进了社会智能化水平的提升,推动了自主移动机器人的研究与制造。全球机器人产业得到快速发展,机器人在提高生产效率、改善人民生活水平、保护人类安全、引领科学技术发展等方面都发挥着越来越重要的作用。机器人的使用范围也在不断扩大,例如代替传统手工业进行制造、餐饮服务、老人陪护、清洁房屋、道路指示等,在军事领域也能够完成侦查、搬运、搜索等战术任务。机器人技术发展迅猛,深刻影响着全球的经济、生活和安全,已然成为国与国之间竞争的焦点。

第一节 IMR 的发展

机器人的研究始于20世纪60年代末期,目的是研究应用人工智能技术,在复杂环境下机器人系统的自主推理、规划和控制。随着机器人性能不断的完善,移动机器人的应用范围大为扩展,不仅在工业、农业、医疗、服务等行业中得到广泛的应用,而且在城市安全、国防和空间探测领域等有害与危险场合得到很好的应用。因此,移动机器人技术已经得到世界各国的普遍关注。

国外智能机器人研制也是进展飞速,日本的机器人已经做到了外表足够与真人九成左右的仿真度。内部的人工大脑还在继续制作升级,可见不远未来,人手一个"机器人伙伴"将不再是青天白日梦。机器人已进入智能时代,不少发达国家都将智能机器人作为未来技术发展的制高点。美国、日本和德国目前在智能机器人研究领域占有明显优势。近年来,中国大力研发智能机器人,并取得了可喜的成就。

机器人 Shakey

1966—1972 年,美国斯坦福国际研究所(Stanford Research Institute,SRI)Nils Nilssen 和 Charles Rosen 等人研制了移动式机器人 Shakey,这是首台采用了人工智能学的移动机器人。Shakey 具备一定人工智能,能够自主进行感知、环境建模、行为规划并执行任务(如寻找木箱并将其推到指定目的位置)。它装备了电视摄像机、三角法测距仪、碰撞传感器、驱动电机以及编码器,并通过无线通信系统由两台计算机控制。当时计算机的体积庞大,但运算速度缓慢,导致 Shakey 往往需要数小时的时间来分析环境并规划行动路径。

一、IMR 发展历程

智能移动机器人是一种在复杂环境下工作的,具有自行组织、自主运行、自主规划的智能机器人,融合了计算机技术、信息技术、通信技术、微电子技术和机器人技术等。

历史上最早的机器人见于隋炀帝命工匠按照柳抃形象所营造的木偶机器人,施有机关,有坐、起、拜、伏等能力。

木偶机器人

《隋书》里曾记载了一个机器人的故事:"……帝犹恨不能夜召,于是命匠刻木偶人,施机关,能坐起拜伏,以像于抃。帝每在月下对酒,辄令宫人置之于座,与相酬酢,而为欢笑。"杨广没登基的时候,和文士柳抃就结成了好友,登基之后,关系更好。只可惜大半夜把柳抃召进紫微城大内总不妥当,杨广只好"望梅止渴",命人照柳抃的模样做了一个木偶,装上机关,木偶能坐能站还会磕头。杨广兴致来了,就和这个木偶月下对饮欢笑。

机器人的研究起源于第二次世界大战后,主要用于解决战后劳动力匮乏等问题。随着相关技术的成熟,机器人逐渐被广泛应用于机械重复度高、产品质量要求严、危险系数大的劳动密集型产业。按照功能种类,可将机器人划分为三代。

第一代为示教再现型机器人,主要构成为控制器及示教盒,对外界环境无感知与反馈能力,仅按照编辑好的程序进行重复动作,其代表为 1962 年美国通用汽车公司在汽车生产线上安装的 Unimate 机器人。

第二代为感觉型机器人,可通过力、位置、视觉等传感器获取外界信息并进行反馈调整,这标志着工业机器人技术已经完全成熟,主要代表为 1978 年美国 Unimation 公司推出通用工业机器人 PUMA,值得一提的是,PUMA 至今仍广泛应用于工厂一线。

第三代为智能型机器人,借助更加完善的环境感知能力,以人工智能技术和计算机技术为基础,可进行复杂的逻辑推理、判断与决策,并在工作环境发生改变时,自主实现预定目标。智能技术的不断完善和新兴市场环境的出现使得机器人的应用范围逐渐扩大。

新冠疫情带来的"无接触"需求为配送机器人、接待机器人等带来了新的发展机遇,极端环境作业需求为特种机器人提供了广阔市场。在制造业领域,智能化需求不断提升使协作机器人迎来了新的发展契机。例如,发那科推出的 CRX-10iA 协作机器人,可满足小型部件的搬运、装配等应用需求,且自重轻的特点也使其能够广泛应用于各类生产场景。面对人口增速减缓、人口老龄化加剧、人口红利逐步消退、劳动力成本逐渐上涨等问题,市场对劳动力的迫切需求同样推动和刺激着机器人产业的发展。例如,灵动科技发布的 Forward XMax 移动机器人可完成产物料、尾料、成品运载等工作,有效降低了人工成本。除制造业外,机器人在教育、医疗、农业等领域同样具有重要价值。

二、IMR 的分类与作用

1. 智能移动机器人的分类

智能移动机器人的分类众多,主要可以有以下分类:

(1)按移动方式分类,分为轮式移动机器人、步行移动机器人(单腿式、双腿式和多腿式)、履带式移动机器人、爬行机器人、蠕动式机器人和游动式机器人等。

(2)按工作环境分类,分为室内移动机器人和室外移动机器人。

(3)按控制体系结构分类,分为功能式(水平式)结构机器人、行为式(垂直式)结构机器人和混合式机器人。

(4)按功能和用途分类,分为医疗机器人、军用机器人、助残机器人、清洁机器人等。

2. 智能移动机器人的作用

智能移动机器人就是一种由传感器、遥控操作器和自动控制的移动载体组成的机器人系统。移动机器人具有移动功能,在代替人从事危险、恶劣(如辐射、有毒等)环境下作业和人所不及的(如宇宙空间、水下等)环境作业方面,比一般机器人有更大的机动性、灵活性。

2004 年举办的 DARPA 无人车挑战赛是近几年自动驾驶浪潮的起点,第一届比赛中所有车队在 20km 路程内全军覆没;然而到 2020 年,特斯拉(Tesla)公司在美国加州路段成功实现了 559km 无干预的自动驾驶。

智能移动机器人在交通、物流、农业等行业内有广泛的应用和巨大的发展潜力。例如在家庭服务领域,智能扫地机器人可以替代人类进行长时间清洁工作;在物流领域,传统的 AGV 可以替代人类以更高的效率搬运货物;在航天领域,火星探测车成功替代载人探测实现了外星地貌考察等任务从而大大减少了太空探索成本;在智慧交通领域,自动驾驶汽车是一个典型的移动机器人应用案例。机器人在多个不同的领域得到了广泛应用和快速发展,将对未来社会产生巨大影响。

第二节 IMR 的技术原理

通常而言,为了使移动机器人具备智能性与自主性,需要解决机器人导航的三个问题,即"我在哪里""我到哪里去""我怎么过去",分别对应了机器人的自主定位、目标规划和导航规划三个任务,其中,自主定位提供了机器人在环境中的位姿,是后续导航任务的必备基础和先验条件。一些移动机器人根据预先布置的标识定位,比如 AGV 依据地面上的磁钉、磁条、二维码进行定位与导航。这类方案较为简单且易于实现,但是限制了移动机器人的灵活度与作业空间,并且带来了额外的场地维护等成本,因此,自然导航的定位模式成为更广泛的需求。另外一种常见的定位方案是依靠 GNSS 或北斗导航系统提供位置,但是在卫星定位系统不可用的场景中(室内、园林等),或者定位精度要求更高的应用中,依赖卫星的定位方案是不适用的。

一、IMR 的定位 SLAM

目前主流的智能移动机器人定位是基于环境感知的定位模式,一般分为三种类型:里程估计、同时地图构建与定位(Simultaneous localization and mapping,SLAM)以及基于先验地图的定位。基于里程估计的航位推算难以避免地造成漂移误差,因此,不适用于移动机器人长距离行驶的场景。SLAM 技术可以在大范围环境下保持定位的同时并构建地图,但是如果每次移动机器人启动都运行 SLAM,较高的计算复杂度会成为机器人的负担,而且在同一场景中多次构建相同的地图是冗余的。因此,主流的机器人定位方案是预先在环境中构建地图,然后在先验地图中定位。

1. 面临定位问题

基于地图的定位方案一般通过全局和局部两个层面实现,即大范围环境下的全局定位和局部范围内的精准匹配定位。在移动机器人初始位姿未知的情况下,全局定位在先验地图中提供相对粗糙的机器人定位,进一步在局部高精度地图上,通过局部匹配实现精准的位姿跟踪,比如三维点云匹配。然而在移动机器人长期运行过程中,室外复杂环境的变化给定位引入了新的困难与挑战。

1) 大范围环境下的全局定位

室外大范围环境呈现多复杂性与高动态等特点,移动机器人在长期定位的过程中难免出现定位失败的情况,需要自主检测定位失败并重新定位当前位姿。

2) 恶劣气候下的精准定位

目前绝大多数无人驾驶汽车部署于气候较好的路段,这是因为在恶劣天气下视觉与激光雷达难以使用。为了克服恶劣气候的影响,移动机器人需要采用相对稳定的传感器和定位方式以实现精准定位。

3) 有限资源下的精准定位

实际应用时有限的车载资源需要同时处理多任务(如物体检测与导航等)。移动机器人需要提高定位效率,以节省有限的车载计算资源,同时需要尽可能保持定位精度。

2. IMR 定位方法

移动机器人的定位有两种框架,一种为基于多传感器融合的方式实现定位,另一种为基于特征匹配的方式实现位姿追踪。

1)多传感器融合定位方法

通常,移动机器人的定位传感器按照其测量的是移动机器人自身的状态还是外部环境的数据,可以分为内部传感器和外部传感器。前者包括里程计、IMU 等传感器,后者有激光雷达、GNSS、超声波传感器等。相应地,多传感器融合定位算法也可以分为内部传感器融合定位方法和内外部多传感器融合定位方法。

内部传感器融合定位方法,即仅使用内部传感器来实现移动机器人的定位,是移动机器人定位最为传统的做法。这种方法使用运动模型来预测移动机器人位姿,然后通过里程计或者 IMU 测量移动机器人的加速度、角速度等信息,用这些测量信息来对预测信息进行校正,以实现移动机器人的定位。由于误差的累积,这种定位方式定位误差随时间的推移越来越大,所以仅适用于水下机器人或空中飞行器这类难以获得环境特征的场合中。

基于多传感器的融合定位方法,主要指内部传感器和外部传感器的融合。根据融合的外部传感器的不同,可以将这种方法分为两类:一类传感器自身为信号源,如激光雷达和超声波传感器;一类为依靠外部信号源,如 GPS 和 Wi-Fi。传感器自身为信号源的方法在不同环境中只受信号本身特性带来的影响,如激光雷达受到玻璃透光的影响。依靠外部信号源的方法,除了受到信号类型的影响外,通常还会受其外部信号源位置和信号强弱的影响,如 GNSS 会受到墙体遮挡。这两种方法的共同点是都可以配合卡尔曼滤波、蒙特卡罗这类概率滤波算法来减少传感器误差的影响,实现更高精度的定位。

2)基于特征匹配的定位方法

在移动机器人能够搭载的传感器中,激光雷达和视觉相机具有丰富的特征信息可用于移动机器人定位。对于激光雷达来说,这些特征是激光扫描到的点云,而对视觉相机来说,这些特征是物体的颜色和形状信息。通过帧与帧之间的特征匹配可以实现移动机器人的位姿追踪,视觉里程计和激光里程计是其常见的两种实现方式。这种方法在移动机器人运动较快时可能会丢失机器人位姿,通常需要融合 IMU 的数据来提高位姿追踪的稳定性。由于多传感器融合的方式可以在很短的时间完成定位,但其精度不是很高,而特征匹配的方式定位精度高但对初始值的精度有一定要求。因此,定位框架为:利用多传感器融合来获取移动机器人的初始位姿,然后用特征匹配的方法来修正移动机器人初始位姿,从而实现高精度实时定位。

3. 影响 IMR 定位的因素

1)环境因素

环境是影响移动机器人定位精度的最重要的因素。对移动机器人来说,常见的环境影响因素有环境的光照、环境的结构特征等。除此之外,环境中存在的电磁场噪声对传感器信号的干扰也不容忽视。由环境造成的定位精度影响,有时会直接决定某种传感器能否在当前环境状况下使用。

2)传感器的测量噪声

传感器的测量噪声是影响移动机器人定位精度的另一重要因素。一般来说,移动机器人的定位传感器都存在测量噪声。通常,里程计、IMU 等内部传感器噪声较大,并且会随时间逐渐累积到机器人的定位误差中。而外部传感器的噪声除了测量误差外,还会受到人类等动态障碍物的影响。此外,由于某些数据需要由积分得到,如 IMU 的速度和位移分别是由加速度一次积分和二次积分得到,在此过程中也放大了传感器的噪声对移动机器人定位精度的影响。

3)移动机器人轮子打滑

对于非全向运动的移动机器人来说,轮子打滑是普遍存在的一个问题。在直线移动中,轮子打滑会导致里程计测量数据产生轴向误差,而在转动过程中打滑会导致里程计测量出现角度误差。一般来说,单纯的轴向误差对移动机器人后续定位影响较小,而角度误差会使得移动机器人在后续移动中产生越来越大的轴向误差。因此,轮子打滑也是影响移动机器人定位精度的一个不容忽视的因素。

二、IMR 的运动模型

建立移动机器人的运动模型是移动机器人实现定位的基础,而采用适合移动机器人工作环境的传感器是实现高精度实时定位的前提。

移动机器人估算自身的速度、角速度、位移等量需要搭载内部传感器,而其常用的内部传感器有里程计、加速度计、角速度计等。通过搭载这些传感器,移动机器人能够推算出自身在各个方向上角度和位移。但是由于这些传感器精度有限,并且没有外部环境信息输入,往往经过一段时间后会有很大的累计误差。因此,移动机器人还需要搭载外部传感器来减少累计误差。常用的外部传感器有激光雷达、单目视觉相机、双目视觉相机、GNSS、Wi-Fi等。通过多传感器融合的方式,能够更好地估计移动机器人在环境中的位姿。此外,无论移动机器人搭载何种传感器,首先应该建立移动机器人在三维空间的位姿描述和运动模型。通过建立机器人三维空间位姿描述,有助于获得对移动机器人在环境中位姿的直观理解,对数据的处理会更加方便。而对移动机器人的运动建模,有助于传感器的误差来源分析和移动机器人轨迹预测。

通过建立移动机器人的运动模型,可以对机器人的行为进行分析和预测。由于最终要求解的是机器人在全局坐标系下的位姿数据,而传感器测量到的是机器人本身的数据,即在移动机器人坐标系下的数据,因此,建立移动机器人运动模型涉及两个坐标系间的数据转换。如图 12-1 所示,$X\text{-}Y$ 为全局坐标系,保持固定,$X'\text{-}Y'$ 为机器人坐标系,固定在移动机器人上随其移动。

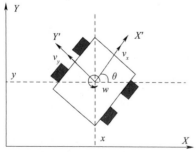

图 12-1　IMR 运动模型

三、IMR 位姿表示方法

用何种方法表达移动机器人的位姿是移动机器人定位首要考虑的一个问题。

移动机器人的位姿包括两个方面:一是移动机器人相对于全局坐标系原点的位置,二是移动机器人相对于全局坐标系的旋转角度。对于移动机器人的位置,可以简单地用移动机器人相对于全局坐标系原点的位移来表示,而对于移动机器人的角度,则较为复杂。若我们将移动机器人看作一个刚体,那么常用的旋转表示方法有欧拉角法和四元数法。

1. 用欧拉角法表示旋转

用欧拉角法表示移动机器人的旋转是最直观的方式。在如图 12-2 的右手笛卡儿坐标系下,欧拉角法用 roll、pitch、yaw 表示移动机器人的旋转。其中,坐标原点为移动机器人中心,y 轴沿移动机器人正方向,x 轴垂直于 y 轴向右,z 轴垂直于 x,y 平面向上。roll 为移动机器人沿 x 轴旋转的翻滚角,pitch 为移动机器人沿 y 轴旋转的俯仰角,yaw 为移动机器人沿 z 轴旋转的偏航角。

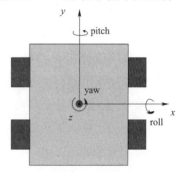

图 12-2 欧拉角法

2. 用四元数法表示旋转

虽然欧拉角法是表示移动机器人旋转最直观的方式,但是由于其存在万向节死锁(Gimbal Lock)问题,即不同的坐标值对应空间同一个位置,多个坐标值对应同一个位置的不一致性是造成死锁,在进行角度计算时更多使用的是四元数法来表示移动机器人的旋转。四元数本质上是一个超复数,更具体地说四元数是存在三个虚部的复数。$q = w + ix + jy + kz$,其中 i,j,k 是虚数单位,满足 $i^2 = j^2 = k^2 = -1, i^2 = j^2 = k^2 = -1$,且 $i \cdot j = k, i \cdot j = -k$。虚数单位是由爱尔兰数学家哈密顿在 1843 年发明的数学概念,是为了更方便地计算轴角表示的方向变换。

四、IMR 的路径规划

1. 路径规划原理

路径规划是机器人能够完成自主移动重要环节,给定一个机器人及其工作空间,根据一定的约束条件,移动机器人能够找到从初始位置到目标位置的最优路径或次优路径,如图 12-3 所示。

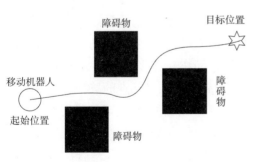

图 12-3 移动机器人路径规划

移动机器人依靠自身传感器感知周围的环境,得到障碍物与目标点的位置信息之后,采用路径规划算法搜寻一条安全平滑的路径,帮助移动机器人躲避障碍物并抵达预定目标点。而随着实际应用环境的不断复杂化,人们对移动机器人路径规划要求也随之变高,如在复杂环境中躲避动态障碍物、追击移动目标点等。在日常生活或者工业生产中,机器人是需要自主移动完成一些作业任务的。通常,机器人从起始点到达目标点有多种可行路径,但在这种情况下,一般是根据最短距离、路径平滑度、最小能耗等准则来选择的最佳路径,具体准则是根据具体情况的要求来设计。

移动机器人路径规划可以分为两个方面:局部路径规划和全局路径规划。在局部路径规划中,机器人对所处的地图知识了解有限;在全局路径规划中,机器人完全了解导航地图的知识,机器人能够遵循预定义的路径到达目标。然而,全局路径规划方法由于对地形不确定性,导致鲁棒性较低而显示出有限的应用,而局部路径规划方法在小范围内的空间搜索显示出更大的优越性,并提供了优化的路径。全局路径规划方法可以进一步分为经典方法和启发式方法。

移动机器人路径规划的用途包括修复和手术用途、安全、仓库和流通应用,此外还有海洋和空间调查、用于在工厂中移动商品的机器人引导车辆等。

2. 环境建模方法

环境建模是路径规划算法实现的基础,目的是将实际的物理空间映射成算法能够处理的抽象空间。合理设计环境模型有利于计算机存储、处理和更新以及减少搜索时间。目前常用的环境建模方法主包括可视图法、拓扑法、栅格法、自由空间法。

1)可视图法

在可视图方法中,如图12-4所示,黑色多边形用于表示障碍物,每个端点与其所有可见顶点相连,形成最终的地图。在多边形的范围内,一个顶点连接到它的所有相邻点,因此,移动机器人可以沿着多边形的边缘移动。然后搜索这些线的集合,并选择从起点到终点的最佳路径。该方法能成功解决二维空间的小尺寸问题。然而,随着问题复杂性的增加,可视图的求解能力将大大降低。如果移动机器人改变运动的起点和终点,那么之前建立的环境模型则无效。同时,移动机器人是具有一定的尺寸和形状的机器,而这方法搜索到的路径都经过障碍物的末端,因此,机器人在移动过程中很有可能会发生碰撞。

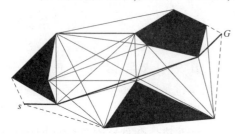

图12-4 可视图

2)拓扑法

拓扑法是一种通过降维解决问题的方法,即将高维几何空间中的路径规划问题转化为低维连通性的判别问题。它是把移动机器人所运动的空间进行分割,分成具有拓扑特点的子空间,根据子空间都具有连通性这个特性,让所有子空间相互连接,形成一个具有连通性的拓扑网络。这个网络建立后,通过计算机处理获得从起始点到目标点的路径。该方法环境建模速度快,需要的内存少。拓扑法的复杂度只取决于障碍物的数量,当障碍物数量较少时,可以快速实现路径规划,因此,拓扑法适用于特征明显、障碍物稀疏的环境。当实际环境更复杂时,拓扑法就很难实现可靠的路径规划了。拓扑法的另一个缺点是该方法建立的环境模型不容易维护,当障碍物的数量增加或减少时,现有的网络很难改动,必须要重新建立拓扑网络。

3)栅格法

栅格法是通过将移动机器人的运动环境划分成大小相同的网格单元,再以网格为单位记录移动机器人的运动位置和障碍物位置等信息。在实际应用中,栅格的大小根据具体环境和障碍物物体的尺寸来设计。栅格地图中一般是两种栅格,一种是没有障碍物,可自由通行的格子,建立地图时一般用白色表示;另一种是有障碍物,不可通过的格子,一般用黑色表示。对地图上栅格的具体标识,有直角坐标法和序号法两种。在移动机器人的路径规划算法中,每个栅格的信息存储量大小会对算法的运行效率产生很大的影响。如果设计的栅格面积太大,那么每格存储的信息量就会少,造成算法的运行时间短,从而降低精确度;如果栅格的面积偏小,那么需要的栅格数量就会增多,存储的信息量也就越多,造成算法运行时间加长,但精确度会有所提高。因此,使用这个方法对环境进行数学建模,每个栅格的尺寸设计是否合理是决定算法质量的一个重要因素。

4)自由空间法

基于自由连接的概念,Habib 等人开发了一种新技术,以自由凸区域的形式构建机器人环境中障碍物之间可获得的自由空间。然后,建立一个名为 MAKLINK 的新图,以提供无冲突路径的生成。该图是利用自由凸区域之间的公共自由连线的中点作为通过点而建立的。每个凸区域内点之间的连接表示图中的弧。使用 MAKLINK 图可以有效地生成无冲突路径,搜索无冲突路径的复杂性因最小化待搜索的节点和连接它们的弧的数量的图形尺寸而大大降低。自由空间法的优势在于它可以按要求改变,比如可以灵活改变机器人的起点和目标点,并且建成的环境地图在维护上相对来说更容易。然而,当移动环境中的障碍物分布比较密集时,这个方法可能获取不到最优路径,甚至都找不到路径。通过对以上四种建模方法分析对比,不难发现,可视图法、自由空间法和拓扑法都比较简单,但是它们有一个共同的不足,就是在障碍物变多、环境更复杂的情况下,这三种算法的复杂度也变高、可靠性变低,而且不能处理动态变化的环境。栅格法的应用比较广,可以处理各种环境,但是栅格大小的设计比较困难,只有设计合适大小的栅格,才能让算法发挥其最大的性能。

3. 路径规划方法

随着移动机器人的研究的深入,越来越多的方法被提出来解决移动机器人路径规划问题,这些方法大致可以分为两类:传统算法和智能优化算法。

1)传统算法

传统的移动机器人路径规划方法有 Dijkstra 算法、A*算法、势场法、快速扩展随机树方法。

(1)Dijkstra 算法。Dijkstra 算法是由 E. W. Dijkstra 在 1959 年提出的。它是求解有向图中最短路径问题的典型最短路径算法,其主要特点是以起点为中心向终点延伸。图的每条边由两个顶点构成一个有序的元素对,边的值由权重函数描述。该算法设定了两个顶点集 A 和 B,初始集 A 为空。每次将 B 中的一个顶点移动到 A,选中的顶点保证从起点到终点的所有边权重之和最小。由此可知,算法需要遍历更多的节点,在节点数量多的情况下,其计算速度就会明显降低,所以效率不高,在实际应用中也会受到很大的限制。

(2)A*算法。A*算法是应用比较广泛的路径规划算法之一,可用于度量或拓扑配置空间。该算法采用启发式搜索和基于最短路径的搜索相结合的方式,同时考虑了当前的位置到相邻位置的距离和目标位置到相邻位置的距离。

(3)势场法。势场法的基本思想是通过梯度下降搜索法使得机器人向势场下降最快的

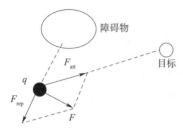

图12-5 目标和障碍区的排斥和吸引力

方向移动。换句话说,就是假设这是一种在虚拟手动力场中运动的机器人,障碍物与机器人之间具有排斥力,目标对障碍物具有吸引力,吸引力与排斥力的合力决定机器人往哪边行走。在势场法中,简单地产生一个朝向目标内部的吸引场,在每个障碍物周围制造一个排斥场,当移动机器人接近障碍物时,就会有一个排斥力让它与障碍物拉开距离,如图12-5所示。

势场法简单实用,可以根据环境实时规划路径,但是当某点的引力斥力相等、方向相反时,算法就容易陷入局部最优解,无法跳出并在该位置徘徊,而当障碍物距离目标点非常近时,斥力会非常大,引力相对更小,那么就会出现到达不了目标点的现象。

(4)快速扩展随机树(RRT)。基于采样的快速扩展随机树(Rapidly-exploring Random Tree,RRT)方法在路径规划中因其概率完备性和突出的扩展性而被广泛应用。RRT算法是以问题空间中起始点作为根节点,然后通过特定的增量方式扩展新的节点,最后生成一棵随机扩展树,同时判断这棵树上的采样点有没有包括目标或在其范围之内,直到满足了这个条件,随机扩展树就会很快将起点和终点的所有位置空间覆盖,当树长好后,路径也就找到了,而且起点到终点有且仅有一条路径(图12-6)。RRT是在了解全部的环境信息下利用采样进行扩展搜索的方法,与其他最大图搜索算法比,它的优势就是速度快,因此,在解决多自由度机器人的规划问题中应用更为广泛,但同时也存在比较明显的不足,比如规划出的路径非常不平滑或者不是最优。如果给定的时间足够久,且的确存在这样一条符合要求的路径,RRT是能够寻找到的,但是一般情况下的路径规划有很多约束条件的,而且时间上也不会允许无限延长,所以如果没有经过多次的迭代寻找,RRT很可能是找不到实际存在的那条路径。

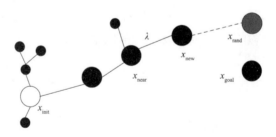

图12-6 RRT算法

2)智能优化算法

传统方法在解决复杂的路径规划问题时表现出很大的不足,自智能优化算法出现和应用后便弥补了这些不足,并取得了较好的效果。几种常用的智能优化算法如下。

(1)蚁群算法。蚁群算法来源于蚂蚁在寻找食物过程中表现出的行为。蚂蚁是典型的群居动物,个体蚂蚁分工明确,能够通过相互协作高效地完成分配的任务,那么蚂蚁个体之间是怎么进行信息交流的呢?研究发现,一种叫作信息素的特殊物质协助蚂蚁个体之间的信息传递,这种特殊的物质还能指导蚂蚁完成某些行为。信息素浓度越高,往往意味着该条路径越好,所以该条路径吸引的蚂蚁就越多。最终结果就是所有的蚂蚁都选择了这条路径。聚集的蚂蚁越多,留下的信息素就越多,这就呈现出一种信息正反馈机制。可以看出,蚁群算法是在没有任何先验知识的情况下,最初随机选择搜索路径,随着对解空间的理解,搜索逐渐变得有规律,直到找到近似全局最优解。蚁群算法一种具有很强的鲁棒性和对问题的求解能力极强的方法,但是在初始信息素不足的时候,需要较长的搜索时间,容易陷入停滞状态。

(2) 萤火虫优化算法。通过仔细观察萤火虫在自然界的求偶和觅食行为,研究人员提出了一种新的智能优化算法,即萤火虫优化算法。萤火虫算法的主要思想是将一只萤火虫的位置视为解向量,目标模型决定光线的亮度和对其他萤火虫的吸引力,光线的强弱对应着位置的好坏,光线越强位置越好、光线最强的萤火虫的位置就是最优位置。该算法涉及两个关键因素,即相对荧光强度和相对吸引力,荧光的亮度受自身萤火虫发出的目标位置的影响,亮度越高越说明目标位置好。吸引力和亮度是相辅相成的,萤火虫越亮,吸引力就越大,亮度低的萤火虫就会朝着亮度高的方向移动。亮度和吸引力都与距离成反比,随着距离的增加而减小,最后萤火虫聚集的最亮的位置,就是问题的最优解。萤火虫算法过程容易实现,需要调节的参数少,但是在面对复杂的问题时,仍然存在收敛慢、求解不准确等缺点。

(3) 果蝇优化算法。果蝇优化算法是受自然界中果蝇觅食行为和优化进化启发而提出的一种新方法。果蝇有强大的嗅觉和视觉。它们可以在 25mile 内寻找食物,视觉非常尖锐,对事物的气味异常敏感。若有某个个体的位置被发现了,所有的果蝇都会朝这个方向飞行。算法过程首先是初始化果蝇种群的初始位置坐标,然后根据果蝇寻找食物的行为给出随机方向和距离,并引入风味浓度确定值。这个值用果蝇原点位置到一个距离的倒数来表示,然后取味道浓度决定值到密度决定函数,求出果蝇个体的味道浓度,识别果蝇群体的最佳味道浓度,并求出最优值。最后保存的是果蝇的最佳浓度值及其位置坐标。这时候苍蝇的数量就会飞到这个位置。果蝇优化算法可分为参数和种群的位置初始化、基于嗅觉的搜索、基于视觉的搜索三部分。果蝇优化算法简单易实现,能够解决复杂的优化问题,同时也仍然存在缺点,比如不适合解决自变量为负的问题,因为味觉密度确定函数只能处理自变量为正的问题。在解决移动机器人路径规划问题上,它具有很强的寻优能力和所得解精度高,但是在环境非常复杂的情况下,该方法在处理路径规划上就不太稳定。

第三节 IMR 的研究方向

一、视觉目标检测与跟踪

随着图形处理单元(GPU)计算能力的大幅提升,计算机处理海量数据的速度相比以往已经加快了很多,这让机器人技术在导航定位、赈灾救援、无人驾驶等领域有了越来越广泛的应用。移动机器人视觉目标检测及跟踪的研究是一项跨领域、多学科的综合研究,通常包括计算机视觉、机器学习、传感器信息融合、机器人运动控制等。在智能监控、虚拟现实、高级人机交互、动作分析、自主导航和机器人视觉等领域都可以见到对其的应用。

机器人目标检测及跟踪技术存在的问题主要是:对于运动目标而言,要考虑的情况太多,除了自身运动速度、方向等变化,周围的场景也可能经常变化,所以要想在如此复杂的情况下识别并长时间跟踪目标极度困难。目标跟踪过程中遇到的挑战因素有很多,比如遮挡、形变、背景杂斑、尺度变化等。

1. 遮挡(Occlusion)

遮挡是指跟踪目标被其他物体遮住,不能完整出现在图像中的情况,通常分为部分遮挡和全部遮挡。手完全覆盖人脸是完全遮挡,当前并没有行之有效的办法解决此类问题。人脸部分出现在图像中是部分遮挡,根据不同的思路,解决这类问题通常有两种方法:第一种方法的思路是引入目标检测机制,当被跟踪目标出现遮挡情况时将该信息反馈给跟踪器,跟踪器通过学习来适应目标被遮挡的情况。第二种方法的思路是当被跟踪目标被遮挡时,跟踪器通过提取图像中被跟踪目标的像素信息,利用没被遮挡的像素块继续进行跟踪。

2. 形变(Deformation)

形变是指目标外观的不断变化,导致跟踪发生漂移。解决漂移问题的关键是模型的更新方法,通常采用的是通过像素块代替目标的表观模型,这种方法在目标发生形变时需要不断更新模型,使其适应目标的表观变化。但何时更新、以多大的频率更新也是需要考虑的问题,形变因此也成为目标跟踪的一大难题。

3. 背景杂斑(Background Clutter)

背景杂斑是指跟踪器在进行目标跟踪时出现了目标和周围环境特征相似造成的噪声干扰情况。类似于遮挡问题,解决背景杂斑问题通常也有两种思路,第一种思路同样是对目标跟踪算法进行改进,通过将被检测目标周围的信息作为样本放入跟踪算法的分类器中进行学习,从而提高算法对目标的分辨能力;第二种思路利用了被检测目标的运动信息,跟踪器通过预测其大致的运动轨迹来避免跟踪结果偏移。

4. 尺度变化(Scale Variation)

尺度变化是指被跟踪目标在图像中大小变化的情况,对于跟踪目标边界框的准确检测是能否解决好目标跟踪任务的重要因素,这直接决定了跟踪的准确率。准确快速地预测出目标的尺度变化系数就显得格外重要。通常的做法是在运动模型产生候选样本的时候,生成大量尺度大小不一的候选框。

2006年,Hinton教授发表了关于深度置信网络(Deep Belief Nets)的论文,将神经网络技术重新推回到学者们的视野中,深度学习技术逐渐在计算机视觉领域崭露头角。2012年,随着AlexNet在ImageNet竞赛中的胜出,对于深度学习的研究和应用开始呈爆发式发展,开启了人类通过大数据训练人工智能系统的大门。从2013年开始,深度学习在目标检测和目标跟踪效果上体现出算法的优越性,一是利用深度学习训练的网络模型,对于输入图像特征的提取普遍优于以往人工标注的方式,具有更好的检测和跟踪效果;二是实现了端到端(end-to-end)的输出,只需要在网络中输入原始图像就能得到检测及跟踪结果,科研人员无须关注中间过程也不用进行人为干预,神经网络对特征的学习是自动进行的。基于卷积神经网络的目标检测及跟踪算法在处理视频时,依靠桌面端高性能的GPU已经能够达到100fps以上的处理速度,在完全满足实时性要求的同时还能够保证较高的检测及跟踪准确率。2014年,Bukhari llias等人基于Kinect平台上开发了一款辅助护士工作的医用机器人。该款机器人还自带避障功能,能够通过判定行人位置不断调整方向来避障。2015年,Christian Dondrup和Nicola Bellotto等人为了解决目标密集的场景下,移动机器人在避开障碍物的同时还能智能检测和跟踪目标的问题,提出了基于激光和RGB-D、能够融合使用多种关联数据和卡尔曼滤波器的跟踪方法,并在移动机器人操作系统(ROS)上进行了实现。

2018年,清华大学的王兆魁和国防科技大学的张锐为了解决服务机器人对航天员的视觉跟踪问题,提出了一种基于深度学习和概率模型的人体视觉跟踪算法。利用深度卷积神经网络实现了对穿着多样、姿态任意人体目标的稳定检测,结合检测结果,设计运动预测概率模型,可以实现对指定人员准确、连续的跟踪。实验结果表明,提出的跟踪算法能够实现对上述目标的稳定跟踪。

二、雨果·加里斯:"人工大脑之父"

雨果·加里斯(Hugo de Garis)是一名美国科学家,被誉为"人工大脑之父"。他于1947年出生于澳大利亚悉尼,在墨尔本大学获"应用数学"和"理论物理"两个荣誉学士学位,后赴英国牛津大学学习。随后,他在布鲁塞尔大学研究生毕业,学习人工智能与机器学习。1987—1991年,他师从"机器学习"开山鼻祖Rrszard Michalski教授,在乔治·梅森大学(GMU)人工智能中心任研究员。1992年在该大学完成博士学位,在全欧洲自然科学和工程学领域评选出最具成就的60名博士候选名单中,他名列前10位。雨果·加里斯曾是美国犹他州、比利时布鲁塞尔、日本东京等重点实验室的人工智能带头人,他负责完成了世界上四个"人工大脑"中的两个,一个在日本,一个在比利时。其中,在日本的人工大脑与家猫的智力相当,2000年雨果从布鲁塞尔政府获得100万美金的研究资金,回到比利时布鲁塞尔制造人工大脑,控制有数百个行为能力的机器人。他研发成功第一台制作人脑的机器CBM载入吉尼斯世界纪录,开创了"可进化硬件和量子计算的研究领域"。

三、波士顿动力:SpotMini

在智能机器人自主移动与自主作业领域,美国走在世界前列。2011年,波士顿动力公司发布了LS3四足移动仿生机器人,这款四足机器人配置了先进的视觉跟踪、地形感知、GPS等技术,运用灵活的步态和极强的平衡能力,能够在崎岖的山地负重跨越障碍物。2012年,该公司发布了Cheetah猎豹仿生四足机器人,这款机器人在奔跑过程中能够像猎豹一样进行腿部关节的屈伸动作,并能够自我感知障碍物高速跨越,是目前室内奔跑速度最快的四足机器人。2013年,波士顿动力公司发布WildCat野猫四足仿生机器人,采用复杂的步态算法,能够快速奔跑并提高能量利用效率,是室外运动奔跑速度最快的四足机器人。2016年推出的SpotMini四足仿生机器人,其体型更加小巧,行走更加快速,体重仅约15kg,能够在大型机器人难以涉足的崎岖地形行走和奔跑,进步之快令人惊叹。

波士顿动力公司的机器狗开始在不同场景下应用。例如,相较于搭载沉重而复杂的机械臂,仅搭载摄像头的机械狗可以作为城市对抗环境下的侦查尖兵,被各国争相研究和试用,此类机械狗完全可以用于警方的日常巡逻与执行任务。美国马萨诸塞州警察局从波士顿动力公司租借了 Spot 机器狗,用作远程移动侦查设备,为警察提供可疑装置的图像或有潜在危险的地点信息,例如携带武器的嫌疑犯可能藏身的地点。2020 年 10 月,该部门使用 Spot 机器狗找到了一名藏匿在建筑物中的枪手。2021 年,纽约警察局也部署了一只来自波士顿动力公司的名为 Digidog 的机器狗,这个机器狗配备了照明灯和摄像头,可以爬楼梯,使警察可以"实时看到"其周围环境,此外它还具有双向通信功能。

美国波士顿动力公司(Boston Dynamics)的 SpotMini 四足机器人,机身正前方搭载了一套 3D 立体摄像头,能够观察前方的障碍物情况,可以自由穿梭在城市的大街小巷,实现灵活静默侦察。智能机器人的步态及稳定性技术经过多年的发展,主要形成以中枢神经振荡 CPG 模型、弹簧负载倒立摆 SLIP 模型、基于模型预测控制模型 MPC、整体控制模型 WBC 为主要方向。随着人工智能技术的发展,基于机器学习的动物行为迁移网络控制模型得到重视,相关技术发展迅速。美国波士顿动力公司以弹簧负载倒立摆 SLIP 模型为特色,开发大量仿生机器人。波士顿动力在仿生机构、运动控制和自主避障等核心关键技术方面,还是在自重/负重比、自主作业能力等方面都具有全球领先水平,关节传感器、运动控制器和一体化关节驱动电机等核心部组件研发能力技压群雄。

四、四足仿生机器人

四足仿生机器人是智能移动机器人发展的重要方向,是解决当前工业、生活等领域关键问题的技术枢纽,具有极其重要的研究价值和广阔的发展前景。四足仿生机器人融合了机械、电子、控制、计算机、传感器、人工智能多学科技术于一体,是机械化、信息化、智能化高度融合的典型机电产品,不仅可完成危险和复杂地形下的侦察、搜索和救援等任务,还可安装多任务载荷以满足不同作业需求,具有机动灵活、生存力强、反应快捷、作业持久等特点。

四足仿生机器人可根据不同地形环境,在走、跑、跳、攀爬等多种运动模式间灵活切换,且具有较强的奔跑、爬坡、越障、跳跃等运动能力,这得益于当前四足机器人大多采用多步态动态稳定控制技术,其主流思想是:针对地形环境突变或外界突发扰动,基于虚拟伺服控制建立机身本体位姿控制模型,基于力分配原理建立关节驱动控制模型,分析移动平台与多类型地面的作用关系,最终采用力反馈原理和滑移率闭环实现自主平衡控制。四足仿生机器人具有在复杂环境中的探索、救援、监控、巡检、看护等多种任务能力。

近年来,许多国内科研机构和研究学者们也对四足仿生机器人投入了积极的研究,并取得了一定的成果。从早年的上海交通大学设计开发的 JTUWM-Ⅲ型四足机器人,到清华大学研制的 2 自由度的四足步行机器人,再到华中科技大学研制了"4+2"多足步行机器人,可利用 6 条腿来实现稳健的静态或动态运动,哈尔滨工业大学机器人研究所一直从事着多足机器人结构设计及步态算法研究,其研制的四足仿生机器人也在国内机器人研发领域占有一席之地。

2015 年 7 月,中国兵器装备集团公司发布了名为"中国大狗"的仿生四足机器人。这款由中国自行研制的"大狗"仿生机器人,可以运用到军事领域进行崎岖地形的物资输送工作,其系统功能已经达到国外同类产品水平。2017年10月,宇树科技发布了他们的四足机器人莱卡狗(Laikago),质量轻但系统输出功率高,可匹敌美国最强产品,一脚踹不倒,其平衡能力在国内研发领域也展出超强的水平。2018年,浙江大学熊蓉教授领导的机器人团队发布了一款"绝影"四足机器人,这款国产机器人能够稳健地爬陡坡、踏雪地,拥有强大的平衡技能。

2021年8月,小米仿生四足机器人——CyberDog(铁蛋)亮相。CyberDog搭载小米自研高性能伺服电机,身兼澎湃算力与强劲动力,内置超感视觉探知系统和AI语音交互系统,支持多种仿生动作姿态,是一个来自未来的"科技伙伴"。小米将手机影像的技术延伸至仿生机器人领域,让CyberDog实现空间感知能力。CyberDog支持超感视觉探知系统,通过AI交互相机、双目超广角相机、intel RealSense D450深度摄像头打造硬件基础,借助计算机视觉,检测识别用户相关信息,为用户提供更智能化的视觉使用体验。CyberDog内置高精度环境感知系统,可还原更真实的生物反应。CyberDog全身拥有11个高精度传感器时刻待命,可主动探测外部细微变化。

第四节 IMR在交通领域中的应用

一、铁路货车制造

铁路货车制造行业属于典型的劳动密集型行业,从业人员数量多、劳动强度大、工作中存在大量的简单重复劳动,这些都是利用机器人替代人工的理想所在。2000年左右,德国卡尔克鲁斯焊接技术有限公司率先进军中国铁路货车制造领域,利用CLOOS焊接机器人实现了侧架支撑座的自动焊接,随后该项技术被推广到整个铁路货车制造企业。

随着机器人应用范围的扩大,机器人按功能分类越来越细化,如Fanuc机器人就按功能细分为点焊机器人、弧焊机器人、装配机器人、码垛机器人、材料加工机器人、机床上下料机器人、喷涂和涂装机器人、物流搬运机器人、拾取及包装机器人等。通过个性化定制和功能集成,如机器人技术与焊接设备的集成、机器人技术与喷涂设备的集成等,再配上各种特定功能的软件包,让机器人的功能越来越强大,使用越来越方便。

1. 精度提升

以发那科公司的FANUC Robot M-710ic/70机器人为例,其控制轴数为6轴,腕部可搬运质量为70kg,回转半径达2050mm,其重复定位精度达到了±0.04mm,这样的精度等级完全能够满足铁路货车车体和零部件制造的需要。

2. 负重能力提升

以发那科公司的M-2000iA/1200机器人为例,其回转半径达3730mm,最大负重能力达1200kg,也就是说这样的机器人负重能力可以满足90%以上的铁路货车制造零部件的搬运需要,如果采用双机联动方式,可以满足98%以上的铁路货车零部件的搬运需要。

3. 定位和跟踪技术提升

目前机器人焊接领域常用的起始点寻位功能以及电弧跟踪和激光跟踪技术都非常成熟，在实验室条件下，电弧跟踪功能在焊接长度为 350mm、焊接起点位置不变、终点沿水平面向外偏移 60mm 的情况下能够跟踪焊缝，并且焊接效果和无偏移时相比没有明显区别，完全能够满足工件焊接纠偏的需要，而激光跟踪技术在跟踪精度和速度方面更优于电弧跟踪。

4. 编程技术提升

以前的机器人编程技术为示教编程，对于复杂零部件的加工和自动化生产就不适用了。目前绝大多数厂家的机器人都具有离线编程功能，技术人员可以利用离线编程软件进行三维仿真编程，编程的难度大大降低。

5. 辅助设备制造技术提升

目前机器人滑台等移动机构的重复定位精度达到了 ±0.1mm，变位机重复定位精度达到了 ±0.1mm。另外，夹具、伺服转台、伺服柔性定位装置、端拾器等辅助设备的制造精度也得到了大幅提升，几乎达到了机床级的精度范围。

二、自动驾驶汽车

到 2020 年，我国机动车保有量已经达到 3.67 亿辆，与此同时，在汽车保有量不断增加的背景下交通拥堵、环境污染、交通事故与能源危机等问题也都接踵而来。根据世界卫生组织提供的数据，全世界每年约有 125 万人因道路交通事故死亡，而我国每年就有超过 20 万人死于交通事故。各国纷纷确定了无人驾驶等技术为未来发展方向，欧盟力争 2030 年步入以完全自动驾驶为标准的社会；2013 年日本 SIP 计划明确无人驾驶汽车商用化时间节点为：到 2025 年完成 L3 级别的自动合流系统技术商业化普及，到 2030 年完成 L4 级别的商业化普及。我国高度重视，计划到 2025 年智能网联汽车销量占比达到 30%，高度自动驾驶智能网联汽车在限定区域和特定场景下实现商业化应用。

自动驾驶汽车又称无人驾驶汽车，它是一种通过计算机系统来实现无人驾驶的智能汽车。自动驾驶汽车主要依靠智能路径规划技术、计算机视觉以及全球定位系统等技术协同合作，使计算机可以在没有人类操作下，自主安全地驾驶机动车辆。汽车自动驾驶技术通过视频摄像头、雷达传感器以及激光测距器来了解周围的交通状况，并通过一个详尽的地图（通过有人驾驶汽车采集的地图）对前方的道路进行导航，其传感器配置如图 12-7 所示。谷歌、百度等在无人驾驶汽车领域处于领先水平。

根据自动化水平的高低区分了四个无人驾驶的阶段：驾驶辅助、部分自动化、高度自动化、完全自动化。

1. 驾驶辅助系统（DAS）：L0 级别、L1 级别、L2 级别

目的是为驾驶者提供协助，包括提供重要或有益的驾驶相关信息，以及在形势开始变得危急的时候发出明确而简洁的警告，如车道偏离警告（LDW）系统等。

图 12-7　自动驾驶汽车传感器示意图

2. 部分自动化系统：L3 级别

在驾驶者收到警告却未能及时采取相应行动时能够自动进行干预的系统，如自动紧急制动（AEB）系统和应急车道辅助（ELA）系统等。

3. 高度自动化系统：L4 级别

能够在或长或短的时间段内代替驾驶者承担操控车辆的职责，但是仍需驾驶者对驾驶活动进行监控的系统。

4. 完全自动化系统：L5 级别

可无人驾驶车辆、允许车内所有乘员从事其他活动且无须进行监控的系统。这种自动化水平允许乘从事计算机工作、休息和睡眠以及其他娱乐等活动。

2009 年 1 月 17 日，Google 的自动驾驶项目 Project Chauffeur 正式启动，到 2009 年底，Google 的第一代自动驾驶汽车 Prius 完成了 100mile 的无人接管自动驾驶任务。2012 年 5 月 7 日，Google 获得了内华达州颁发的第一张自动驾驶汽车测试牌照。随着自动驾驶技术的发展，为了更好地对自动驾驶产业进行监督和管理，2013 年，NHTSA 率先发布了自动驾驶汽车的分级标准，其对车辆自动化的描述共有 4 个级别。2016 年 12 月，谷歌母公司 Alphabet 宣布 Google 自动驾驶项目将作为公司内部一个名为"Waymo"的独立实体存在。特斯拉现在已经成为世界上市值最大的车企，特斯拉的电动化和智能化已经带领汽车行业进入一个新的时期，目前量产的 model S、model Y 都达到了 L2 级别。

百度、华为也公布了自动驾驶相关的计划。2017 年 4 月，百度发布了一项名为 Apollo 的自动驾驶平台开放计划，将向汽车行业及自动驾驶领域的合作伙伴提供一个"开放、完整、安全"的软件平台，帮助他们结合车辆和硬件系统，快速搭建一套属于自己的完整自动驾驶系统。新造车势力蔚来、理想、小鹏均推出了自己的相关车型，例如蔚来 ES6、理想 one 均是量产的 L2 级别的电动汽车。

三、自动导引小车

自动导引小车(AGV),是智能移动系统的一种,其他的智能移动系统还包括用于在道路上行驶的无人驾驶汽车、用于服务残障人士的导盲犬机器人、用于服务行业的自动送餐机器人等,而自动导引小车,是一种集传感器探测、计算机数据处理、无线通信、机械控制为一体的,能够根据所处的环境,利用自身安装的传感器装置获取环境和自身位置信息,并进行自主导航的搬运小车。

最初的 AGV 是从汽车行业发展而来,并演变成一个独立的产业,起源于美国。1913 年,福特汽车公司为了实现汽车底盘装配的流水线作业,研发应用了一种有轨道的导引车辆,称作无人搬运车或自动搬运车,大大提高了汽车制造车间的装配效率。1953 年,世界上第一台真正意义上的 AGV 问世,是由美国的 Barrett 电子公司改装一台简易的牵引式拖拉机研发而成的,被称为"无人驾驶牵引车",它是沿着空中导引线作业于杂货仓库中进行货物的运输。世界上第一台电磁导引的 AGV 是由英国于 1954 年研制的,采用地下埋设导引线的方式来实现 AGV 的导引,而非采用传统的铺设大型导轨设备,结构更为简单,实现起来更为灵活。1972 年,作为顶尖技术的引导者科尔摩根 NDC 公司开发了第一代 AGV 控制系统,并于 1973 年为瑞典沃尔沃汽车制造商提供了全球第一个工业化范畴的 AGV 方案,采用了大量计算机控制的 AGV 应用于沃尔沃 Kalmar 工厂自动化流水装配作业线上,相比同类工厂来说减少了 35% 的劳动力,并很快在其他生产厂得到了普及。日本于 1963 年首次引进 AGV,政府大力推进 AGV 的发展,到 20 世纪 90 年代初,日本 AGV 制造厂商高达近 50 家拥有超 10000 台 AGV。日本本土企业不断地拓展 AGV,不仅在制造行业大展身手,也延伸到化工、能源和电力等行业。

近二十多年来,我国 AGV 投入不断加大,如 1996 年由曹作良教授团队研发出全方位视觉导引的 TIT-1 型 AGV,清华大学团队研发针对邮政集散中心的自动化改造 AGV。

四、在轨道交通中的应用

机器人提供轨道交通建设新的选择,在轨道交通施工建设中,采用机器人作业可以让工程建设在精准性、效率性、安全性、影响性上得到全面提升。

1. 无砟轨道施工

在郑万高速铁路湖北段无砟轨道施工中,中铁四局研发了无砟轨道成套自动化设备,其中 TAS 系列智能精调机器人和 BMR-3 无砟轨道承轨台检测机器人为我国首创,BMR-3 机器人如图 12-8 所示。机器人通过无线通信模块接收分析数据,自动调整精度,达到内控数据,从而使施工符合设计及规范要求。

图 12-8 BMR-3 机器人检测无砟轨道承轨台

2. 高速铁路接触网腕臂智能化生产

2019 年 5 月,中铁十一局电务公司与铁四院电化处共同研发了高速铁路接触网腕臂智能化生产线,这是全国首例采用工业机器人的高速铁路接触网腕臂智能化生产线。目前该生产线已生产了5000余套腕臂,并在汉十高速铁路中成功应用。

接触网腕臂预配是高速铁路接触网施工关键工序,受工序衔接相对独立影响,存在施工机械化普及率低、人工预配误差不受控等特点。为提升施工精度,中铁十一局与铁四院在接触网建造大数据中心、智能数控预配中心、生产线智能控制系统等进行研发,在行业内率先搭建智能化腕臂预配车间,由两台机器人、全自动切割平台、喷码机、伺服电机、仿形夹具及运动控制系统组合而成,能够直接读取腕臂预配参数,智能完成信息喷码、切割、转运、螺栓按力矩拧紧、装配零部件等工序,实现力矩偏差小于$0.1N \cdot m$,装配误差小于2mm的高精度生产目标。

3. 暗挖隧道工程

在西安地铁4号线火车站暗挖隧道工程中,采用了智能挖掘机器人和智能测量机器人。据了解,智能测量机器人能够提供有效而广泛的站点监测,大大降低了施工风险,而智能挖掘机器人能够带来比普通挖掘机械更精准、更灵活、更安全的表现,并且操作简单,保证了施工过程对地铁运行的"零影响"。

4. 智能巡检

西成高速铁路的全线智能巡检机器人——"成成",是我国西南地区用于高速铁路变电所的智能巡检机器人,如图12-9所示。"成成"拥有集机器人技术、SLAM导航定位技术、图像识别技术、红外测温等高科技于一身的"最强大脑",可以通过内置红外热成像仪和可见光摄像机等变电所设备检测装置,在对变电所进行巡视中,实时将画面和数据传输至远端监控系统,对设备节点进行红外测温,及时发现设备发热缺陷,同时也可采集变压器声音进行智能分析,从而判断变压器的运行状况。

图12-9 全线智能巡检机器人"成成"

第五节 IMR的伦理与安全

随着科技水平的提高,机器人技术得到良好发展,人工智能已由"弱人工智能"逐步向"强人工智能"甚至向"超人工智能"方向挺进,机器人会产出一系列的伦理问题。

一、IMR的伦理问题

机器人是一种以计算机技术形态为存在形式、能够对人类思维进行模拟的技术,它是由人工智能技术控制的机器人,人工智能的"思维"可以借助机器人来进行更具体化的表达。

随着机器人的应用,机器误伤儿童、无人驾驶汽车撞死人事件时有发生,影响人类安全;机器人伤人、杀人事件时有发生,威胁人类安全,到底应该是设计者还是机器对此类事件负责呢?

有一类机器人,例如性别伴侣机器人(Sexbot),是一种拟人化的具有人工智能的伴侣玩偶,是能满足人的伴侣需求的人工智能机器人,它能够拥有人类一样的外观,能够通过人工智能技术模拟人类伴侣的行为,从而实现人类的伴侣需求。

机器人的出现和快速发展会产出如下问题。

1. 道德主体问题

例如,机器人性别伴侣的道德主体问题是指具有自我意识、能够进行道德认知、能够进行推理并形成自我判断、能够进行道德选择与实施道德行为且承担道德责任的道德行为体。从以人为中心的视角去看,机器人性别伴侣的所谓道德认知、自我意识无非是通过编程等技术达到的程序效果,那么其显然是不具备道德主体资格的。

2. 交往障碍问题

在当今社会,对于那些恐惧社交、心理压力大的人来说,机器人性别伴侣为他们的情感表达、压力排解提供了相对安全的空间。机器人性别伴侣可能比家人更了解你的心思、更了解你健康状况,它能捕捉你的表情,根据你的喜怒哀乐,用你想听的话和你对话。由于人机交流与真正的人类互动交流毕竟存在差异,长此以往,可能影响使用者与正常人的情感共鸣,从而伤害到使用者的交流能力,甚至可能会使使用者出现情感冷漠等情况。当人类自然生成而来的痛苦与快乐,都可以物理和化学方式来满足时,人是否还有参加社会互动的动力?

3. 机器代人问题

机器人应用可在资源配置和工作分配等方面造成一系列值得讨论的问题,包括"机器人代人要位"和"机器人代人劳作",这一问题在于人应如何设计和使用机器人,以避免产生不良的社会后果。

二、IMR 的安全对策

机器人伦理学家弗鲁吉奥首次将机器人伦理学缩减为"roboethics"这个单词,他认为机器人的发展是由三大基本元素构成:人工智能、机器人技术和伦理学。其中,机器人技术是一个研究机器人的设计、制造、操作和使用的领域。人与机器的区别是机器人伦理学的研究预设,首先要承认机器人与人有区别,机器不能成为人,也就不能成为道德主体。

要解决机器人伦理上的这些问题,必须做到以下几点。

1. 要建立起机器人的伦理规范

各国及一些组织在伦理方面已经相继提出了一些伦理原则,涉及公平公正、以人类为主体等多项原则。

2. 完善机器人相关的法律制度

对于人机结合问题,应当考虑是否认定为一种婚姻关系,如是,将其规定入婚姻相关法律后,还应对相关权利义务进行规范。例如对机器人性别伴侣的生产与设计行业也应制定法律来进行规范,保证产品的安全、性能的稳定。对于违反规定、严重影响社会秩序的,应当有有力的惩戒措施,防止法律变为一纸空文。

3. 加强国际交流与信息共享

世界主要发达国家和国际组织正在加强对人工智能前瞻性预防和约束引导,通过加紧伦理原则布局、推动伦理机构部署、发起行业伦理倡议、推进制定伦理标准等举措,以确保人工智能安全、可靠、可控地发展。

2017年1月,埃隆·马斯克等企业CEO以及近千名人工智能和机器人领域的专家,联合签署了阿西洛马人工智能23条原则(Asilomar AI Principles),从科研问题、伦理价值以及长期问题三个视角保障人工智能的安全与合乎道德,给机器人设计者戴上"紧箍咒",呼吁全世界在发展人工智能的同时严格遵守这些原则,共同保障人类未来的利益和安全。

本章习题

1. 论述智能移动机器人经历了哪三个发展阶段。
2. 请分析智能移动机器人的核心技术有哪几类。试了解我国在视觉、定位、运动等上有哪些技术是处于先进地位的。
3. 试了解波士顿动力机器狗的发展过程,各阶段技术上有什么突破?对我们有什么启示?
4. 智能移动机器人在交通领域中有哪些最新应用?还存在什么亟待解决的问题?
5. 智能移动机器人存在什么样的伦理与安全问题?如何解决这些问题?

参考文献

[1] ARTHUR P D,NAN M L,DONALD B R. Maximum Likelihood from Incomplete Data via the EM Algorithm[J]. Journal of the royal statistical society series b-methodological,1976.

[2] Biology-Plant Biology. Findings from McGill University Broaden Understanding of Plant Biology(Identification and Functional Characterisation of Late Blight Resistance Polymorphic Genes In Russet Burbank Potato Cultivar)[J]. Biotech Week,2020.

[3] DAVID E R,GEOFFREY E H,RONALD J W. Learning internal representations by back-propagating errors[J]. Nature,323(99):533-536,1986.

[4] WU D,HOU C X,SUN L M,et al. The XM Satellite Radio Software Module of an Embedded Car Audio System[J]. Journal of Software,2012,79:3-6.

[5] MERIEM Z,MOHAMED D. A new regularized forward blind source separation algorithm for automatic speech quality enhancement[J]. Applied Acoustics,2016,11(2):4-23.

[6] LeCun Y,Bottou L. Gradient-based learning applied to document recognition[J]. Proceedings of the IEEE,1998,86(11):2278-2324.

[7] 陈春铁.基于虚拟现实的人机交互中的多特征手势识别追踪算法的研究[J].软件工程,2017,20(12):23-25.

[8] 陈启新,罗卫东,何明山,等.指纹与人脸混合识别技术在汽车防盗中的应用研究[J].贵州科学,2015,33(06):24-27.

[9] 陈如伟.浅谈人脸识别技术在机场领域的应用[J].通讯世界,2019,26(09):10-11.

[10] 范九伦.刑侦图像视频处理技术[M].北京:科学出版社,2019.

[11] 何晗.自然语言处理入门[M].北京:人民邮电出版社,2019.

[12] 何利清.人工智能飞行副驾驶语音识别技术研究[D].北京:中国民用航空飞行学院,2020.

[13] 黄志坚.智能交通与无人驾驶[M].北京:化学工业出版社,2018.

[14] 黄立威,江碧涛,吕守业,等.基于深度学习的推荐系统研究综述[J].计算机学报,2018,41(07):1619-1647.

[15] 李德毅,于剑.人工智能导论[M].北京:中国科学技术出版社,2018.

[16] 李熙莹.视频图像技术原理与案例教程[M].北京:电子工业出版社,2020.

[17] 李姿杞,姚天冲.基于人工智能的机器人伦理危机[J].集成电路应用,2021(1):52-53.

[18] 梁平.以广州地铁为例探讨智能视频分析技术在轨道交通中的应用[J].中国安防,2015(08):80-84.

[19] 刘春雷.人工智能原理与实践[M].北京:北京工业大学出版社,2022.

[20] 刘文强.语音识别技术在智能家居中的研究与应用[D].大连:大连海事大学,2013.

[21] 刘鹏.人工智能从小白到大神[M].北京:水利水电出版社,2021.

［22］刘霞.可扩展光芯片每秒分类近 20 亿张图像——有望促进人脸识别和自动驾驶等领域发展［N］.科技日报,2022-06-09.

［23］刘悦.论人脸识别技术的风险与保护［J］.产业创新研究,2022(8):22-25.

［24］刘悦,林军,游俊.语音识别技术在车载领域的应用及发展［J］.控制与信息技术,2019(02):1-6＋31.

［25］刘燕,贾志杰,闫利华,等.知识图谱研究综述［J］.赤峰学院学报(自然科学版),2021,37(04):33-36.

［26］姜姝姝.语音识别 64 年大突破［J］.机器人产业,2016,06(1):108-113.

［27］马丁福特(美).机器人时代［M］.王吉美,牛筱萌,译.北京:中信出版社,2015.

［28］Klaus Mainzer(德).人工智能——何时机器能掌握一切［M］.北京:清华大学出版社,2022.

［29］倪俊杰,刘宗凡,邱元阳,等.语音识别技术的奇妙应用［J］.中国信息技术教育,2021(23):67-71.

［30］清华 AMiner 团队.2018 自然语言处理研究报告［EB/OL］.［2018-07］https：//static.aminer.cn/research_report/5c35cdc55a237876dd7f127e.

［31］沈峥楠,江浩斌,马世典.基于指纹识别技术的车辆防盗系统研究［J］.汽车零部件,2014(11):20-22.

［32］王春源.人工智能:新时代技术赋能［M］.北京:中国铁道出版社,2022.

［33］王栋.人工智能 OCR 技术的应用研究［J］.电子技术与软件工程,2022(1):122-125.

［34］王东浩.机器人伦理问题研究［D］.天津:南开大学,2014.

［35］王光宇.浅析人工智能在交通领域的主要技术及应用前景［J］.中国新通信,2018,20(21):105-106.

［36］王天恩.人工智能应用"责任鸿沟"的造世伦理跨越——以自动驾驶汽车为典型案例［J］.哲学分析,2022,10(01):15-30＋196.

［37］吴勇,方君,王尚纯,等.基于机器学习模型的审计应用:内涵、模式与风险［J］.中国注册会计师,2021(09):34-40＋3.

［38］许世健.基于沉浸式增强现实的流场可视化方法［J］.南京航空航天大学学报,2020,52(5).

［39］许威,闫曈,许鹏,等.特种机器人行业的新锐——四足仿生机器人.机器人产业［J］.2021(7):62-65.

［40］徐增林.人工智能基础［M］.北京:高等教育出版社,2022.

［41］燕涛.基于嵌入式语音识别技术的研究［D］.大庆:大庆石油学院,2009.

［42］袁冰清,于淦,周霞.浅说语音识别技术［J］.数字通信世界,2020(02):43-44＋18.

［43］查正军,郑晓菊.多媒体信息检索中的查询与反馈技术［J］.计算机研究与发展,2017,54(06):1267-1280.

［44］张建华.基于深度学习的语音识别应用研究［D］.北京:北京邮电大学,2015.

[45] 张立.国际生物识别技术及其发展趋势[J].智能建筑与城市信息,2007(01):88-90.

[46] 张水舰,王芳.自然语言实时交通信息与位置信息的融合方法[J].Computer Era.,2014(2).

[47] 张西亚.利用智能视频分析技术进行高速公路服务区精细化管理[J].人民交通,2018(11):66-67.

[48] 张艳,陈瑶.场域理论视角下有声阅读中的伦理失范成因及规制研究[J].出版发行研究,2021(11):30-34+79.

[49] 张中华.智能视频技术在周界安防系统中的应用研究[D].广州:广东工业大学,2014.

[50] 赵卫东,董亮.机器学习[M].北京:人民邮电出版社,2018.

[51] 周杰,沈勇.车载语音系统降噪处理算法对比研究[J].佳木斯大学学报(自然科学版),2012,01:19-22.

[52] 周志华.机器学习[M].北京:清华大学出版社,2016.

[53] 左培文,齐涛,熊鸣.车载生物识别技术发展现状与应用趋势分析[J].时代汽车,2019(18):25-26.